Moderne Architektur in Amerika

Sydney LeBlanc

Moderne Architektur in Amerika

Ein Führer
zu den Bauten des
20. Jahrhunderts

Deutsche Verlags-Anstalt
Stuttgart

*Umschlagmotiv: Venice House, Venice,
Kalifornien, gebaut von Antoine Predock,
1990
(Foto: Timothy Hursley)*

Aus dem Amerikanischen übertragen von
Antje Pehnt

Die Deutsche Bibliothek –
CIP-Einheitsaufnahme
LeBlanc, Sydney:
Moderne Architektur in Amerika: ein Führer
zu den Bauten des 20. Jahrhunderts /
Sydney LeBlanc [Aus dem Amerikan. übertr.
von Antje Pehnt].– Stuttgart:
Deutsche Verlags-Anstalt, 1998
Einheitssacht.: 20th century American archi-
tectur travellers guide <dt.>
ISBN 3-421-03136-3

© 1996 Whitney Library of Design, Imprint
von Watson-Guptill Publications,
BPI Communications, Inc., 1515 Broadway,
New York, NY 10036 USA
© 1998 Deutsche Verlags-Anstalt GmbH,
Stuttgart
Alle Rechte (für die deutsche Ausgabe) vor-
behalten

Umschlagentwurf: Brigitte und
Hans Peter Willberg, Eppstein
Lektorat: Andrea Bartelt
Typografie und Satz: Martina Gronau und
Marion Winter, Stuttgart
Druck und Bindearbeit: Jütte Druck GmbH,
Leipzig
Printed in Germany
ISBN 3-421-03136-3

Inhalt

Viele Menschen haben mich bei dem Projekt unterstützt, einen kompakten Führer zu den wichtigen Bauten des 20. Jahrhunderts in den Vereinigten Staaten zu verfassen. Ich möchte allen Architekten danken, die mir Informationen und Fotos ihrer Arbeiten lieferten. Auch die Eigentümer dieser Gebäude versorgten mich großzügig mit Informations- und Fotomaterial. Ich bin ihnen dankbar für ihre Hilfe und für die wichtige Rolle, die sie, oft unter beträchtlichen Schwierigkeiten, beim Erhalt unserer bedeutenden Monumente spielen.

Danken möchte ich auch den Fotografen, die ihre Bilder für dieses Buch zur Verfügung stellten, vor allem Julius Shulman, der mich an seinem unvergleichlichen Archiv und seinem immensen Wissen über die Architektur von Los Angeles teilhaben ließ; dem Fotografen Richard Payne aus Houston, der mir zeigte, wie man Bauten mit dem Auge eines Fotografen betrachtet; und Timothy Hursley für sein eindrucksvolles Titelfoto.

Ralph Lerner, dem Dekan der School of Architecture an der Princeton University, danke ich für sein Vorwort und für den Bericht über seine frühen Architekturexkursionen. Auch den Mitarbeitern der Bibliothek der School of Architecture an der Princeton University, wo ich für dieses Buch recherchierte, bin ich zu Dank verpflichtet.

Seine reale Existenz verdankt das Buch dem hervorragenden Team von Lektoren, Künstlern und Herstellern der Whitney Library of Design. Besonderer Dank gebührt Cornelia Guest für ihre Anregung zu dem Projekt; Roberto de Alba, dem Cheflektor, dessen wichtige Hinweise das Buch in einen lebendigen, nützlichen Führer verwandelten; Sue Shefts Traub, die die erste Ausgabe sorgfältig bearbeitete; Micaela Porta, die mit Intelligenz und Enthusiasmus die Neuauflage redigierte; Jay Anning für sein klares Design; Ellen Greene, deren außergewöhnliches Talent für die Herstellung von Büchern dazu führte, daß sich alle Hoffnungen, die in dieses Werk gesetzt wurden, aufs schönste erfüllten; und Romy Ashby, mit deren Hilfe das Buch seinen Weg in die Hände der Leser fand.

Die Betreuung der deutschen Ausgabe oblag Andrea Bartelt und Nicole Haug; besonderer Dank gebührt Antje Pehnt für die sorgfältige Übertragung des Textes ins Deutsche.

Ich hoffe, daß das vorliegende Buch dem deutschen Architekturreisenden Anregung und Information bietet und sich als nützlicher Reisebegleiter erweist.

Februar 1998
New York City

Wie so viele junge Leute meiner Generation unternahm ich nach den Unruhen der späten sechziger Jahre eine Autotour durch die Vereinigten Staaten, um meine Ursprünge zu entdecken. Ich war mitten im Architekturstudium am Cooper Union und wollte selbst die physische Geschichte jener Kultur sehen, in der ich als Architekt arbeiten würde. Ein bestimmtes Ziel hatte ich nicht, nur das Gefühl, ich müsse vieles sehen – Bauten, Städte, Landschaften, Monumente, Straßen, Dämme und Brücken. Von New York aus fuhr ich gen Westen. Ich traf auf dynamische Städte in verschiedenen Stadien des Verfalls, auf Gebäude, die ihren Höhepunkt in den ersten Dekaden dieses Jahrhunderts erlebt hatten, auf wenig geschätzte Beispiele des »modernen Bauens« zwischen den Kriegen und auf kühne sozialreformerische Experimente der Nachkriegszeit. Ich weiß noch sehr gut, wie aufgeregt ich war, als ich zum erstenmal die Häuser Martin, Robie und Hollyhock von Frank Lloyd Wright sah, den IIT-Campus von Mies van der Rohe, den St. Louis Arch von Eero Saarinen, den Hoover Dam, die Golden Gate Bridge und das Haus Lovell von Rudolph Schindler.

Zwar hatte ich wie fast jeder junge Amerikaner in den fünfziger und sechziger Jahren viele populäre Bilder im Kopf, die eine solche Reise durch die USA illustrierten. Doch ich hatte auch meine eigenen Pläne, denn ich mißtraute der antihistorischen Ideologie der Architektur in jener Zeit. Damals spielte »Geschichte« bei den meisten Architekten kaum eine Rolle, und die Denkmalpflege hatte noch keinen nennenswerten Einfluß. Oft war es schwierig, das zu finden, was ich suchte, aber heute weiß ich, wie wichtig diese Reise für mich als Architekten war. Auf meiner Tour lernte ich ein Land kennen, dessen Architektur

völlig intakt hätte sein müssen, weil es niemals die Zerstörungen der modernen Kriegsführung erfahren hatte. Dennoch drohten viele Bauten durch schiere Vernachlässigung verlorenzugehen.

Es gab damals, vor allem auf dem Gebiet des zeitgenössischen Bauens, nur sehr wenige verläßliche Architekturführer. Auch die Literatur über traditionelle Aspekte der Architektur, des Städtebaus und der Landschaftsgestaltung war spärlich. Manchmal war es schwierig festzustellen, ob Bauten überhaupt noch existierten und wo sie sich befanden. Zum Glück ist in den letzten fünfundzwanzig Jahren eine Fülle von Publikationen erschienen, die eine Tour wie die meinige heutzutage um einiges leichter machen. Sydney LeBlanc, eine Autorin, deren Wurzeln im Süden der Vereinigten Staaten liegen, hat nun mit diesem Architekturführer die Aufgabe übernommen, die amerikanische Architektur des 20. Jahrhunderts in engagierter und klarer Form darzustellen.

Die amerikanische Architektur dieses Jahrhunderts entstand durch ein Zusammenwirken regionaler Traditionen, eigenwilliger persönlicher Stile, lokaler Antworten auf verfügbare Materialien und topographische Gegebenheiten und durch den Einfluß architektonischer Vorbilder in den nationalen Publikationen. Manches läßt sich nur im Lichte der individuellen Geschichte der Architekten und ihrer Bauherren verstehen. Nun, gegen Ende des Jahrhunderts, ist zu erkennen, daß die amerikanische Architektur dank ihrer Vielfalt, ihrer Erfindungskraft und ihres Optimismus die wohl einflußreichste nationale Architektur der Welt ist.

Im vorliegenden Buch sind die Bauten chronologisch geordnet und jeweils mit einem charakteristischen Foto oder einer

Zeichnung versehen. Der Text interpretiert die Bauwerke in ihrem räumlichen und zeitlichen Zusammenhang und sucht dem Leser deutlich zu machen, warum sie zu den privilegierten 223 Beispielen gehören. Der Leser kann nie die ganze Geschichte erfahren, sondern wird nur angeregt: Mal hört er vom Grundstück oder vom Architekten, mal vom Bauherrn oder vom späteren Einfluß des Gebäudes. Daß die Bauten nicht nach Regionen geordnet sind, stellt für den Leser dank des Ortsverzeichnisses und der Karten kein Hindernis dar. Die chronologische Darstellung – die freilich nicht bedeutet, daß die Geschichte ein nahtloses Kontinuum ist – gibt eine nützliche Einführung in die amerikanische Architekturgeschichte dieses Jahrhunderts.

Ralph Lerner
Dekan der School of Architecture
Princeton University

Der Architekturtourist ist ein beherzter Mensch, der ohne weiteres eine ganze Reise plant, um ein bestimmtes Bauwerk zu sehen; der einen halben Tag sucht, um es zu finden; der stundenlang an der Türschwelle herumlungert, in der Hoffnung, hineinzukommen. Doch seine Hartnäckigkeit lohnt sich, denn um ein Gebäude voll und ganz zu verstehen, muß man es selbst sehen.

Dieses Buch untersucht 223 wichtige amerikanische Bauten und gibt Hilfe und Informationen für ihre Besichtigung: Adressen, Telefonnummern, Öffnungszeiten, Einzel- und Gruppenführungen. Zugleich gibt es einen kompakten Überblick über die amerikanische Architektur des 20. Jahrhunderts am Beispiel der Meisterwerke, die noch erhalten sind.

Wie habe ich 223 amerikanische Bauten unter den tausenden ausgewählt, die Aufmerksamkeit verdienen? Zunächst habe ich die anerkannten Hauptwerke unseres Jahrhunderts aufgenommen, die, wie etwa Frank Lloyd Wrights Haus Robie in Chicago und Ludwig Mies van der Rohes Seagram Building in New York, den Lauf der Architekturgeschichte entscheidend beeinflußt haben. Bei den übrigen Bauten waren die Kriterien naturgemäß subjektiver. Ich habe versucht, ein Gleichgewicht zwischen verschiedenen Orten, Bautypen und Architekten und zwischen frühen und späten Arbeiten in einem bestimmten Stil oder einer Architektenlaufbahn herzustellen.

In vielen Städten sind Wahrzeichen wie das Chrysler Building von New York oder die Space Needle von Seattle zu geliebten Symbolen geworden. Sie verhelfen auch dem Reisenden zu einer Identifikation mit der Stadt. In den einzelnen Regionen wurden Bauten wie Irving Gills Woman's Club in La Jolla, John Staubs Bayou Bend in Houston und Addison Mizners Arbeiten in

Palm Beach so populär, daß sie Stile begründeten, die heute noch existieren. Manchmal erregen auch ganze Gebäudekomplexe unsere Aufmerksamkeit, wie etwa der Art-Deco-Bezirk in Miami Beach oder die Usonian Community von Mount Pleasant, New York.

Viele bedeutende Bauten Amerikas wurden von ausländischen Architekten errichtet. Außer historischen Werken wie dem Haus Farnsworth von Ludwig Mies van der Rohe oder Alvar Aaltos Mount Angel Abbey Library zeigt dieses Buch auch neuere Arbeiten von Renzo Piano, Ricardo Bofill, Mario Botta, Arata Isozaki und Aldo Rossi.

Bei meiner Auswahl habe ich Bauten bevorzugt, die zugänglich sind oder von der Straße her gesehen werden können, obwohl manchmal Vegetation oder Zäune den Blick versperren. Manche Gebäude sind gut erhalten und werden offensichtlich in Ehren gehalten. Andere wie Buckminster Fullers Union Tank Car Dome in Baton Rouge, Louisiana, rosten unter den müden Augen eines einsamen Wärters vor sich hin.

Viele unserer bewunderten Monumente sind leider inzwischen verschwunden, doch zum Glück kehren andere wieder. Wichtige Prototypen wie Fullers Dymaxion House und Albert Freys Aluminaire House sind abgebaut worden und werden nun an leicht zugänglichen Orten wiedererstehen. In jüngster Zeit wurden Architekturklassiker wie Richard Neutras Haus Kaufmann in Palm Springs, das Biltmore Hotel in Phoenix, das Andalucia in Los Angeles und das Audubon House in New York, um nur einige zu nennen, sorgfältig restauriert. Wenn zur Renovierung noch sensible Erweiterungsbauten kommen, etwa bei der Central Library von Los Angeles, dem Legion of Honor Palace in San Francisco und

X dem Davis Museum des Wellesley College, sehen wir Gebäudekomplexe, die ganze Jahrzehnte umspannen.

In der ersten Hälfte der neunziger Jahre trat eine provokative jüngere Architektengeneration in den Vordergrund. Zu deren neueren Arbeiten, die hier aufgenommen sind, zählen Will Bruders Central Library in Phoenix, das Neurosciences Institute von Tod Williams und Billie Tsien und die Seiji Ozawa Hall von William Rawn. Wie diese Bauten läßt uns auch Yancey Chapel, eines der letzten Projekte dieses Buches, hoffnungsvoll in die Zukunft der Architektur sehen. Die elegante kleine Kapelle wurde von Studenten entworfen und mit vorgefundenen Objekten in Handarbeit errichtet. Indem sie so viel aus so wenig schufen, demonstrieren diese Studenten die Kraft der architektonischen Phantasie, die letztlich über jede Beschränkung siegt.

Zur Benutzung dieses Führers

Das Buch ist chronologisch nach dem Datum der Fertigstellung geordnet (mit Ausnahme einiger weiterführender Projekte und mehrfacher Einträge). Zur Ergänzung dienen zwei Verzeichnisse am Ende des Führers: ein alphabetischer Index der aufgenommenen Architekten und ein geographischer Index nach Staaten und Orten. Mit diesen dreifachen Hinweisen hoffe ich, das Buch nützlicher und Ihre Reisen angenehmer zu gestalten.

Wer sich an die chronologische Ordnung hält, kann die einzelnen Dekaden der amerikanischen Architektur im 20. Jahrhundert verfolgen. Wer sich besonders für die Bauten eines bestimmten Architekten oder Büros interessiert, findet sie zusammen mit dem Ort im Architektenverzeichnis. Und wer in eine bestimmte Stadt reist, kann im Ortsindex alle dort verzeichneten Gebäude nachschlagen.

Zur Besucherinformation dienen jeweils der Kasten mit der Adresse und die Angaben zu Telefonnummer, Öffnungszeiten und Führungen im letzten Absatz. Bei manchen Gebäuden wird Eintrittsgeld verlangt, doch habe ich keine Preise angegeben, weil sie sich häufig ändern.

Die meisten Bauten dieses Führers sind ständig oder zu den meisten Zeiten zugänglich; andere sind dagegen strikt privat. Bitte nehmen Sie bei Ihren Besuchen Rücksicht auf das Privatleben der Besitzer.

Sydney LeBlanc

Alle Angaben wurden nach bestem Wissen zusammengestellt und entsprechen dem Stand Herbst 1997. Bitte schreiben Sie uns, wenn Sie Berichtigungen und Ergänzungsvorschläge haben:

Deutsche Verlags-Anstalt, Lektorat Fachbuch, Neckarstr. 121, 70190 Stuttgart

Frank Lloyd Wright
Wohnhaus und Studio, 1889–1909
951 Chicago Avenue
an der Forest Avenue, Oak Park, Illinois
Frank Lloyd Wright

Das »merkwürdige kleine Haus«, für dessen Bau der 22jährige Frank Lloyd Wright Geld bei seinem Chef Louis Sullivan lieh, ist ein legendäres Monument und die architektonische Versuchswerkstatt seiner ersten fruchtbaren Schaffensphase. Dieses früheste seiner Hauptwerke zeigt alle Einflüsse, die für ihn wichtig waren: Liebe zur Natur, Musik, japanische Graphik, Fröbelblöcke und die Bewunderung für Louis Sullivan.

Wright lebte hier zwanzig Jahre. Er baute das Haus und das Studio in vier Abschnitten und nahm ständig Veränderungen vor. Das Haupthaus an der Forest Avenue fällt auf durch sein spitzgiebliges Dach, die braunen Schindeln und olivgrüne Profile. Die klaren geometrischen Formen verzichten auf jeden viktorianischen Dekor. Farbgebung und Verkleidung illustrieren Wrights Überzeugung, daß die Architektur mit der Landschaft harmonieren müsse.

Im Inneren war Wright deutlich auf dem Weg zum offenen Grundriß, und er beherrschte bereits die große Geste: So hat das Spielzimmer der Kinder eine prachtvolle tonnengewölbte Decke, die an eine Kirche denken läßt, sich aber angeblich hervorragend für Ballspiele eignete. An den braunroten Wänden und der cremefarbenen Decke des Elternschlafzimmers heben sich die eindrucksvollen Wandbilder von Indianern in der Prärie ab, die von dem Künstler Orlando Giannini stammen. Im ganzen Haus ist viel Holzwerk verwendet worden. Einige von Wrights bekannt unbequemen Möbeln sind heute noch zu sehen.

Höhepunkt ist Wrights berühmtes Studio und Büro, einer seiner wichtigsten (und persönlichsten) Räume. Anfänge seines Präriestils zeigen sich in dem zentralen rechteckigen Eingang, der von zwei oktogonalen Pfeilern flankiert ist. Das höhere Gebäude mit Gadenfenstern enthält den Zeichensaal, einen abgestuften Raum, in dem der Blick spiralförmig nach oben zum Licht gezogen wird – viele Jahrzehnte vor dem Entwurf des Guggenheim Museums.

Das Anwesen verfiel, als Wright 1909 Haus und Familie verließ. Es gehört heute zum National Trust for Historic Preservation, der den Zustand von 1909 wieder herstellte. Die Frank Lloyd Wright Home and Studio Foundation verwaltet den Komplex und bietet montags bis freitags Besichtigungen um 11.00, 13.00 und 15.00 Uhr, am Wochenende durchgehend von 11.00 bis 16.00 Uhr. Geschlossen Thanksgiving, Weihnachten und Neujahr. Führungen durch den Prairie School Historic District – die weltweit größte Ansammlung von Wrights Architektur mit mehr als zwanzig Häusern und dem Unity Temple – finden täglich von 10.00 bis 17.00 Uhr statt.

Information über Touren und Sonderprogramme: Tel. (708) 848-1500.

2 One South Calvert Building, 1901
201 East Baltimore Street, Baltimore,
Maryland
D.H. Burnham and Company

Im Osten der Vereinigten Staaten wurden nur wenige Wolkenkratzer im Chicagoer Stil gebaut, und noch weniger blieben erhalten. One South Calvert – der einzige Bau dieser Art in Baltimore – repräsentiert den »Wolkenkratzer«-Typus mit Stahlrahmen, der in den letzten beiden Dekaden des 19. Jahrhunderts in Chicago entwickelt wurde. Der Entwurf stammt von D.H. Burnham and Company, die zu den bahnbrechenden Wolkenkratzer-Architekten Chicagos zählten.

Das Gebäude, früher das Continental Trust Building, hat 16 Geschosse und ist überwiegend mit Stein, aber auch mit Backstein und Terrakotta verkleidet. Den Einfluß der Schule von Chicago demonstrieren nicht nur die Stahlrahmen, sondern auch die hohen Bögen an der Basis und deren dreigeteilte Fenster. Der Dekor bleibt der klassischen Tradition verhaftet. Über einigen Fenstern sind Ziergiebel im Stil der Neorenaissance angebracht. Im oberen Bereich gibt es eine Säulenreihe unter einem dekorativen Terrakottafries.

Die Stabilität des Bauwerks wurde bei dem großen Feuer in Baltimore von 1904 auf eine harte Probe gestellt, als der Wolkenkratzer von oben bis unten in Flammen stand. Das »absolut feuersichere« Innere brannte in dem schätzungsweise 2500 Grad heißen Feuer völlig aus, doch die Struktur blieb intakt. Beim anschließenden Wiederaufbau wurden die Feuerschäden repariert, allerdings wurde das ornamentale Gesims nicht wiederhergestellt.

Heute enthält das Gebäude im Erdgeschoß eine Bank und darüber Büroräume. Während der Bürozeiten ist die Eingangshalle, deren Marmorwände und große Treppen mit Messinggeländern gut erhalten sind, für das Publikum zugänglich.

Information: Tel. (410)727-0275.

Metropolitan Museum of Art, 1902 (Haupteingang)

Fifth Avenue, 82nd Street, New York
Richard Morris Hunt

Das Metropolitan Museum am Central Park – eine Kulturbastion, die sich von der East 80th bis zur East 84th Street erstreckt – war ursprünglich ein farbenfreudiger gotischer Bau, von Calvert Vaux zwischen 1874 und 1880 errichtet und zweimal von anderen Architekten in wenig befriedigender Weise erweitert. Als die Sammlungen und der Einfluß des Museums wuchsen, wurde ein größeres Gebäude mit einheitlicherem Äußeren erforderlich. Richard Morris Hunt, ein damals einflußreicher New Yorker Architekt, erhielt den Auftrag. Obwohl er vor der Fertigstellung des Museums starb, wußte er, daß sein Werk Bestand haben würde.

Hunt war der erste amerikanische Architekt, der an der École des Beaux-Arts studierte. Sein Entwurf, der tatsächlich an die großen öffentlichen Bauten in Paris erinnert, sah einen voluminösen zentralen Eingangsbereich mit Flügeln vor, die Höfe umschließen. Nur der Haupteingang wurde 1902 von seinem Sohn Richard Howland Hunter vollendet. Trotz mehrerer Erweiterungen seit dieser Zeit steht der Eingang immer noch im Mittelpunkt. Er strahlt große Autorität aus und wirkt dennoch wegen der breiten Treppe und der prachtvollen, von Säulen flankierten Bögen einladend. Medaillons mit den Porträts alter Meister und den Personifikationen von Architektur, Skulptur, Malerei und Musik bringen ein menschliches Element in die hohe Fassade.

1906 kam durch eine großzügige Stiftung von Jacob S. Rogers und die Aussicht auf die Sammlung J. Pierpont Morgans, des Museumsdirektors, eine neue Erweiterungswelle in Gang. McKim, Mead & White entwarfen einen neuen Masterplan und die Seitenflügel an der Fifth Avenue.

Moderne Erweiterungen von Kevin Roche und John Dinkeloo aus den siebziger und achtziger Jahren bilden mit ihren gerasterten Spiegelglasflächen einen Kontrast zur klassischen alten Struktur. Die hellen und luftigen Neubauten haben durchaus ihre eigenen Qualitäten, doch Hunts Haupthalle ist nach wie vor einer der eindrucksvollsten Räume in New York.

Das Museum ist dienstags bis donnerstags und sonntags von 9.30 bis 17.15 Uhr geöffnet, freitags und samstags von 9.30 bis 20.45 Uhr. Geschlossen Montag, Thanksgiving, Weihnachten und Neujahr. Führungen finden täglich statt (bei Gruppen Voranmeldung notwendig).

Information über Führungen: Tel. (212) 570-3711; Gruppen (212) 288-7733.

4 **Flatiron (Fuller) Building,** 1903
Broadway, East 22nd Street
und Fifth Avenue, New York
D.H. Burnham and Company

Das Flatiron Building verdankt seine Form dem dreieckigen Grundstück an der Ecke, an der der Broadway diagonal von der East 22nd Street zur Fifth Avenue führt. Der Name (Bügeleisen) geht auf das Erscheinungsbild des Bauwerks zurück.

Dieser frühe New Yorker Wolkenkratzer wurde von Daniel Burnham aus Chicago entworfen, einem Pionier im Hochhausbau. Burnham spielte eine wichtige Rolle auf der Chicagoer Weltausstellung von 1893, die das Interesse an klassischen Bauten in monumentalem Maßstab weckte.

Burnham nutzte bei seinem Entwurf für das mehr als 20 Geschosse hohe Gebäude die kreativen Möglichkeiten der Wolkenkratzer-Konstruktion – ein Stahlrahmen, der mit Mauerwerk verkleidet wird –, indem er ornamentierte Kalksteinblöcke in wechselnden Dekorstreifen an den Fassaden anordnete.

Anfang der neunziger Jahre paßte sich das Gebäude dem lebendigen Treiben um den Madison Square an, indem es im Erdgeschoß eine elegante Modeboutique aufnahm. Darüber liegen nach wie vor Büroräume.

Information: Tel. (212) 477-0947.

Rhode Island State Capitol, 1903

83 Smith Street
Providence, Rhode Island
McKim, Mead & White

Die Tinte auf dem Entwurf war noch kaum getrocknet, als das Rhode Island State Capitol eine Welle von Parlamentsbauten im ganzen Land inspirierte. Das 1892 in der Zeitschrift American Architect veröffentlichte Projekt zeigte eine stromlinienförmige Version des United States Capitol in Washington, ein klassisches weißes Marmormonument mit symmetrischen Seitenflügeln, einer zentralen Kuppel und einer Rotunde. Vier überkuppelte Ecktürme rahmen die Hauptkuppel.

Der Entwurf ging siegreich aus einem Wettbewerb hervor, weil die Baukommission Gefallen an dem gut organisierten Grundriß und dem autoritativen Äußeren fand. Obwohl es während der Bauzeit leicht verändert wurde, nimmt das fertige Gebäude selbstbewußt seine Position auf der Höhe des Smith Hill ein. Ein breiter Boulevard sorgt für die zeremonielle Annäherung.

Das Rhode Island State Capitol ist montags bis freitags von 8.30 bis 17.00 Uhr geöffnet. An Wochenenden und Feiertagen geschlossen. Führungen finden nur vormittags statt.

Information: Tel. (401) 277-2357.

6 **Carson Pirie Scott,** 1904
One South State Street, Madison
Chicago, Illinois
Louis H. Sullivan

liegt ein klassischer zweigeschossiger Sockel, dessen gußeiserne Platten Ranken- und Girlandendekor tragen (ebenfalls von Sullivan entworfen). Sullivan vereinigte diese Gegensätze durch einen gekurvten Eckpavillon mit schlanken Säulen, der einen eleganten Eingang für das Kaufhaus darstellte und zugleich ein vertikales Element in die sonst stark horizontal geprägte Komposition brachte.

Sullivan war nicht nur geschickt darin, unterschiedliche stilistische Möglichkeiten zu kombinieren, sondern hatte auch ein bemerkenswertes Talent für den Umgang mit dem neuen tragenden Stahlrahmen. So konnte er seine Mauerwerksbauten von unnötigen Massen befreien und eine moderne Formensprache anwenden.

Ein wichtiges Thema um die Jahrhundertwende war die Forderung nach einer neuen Architektur für das neue Jahrhundert. In der Praxis war der Fortschritt eher evolutionär als revolutionär. Das Kaufhaus Carson Pirie Scott ist ein Modellbeispiel für diese Übergangszeit – mit einem Fuß noch im 19., mit dem anderen bereits im 20. Jahrhundert. 1899 von Louis Sullivan entworfen und in zwei Phasen bis 1904 gebaut, umspannt das Gebäude nicht nur zeitlich, sondern auch stilistisch zwei Jahrhunderte – eine ungewöhnliche Verbindung von Tradition und Modernität.

Carson Pirie Scott besteht im Grunde aus zwei Gebäuden. Der kühne Raster der »Chicago-Fenster« in den oberen zehn Geschossen ist strikt modern. Doch darunter

Als Sullivan Carson Pirie Scott entwarf, galt er als der Meister des Hochhausbaus – der damaligen »Wolkenkratzer«. Das Kaufhaus ist eines der ersten bedeutenden Beispiele des modernen Hochhauses.

Carson Pirie Scott ist ein Wahrzeichen des Zentrums von Chicago. Das Kaufhaus ist während der normalen Geschäftsstunden geöffnet und unter Tel. (312) 641–8000 zu erreichen. Die Chicago Architecture Foundation schließt das Kaufhaus in einige ihrer Führungen ein.

Information: Tel. (312) 922-TOUR.

Darwin D. Martin House, 1904
125 Jewett Parkway, Buffalo, New York
Frank Lloyd Wright

Frank Lloyd Wright fand einen willkommenen frühen Bauherrn in Darwin Martin, dem Präsidenten des florierenden Versandhauses Larkin Company. Martin stellte Wright mit einem kleinen Haus für seine Schwester und seinen Schwager (Haus Barton, 118 Summit Avenue) auf seinem Familiengrundstück auf die Probe. Als Wright erfolgreich war, beauftragte Martin ihn mit einer Reihe von Häusern und seinem Verwaltungsgebäude, dem berühmten Larkin Building (abgerissen 1950), das eine große Rolle für Wrights künftige Laufbahn spielte.

Das Haus Martin war ein großzügiger Komplex auf fast zwei Morgen Land in der Nähe von Frederick Law Olmsteds Delaware Park. Das 930 m² große Haupthaus, Wrights größtes Wohnhaus im Präriestil, ist ein vielschichtiges Gebäude aus braungelbem Backstein, bei dem Wright erneut die Prinzipien seines Präriehauses formulierte: lange Horizontale, ineinander greifende Flächen, fließende Dachlinien, Fensterbänder, integrierter Dekor und Harmonie mit der Natur. Weil dieses Präriehaus in der Stadt liegt, kam seinem Garten besondere Bedeutung zu: Eine Pergola erstreckte sich tief ins Grundstück, und der Wintergarten mit Voliere hatte die Größe eines kleinen Hauses. Später kamen noch eine Gärtnerwohnung und ein Treibhaus hinzu.

Bei dem äußerst weitläufigen (und kostspieligen) Haupthaus verwirklichte Wright seine These vom »Zerstören der Schachtel«, indem er auf die eng zusammengefaßten kubischen Raumfolgen der viktorianischen Zeit verzichtete. Hier gingen große Räume offen ineinander über. Überall machte sich Wrights Vorliebe für einheitliches Design bemerkbar. Zusammen mit der Architektur entwarf er Eichenmöbel, farbige Glasfenster, Teppiche, Stoffe und Lampen. In den Räumen des Erdgeschosses arbeitete er mit seinen bevorzugten goldenen Farben, so daß eine warme Atmosphäre entstand.

Der Komplex hat im Laufe der Jahre schwer gelitten. Das Haus Barton, die Gärtnerwohnung und das Treibhaus waren verkauft, die Pergola und der Wintergarten abgerissen worden. An ihrer Stelle errichtete man Appartements. Im Jahre 1966 erwarb die State University of New York in Buffalo die Häuser Martin und Barton. 1994 kauften SUNY und die gemeinnützige Martin House Restoration Corporation den Rest des Anwesens (außer dem Gärtnerhaus an der Woodward Avenue 285, das sich in Privatbesitz befindet und tadellos restauriert ist) und begannen die Rekonstruktion des Komplexes. Die Arbeiten am Haus Barton wurden inzwischen abgeschlossen.

Besucherinformation: Tel. (716) 856-3858.

New York Stock Exchange, 1904
11 Wall Street an der Broad Street,
New York
George B. Post

In der New Yorker Börse begegnen sich die Widersprüche des Bauens um die Jahrhundertwende: einerseits die Sehnsucht nach der reich ornamentierten klassischen Architektur der Vergangenheit, andererseits die Fortschritte der modernen Technologie. George Post folgte klassischen Vorbildern und entwarf das Gebäude als römische Tempelfassade mit Bögen, Balustraden, massiven Säulen und einem Giebel mit mythologischen Figuren. Doch hinter den hohen Säulen verbirgt sich ein gläserner »Curtain Wall«, einer der ersten in New York, der den höhlenartigen Börsensaal im Inneren mit Licht überflutet.

Die hektischen Aktivitäten der Wall Street finden in einem der großartigsten Innenräume New Yorks statt. Die Börse ist montags bis freitags außer an Feiertagen von 9.15 bis 16.00 Uhr geöffnet. Ab 9.00 Uhr gibt das Visitors Center am Eingang Broad Street 20 Karten für freie Besichtigung ohne Führung aus. Die Karten sind schnell vergriffen, so daß man frühzeitig dort sein muß. Bei Gruppen ab zehn Teilnehmern sollte im voraus reserviert werden.

Reservierung und Information:
Tel. (212) 656-5168.

Singer Loft Building, 1904
561 Broadway, New York
Ernest Flagg

In dem lebendigen New Yorker Bezirk Soho (south of *Houston* Street) findet sich die vielleicht größte Ansammlung noch intakter Gußeisen-Bauten der Jahrhundertwende. Dennoch war in den sechziger Jahren der Abbruch des gesamten Gebiets geplant, weil dort Robert Moses' urbaner Traum des Lower Manhattan Expressway verwirklicht werden sollte. Dank der Landmarks Preservation Commission, die 1973 gegründet wurde, ist Soho heute nicht mehr gefährdet. Die Gegend konnte ihren robusten, industriellen Charakter der Zeit um 1900 erhalten, obwohl in den alten Bauten nun elegante Boutiquen und Kunstgalerien untergebracht sind.

Das Singer Loft Building ist eine besonders bemerkenswerte – und schöne – Erinnerung an jene Zeit und ihre Technologie. Die neuartige Komposition aus farbiger Terrakotta, Glas und Stahl kündigt bereits das Aufkommen des gläsernen Curtain Wall an. Das Gebäude wurde von dem New Yorker Architekten Ernest Flagg für die Nähmaschinenfirma Singer entworfen. Es hat zwölf Geschosse und ein Dachgeschoß in L-Form und nimmt eine Ecklage ein. Die Hauptfassade am Broadway erhebt sich in einem eleganten Bogen unter einem Gesims, das vor dem letzten Geschoß hervortritt. Die gekurvten Balkongitter und das Maßwerk, das den großen Bogen rahmt, schuf Flagg aus Schmiede- und nicht aus Gußeisen. Ein Echo dieser Fassade am Broadway ist die Seitenfassade um die Ecke an der Prince Street, wo der Name Singer immer noch auf dem Türbalken sichtbar ist.

Ernest Flagg entwarf viele wichtige Bauten in New York, darunter den Scribners' Bookstore (heute Brentano's) an der Fifth

Avenue und das 47geschossige Singer Building am Broadway 149 (1908), das später abgerissen wurde. Die Prominenz dieses neueren Singer Building überschattete den früheren und kleineren Bau in Soho, der schließlich »Little Singer Building« genannt wurde. Heute sind in den Loftgeschossen dieses Gebäudes Büros untergebracht.

Seit das Guggenheim Museum seine Filiale in Soho eröffnete, die einen halben Block weiter am Broadway und auf der anderen Seite der Prince Street liegt, erregt das Singer Loft Building dank der vielen Besucher, die Arata Isozakis Innenräume im Guggenheim besichtigen wollen, neue Aufmerksamkeit.

Minnesota State Capitol, 1905
75 Constitution Avenue, St. Paul
Minnesota
Cass Gilbert

Der Staat Minnesota war erst siebenunddreißig Jahre alt, als Cass Gilbert den Bauauftrag für das Capitol erhielt. Er nahm sich St. Peter in Rom und vor allem Michelangelos berühmte Kuppel zum Vorbild. Die Kuppel ist hier kleiner, aber immer noch das beherrschende Element des Gebäudes, nicht zuletzt wegen der vergoldeten Kugel auf der Spitze. Mit Goldblatt belegt ist auch eine robuste Skulpturengruppe über dem Haupteingang: Ein muskulöser Wagenlenker, der eine Fülle von Produkten aus Minnesota in den Armen hält, führt vier Pferde mit Reitern an. Ein Banner trägt die Aufschrift »Minnesota«.

Über die breite Fronttreppe und durch die hohen Bögen erreicht der Besucher eine massive Rotunde, die sich bis zur Kuppel erstreckt. Alle vier Geschosse mit ihren Hallen, Treppen und Gemächern sind üppig mit zwanzig verschiedenen Steinsorten ausgestattet. An den Wänden ist überwiegend Minnesota-Kalkstein aus Mankato und Kasota verwendet worden. Die Korridore haben gewölbte Decken mit handgemalten

Arabesken, die den landwirtschaftlichen Reichtum Minnesotas darstellen. Gilbert gab auch die künstlerische Ausschmükkung der Innenräume in Auftrag.

Der »piano nobile« ist das erste Obergeschoß, in dem Senat, Abgeordnetenhaus und Oberster Gerichtshof untergebracht

sind. Senat und Abgeordnetenhaus wurden so restauriert, daß der Zustand von 1905 mit Oberlichtern, Originalfarben, Möbeln und Kunstwerken wiederhergestellt ist.

Gilbert überwachte den Bau und die Ausstattung des Capitols. »In alten Zeiten«, sagte er, »waren der Architekt, der Maler und der Bildhauer häufig ein und dieselbe Person. Es gibt keinen Grund, warum dies heute nicht so sein sollte.«

Gilbert wurde zwar für seinen Parlamentsentwurf geehrt, ist aber vor allem durch sein Woolworth Building in New York bekannt, einen damals spektakulären Wolkenkratzer, der 1913 fertiggestellt wurde.

Das Minnesota State Capitol ist von I-94 und I-35E in St. Paul zugänglich. Es ist an Werktagen von 8.30 bis 17.00 Uhr, samstags von 10.00 bis 16.00 Uhr und sonntags von 13.00 bis 16.00 Uhr geöffnet. Führungen der Minnesota Historical Society beginnen zu jeder vollen Stunde bis eine Stunde vor Schließung. Das Capitol ist Ostern, Thanksgiving, Weihnachten und Neujahr geschlossen.

Information (Tonband): Tel. (612) 297-3521. Gruppen ab zehn Teilnehmern müssen sich zwei Wochen im voraus anmelden, Tel. (612) 296-2881.

Fairmont Hotel, 1906
950 Mason Street
San Francisco, Kalifornien
Reid Brothers

Dieses riesige weiße Marmorhotel nimmt einen ganzen Block auf dem Nob Hill ein und zählt zu den populärsten Bauten der Stadt. Das von der Tochter eines Silbermagnaten aus Comstock erbaute siebengeschossige Hotel war anfangs von Unglück verfolgt. Das Erdbeben von 1906 verursachte zwar keine ernsthaften Schäden, doch kurz vor der Eröffnung wurde das neue Gebäude von einem Großfeuer fast völlig zerstört. Julia Morgan, die erste Architektin Kaliforniens, übernahm den Wiederaufbau und die Innenausstattung. 1962 fügte Mario Gaidano einen schlanken, modernen 24geschossigen Turm in Weiß und Gold hinzu, der herrliche Aussichten auf die Bucht von San Francisco bietet.

In den öffentlichen Räumen lebt die Eleganz der Alten Welt fort, vor allem in der prächtigen Eingangshalle mit ihren Marmorwänden und -säulen und der breiten Treppe. Ein Ballsaal mit Wolkenmalerei an der Decke und ein Dachgarten ergänzen die repräsentativen Räumlichkeiten. Das Fairmont Hotel ist Fernsehzuschauern als Schauplatz der Serie »Hotel« bekannt. Im Gartensaal des Hotels wurde die Charta der Vereinten Nationen entworfen.

Information: Tel. (415) 772-5000.

Unity Temple, 1906
875 Lake Street, Kenilworth Avenue
Oak Park, Illinois
Frank Lloyd Wright

Frank Lloyd Wrights Unity Temple, eine Kirche mit Sonntagsschule für seine unitarischen Bauherren, ist der erste moderne Kirchenbau der Welt. Es gibt keine gotischen Bögen – die Linien sind kühn und gerade. Wright verwarf den in der Sakralarchitektur so gebräuchlichen kreuzförmi-

nieur«-Material zu einem architektonischen machte. Hoch in die Mauer ist ein Fensterband gesetzt, um den Straßenlärm auszuschließen und Licht in das Innere zu bringen.

Auch der Innenraum des Unity Temple wirkt monumental. Das zentrale Auditorium ist ein Quadrat mit eingeschnittenen Ecken. Auf drei Seiten sind jeweils zwei Galerien übereinander angeordnet, an der vierten Seite ist die Kanzel mit der Orgelempore. Die besandeten Putzflächen nehmen das Thema der Quadrate und Recht-

gen Grundriß und verwendete statt dessen Quadrate und Rechtecke, die im ganzen Gebäude miteinander verwoben sind. Die langen, niedrigen Horizontalen, die zum Charakteristikum seiner Wohnbauten geworden waren, wurden zu Vertikalen und schufen damit neue Maßstäbe und Proportionen.

Der monumentale Komplex des Unity Temple besteht aus der Kirche und der kleineren Sonntagsschule, die durch einen niedrigen Eingangsbereich verbunden sind. Das Gebäude ist in vier massiven Eckpfeilern verankert, zwischen denen Balkons liegen. Die Mauern bestehen aus Beton mit Kieselzuschlag, eine neue und prophetische Technik, die dieses frühere »Inge-

ecke mit ihren graphischen Holzeinfassungen auf. Wright gestaltete auch die Möbel und Beleuchtungskörper.

Der Unity Temple bietet Führungen jeden Samstag um 12.00, 13.00 und 14.00 Uhr (April bis Oktober um 13.00, 14.00 und 15.00 Uhr) und sonntags um 13.00, 14.00 und 15.00 Uhr.

Information: Tel. (708) 383-8873.

Die Frank Lloyd Wright Home and Studio Foundation in Oak Park, Chicago Avenue 951, veranstaltet ebenfalls täglich Führungen im Unity Temple, außer Thanksgiving, Weihnachten und Neujahr.

Information: Tel. (708) 848-1978. Für Gruppenreservierungen Tel. (708) 848-0458.

Pierpont Morgan Library, 1907
29–33 East 36th Street, Madison Avenue
New York
McKim, Mead & White

J. Pierpont Morgan, damals der reichste Mann der Welt und einer der größten amerikanischen Sammler, baute diese Bibliothek für seine seltenen Bücher und Manuskripte. Der weitgereiste, kultivierte Financier bewunderte die Architektur der italienischen Renaissance, die seiner Meinung nach die Bedeutung seiner Sammlung zum Ausdruck brachte. Er hätte jeden beauftragen können, doch zufällig waren die bekanntesten neoklassizistischen Architekten Amerikas – McKim, Mead & White – in New York ansässig. Für Mr. Morgan schuf Charles McKim sein Meisterwerk.

Die Morgan Library wurde 1924 dem Publikum zugänglich gemacht und nimmt einen halben Block ein. Bis heute hat »Mr. Morgan's Library« in ihren schönen, im Stil jener Zeit eingerichteten Räumen die Aura von Macht und Privilegien – und der Wohltätigkeit eines weltgewandten Sammlers – bewahrt.

Die Bibliothek, opulent wie ein italienischer Palazzo, sucht wie die Renaissance alle Künste zu integrieren. Architektonisch ist das Gebäude aus rosa Tennessee-Marmor von klassischer Einfachheit: ein breites Rechteck mit einem zentralen, zurückgesetzten Eingang hinter einem Portikus mit zwei ionischen Säulenpaaren. Akzentuiert wird der Eingang durch Bronzetüren, eine bildhauerisch gestaltete Archivolte und von Engeln getragene Platten auf dem Gesims. Auch die Konstruktion war klassisch: Die Marmorblöcke sind durch mörtellose Fugen miteinander verbunden – eine alte griechische Technik.

Die Bibliothek enthält drei große Hauptsäle und eine Rotunde mit farbigen Marmorwänden und -säulen, Mosaiken und Säulen aus Lapislazuli. Im East Room sind die seltenen Bücher, Manuskripte und Zeichnungen untergebracht. Die Wände sind mit dreiteiligen Bücherschränken gesäumt, die aus Bronze und eingelegtem tscherkessischem Walnußholz bestehen.

Morgans Privatstudio im West Room ist historisch wie künstlerisch faszinierend. Hier veranstaltete Morgan 1907 eine ungewöhnliche Spendenkampagne, bei der er wohlhabende Freunde dazu aufrief, den drohenden finanziellen Kollaps der Nation abzuwenden. Ein ästhetischer Höhepunkt ist die Holzdecke aus Italien.

1991 wurde dem alten Gebäude ein eleganter Anbau beigefügt, der Garden Court, ein wellenförmiges Gebäude aus Glas und Stahl von Voorsanger Associates aus New York. Die gewölbte Decke wird von einem 16,5 m langen Binder mit vorgespannten Kabeln gestützt. Die sanften Farben der Materialien – Wände aus Indiana-Kalkstein, graue und weiße Marmorböden und ein Aufzug, der mit Zinnplatten verkleidet ist – rufen ein Gefühl der Helligkeit und Geräumigkeit hervor. Die Morgan Library ist dienstags bis samstags von 10.30 bis 17.00 Uhr, sonntags von 13.00 bis 17.00 Uhr geöffnet. Montags und an Nationalfeiertagen geschlossen. Führungen finden dienstags und donnerstags um 14.30 Uhr statt.

Information: Tel. (212) 685-0610.

Plaza Hotel, 1907
Fifth Avenue, Central Park South
New York
Henry Janeway Hardenbergh

Das Plaza, das aristokratischste Hotel New Yorks, behauptet seinen Platz am Central Park, als sei es das Zentrum der Stadt. Tatsächlich war es für den Geschmack seiner prominenten Gäste entworfen – ein französisches Château in Übergröße, das wie das eigene Zuhause wirkte, nur weiträumiger.

Henry Janeway Hardenbergh, der Architekt des Hotels, war bekannt für seine ungewöhnlichen Wohnbauten, darunter die Dakota Apartments am Central Park West, die ersten Luxusappartements der Stadt.

Beim Plaza erkannte Hardenbergh die Bedeutung der Ecksituation: Beide Fassaden sollten gleich wirkungsvoll sein. Das Gebäude ist klassisch organisiert mit Sokkel, Schaft und Spitze. Die 18 Geschosse sind mit Backstein und Marmor verkleidet und von einem massiven Gesims bekrönt, über dem sich ein schiefergedecktes Mansarddach mit Giebeln, Dachfenstern und Kupferfirst erhebt. Hardenbergh milderte die Blockhaftigkeit des Gebäudes, indem er die mittleren Abschnitte zurücksetzte und die Ecken an der Nord- und Südseite abrundete.

Als das Hotel eröffnet wurde, verfügte es über zwei Geschosse mit eleganten öffentlichen Räumen und 800 Gästezimmer. Der Palmenhof hatte eine Kuppel aus Tiffany-Glas, die später überdeckt wurde. Dank einer Restaurierung durch Lee Harris Pomeroy Architects aus New York wurden die öffentlichen Bereiche und die Gästezimmer wie auch die Tiffany-Decke in neuem Glanz wiederhergestellt.

Information: Tel. (212) 759-3000.

Union Station, 1907
Massachusetts Avenue, North Capitol
Street, Washington, D.C.
D.H. Burnham and Company

Um 1900 war »modern« gleichbedeutend mit Eisenbahn – ein Symbol des Fortschritts und zugleich die populärste Reisemöglichkeit. Doch trotz aller technischen Entwicklungen und in überraschendem Gegensatz zu den progressiven Ideen der ebenfalls aus Chicago stammenden Architekten Louis Sullivan und Frank Lloyd Wright entnahm Daniel Burnham seine Inspirationen der Vergangenheit. Damit stand er freilich nicht allein. Eine Welle des Neoklassizismus überschwemmte die Ostküste, der sich Burnham anschloß. Sein monumentaler, üppig dekorierter Eingang zur Hauptstadt der Nation erinnert an die triumphalen Bauten Griechenlands und Roms.

Die Union Station entsprach Burnhams Vision eines »noblen, würdigen, klassischen Stils«. Er entwarf den Bau aus weißem Marmor mit einem Gefühl für Prunk und Prozession: Der Reisende wird von riesigen Portiken empfangen, die von ionischen Säulen flankiert sind.

Damals war das Gebäude die größte Konstruktion, die je im Lande errichtet wurde. Der 9058 m² große Bahnhof umfaßt drei Hallen, die Main, East und West Hall, von denen die Haupthalle mit 66 × 36 m die größte ist. Sie hat eine 28,8 m hohe, tonnengewölbte und kassettierte Decke, die durch ihre Oberlichter eine Flut von Tageslicht einläßt. Zugleich ist sie besonders sorgfältig gestaltet: weiße Marmorböden mit eingelegten roten Rautenmustern und eine mit Blattgold belegte Decke. Zu Beginn war der Bahnhof eine Ministadt mit Hotel, Polizeiwache, Arztpraxis, Getränkeladen, Swimmingpool, Türkischen Bädern, einem Metzger, einem Bäcker und sogar einem Begräbnisinstitut.

Burnham sagte: »Man soll keine kleinen Pläne machen. Sie haben nicht den Zauber, der die Seelen der Menschen reizt.« Er konnte nicht den traurigen Niedergang des Bahnverkehrs in den fünfziger Jahren vorhersehen, der beinahe seine grandiose Union Station mitgerissen hätte. Nahezu dreißig Jahre lang blieb das Schicksal des Bahnhofs ungeklärt. Als er 1964 unter Denkmalschutz gestellt wurde, konnte der Abriß vermieden werden, doch eine Neubelebung war nicht in Sicht. Der Plan für ein National Visitor Center scheiterte kläglich: Es wurde 1976 eröffnet, mußte aber nach nur zwei Jahren wieder schließen.

Schließlich wurde der Bahnhof durch den Union Station Redevelopment Act von 1981, öffentliche und private Initiativen und eine gründliche Renovierung gerettet. Die Architekten Benjamin Thompson & Associates, Harry Weese & Associates aus Chicago und andere trugen dazu bei, den Komplex authentisch zu restaurieren und zu neuem Leben zu erwecken. 1988 wurde die Union Station wiedereröffnet.

Der Bahnhof ist 24 Stunden am Tag geöffnet.

Information: Tel. (202) 371-9441.

Gamble House, 1908
4 Westmoreland Place
Pasadena, Kalifornien
Greene & Greene

Das Haus Gamble ist der ideale kalifornische Bungalow. Er wurde für David und Mary Gamble von der Firma Procter & Gamble in Cincinnati errichtet. In einer Nachbarschaft, die so reich an Architektur im Chalet-Stil ist, daß die Bewohner sie »Klein-Schweiz« nennen, wirkt er höchst auffallend.

Das Haus enthüllt die vielen Quellen, aus denen Charles S. Greene und sein Bruder Henry M. Greene schöpften, als sie diesen unverwechselbaren kalifornischen Stil entwickelten: Elemente des »Schindel-Stils« aus dem Osten, Frank Lloyd Wrights »Präriestil« aus dem Mittleren Westen, das Schweizer Chalet und japanische Einflüsse. Doch vor allem ließen sich die aus dem Osten stammenden Architekten von der Üppigkeit der Natur in ihrer neuen Umgebung inspirieren sowie von dem Wunsch, die Tradition hinter sich zu lassen.

Es gelang den Greenes, ein Haus zu schaffen, das trotz seiner komplizierten Details und des starken Dekors natürlich wirkt. Das langgestreckte, niedrige Gebäude hat tiefe Dachüberstände, die Terrassen und Balkone überragen. Die Holzkonstruktion ist klar ablesbar. Große braune Schindeln verkleiden die Außenwände, und die Balkone und Schlafveranden haben kunstvolle Holzgeländer.

Die handwerkliche Qualität innen und außen erregt höchste Bewunderung. In die Eingangstür ist zum Beispiel Tiffany-Glas in der Form einer Eiche eingelassen. Die Holzarbeiten im Inneren sind legendär, vor allem die handbearbeiteten Teakpaneele im Eingang, dem Wohnraum und dem Speisezimmer. Selbst die Treppe ist ein Kunstwerk in Holz. Auch die Möbelentwürfe stammen von Greene & Greene.

Haus Gamble liegt nahe der Kreuzung der Freeways 134 und 210. (Wenige Blocks entfernt befindet sich Frank Lloyd Wrights La Miniatura.) Besichtigung donnerstags bis sonntags von 12.00 bis 15.00 Uhr, außer an Feiertagen. Reservierungen für Gruppen ab zehn Personen müssen einen Monat im voraus erfolgen.

Information: Tel. (818) 793-3334.

National Farmer's Bank, 1908 (Norwest Bank)

101 North Cedar Street, Broadway
Owatonna, Minnesota
Louis H. Sullivan

In den letzten zehn Jahren seiner revolutionären Laufbahn, als die innovativen Chicagoer Wolkenkratzer der neunziger Jahre des 19. Jahrhunderts schon hinter ihm lagen, entwarf Louis Sullivan eine Reihe von Bankgebäuden für kleinere Gemeinden im Mittelwesten. Diese kleinen, aber eleganten Bauten sind nicht weniger bewundernswert als seine Wolkenkratzer. Die Norwest Bank wurde sogar 1981 mit einer eigenen Briefmarke geehrt.

Bei seinen Hochhäusern hatte Sullivan eine Trennung der Elemente vorgenommen – Sockel, Mittelteil und Spitze. Diese Formel wendete er auch bei diesem Gebäude an, trotz seiner kleineren, kubischen Form. Hier besteht der Sockel aus dem Erdgeschoß, das mit nicht ornamentiertem rotem Sandstein verkleidet ist. Aufwendig gestaltet ist der darauffolgende mittlere Abschnitt: Sullivans Liebe zum Dekor – und seine besondere Fähigkeit, das Dekorative mit dem Schlichten zu verbinden – zeigt sich in den grünen Terrakotta-Bändern mit Blättern und Eicheln über dem roten Mauerwerk an der Front und der Seite des Gebäudes, die zudem mit großzügigen Mittelbögen und Fenstern aus Glasmosaik versehen sind. Der Gebäudeabschluß besteht aus einfachem Mauerwerk, das leicht nach vorn vorkragt.

Als Einstimmung auf das reich ornamentierte Innere entwarf Sullivan einen niedrigen Haupteingang, der sich zu dem riesigen zentralen Banksaal öffnet. Die hohen farbigen Glasfensterbögen sind im Inneren mit Blattgold verziert. Die große Uhr über dem Gewölbe stammt von

Sullivans Partner George Elmslie, der auch bei Entwurf und Dekoration der Bank mitwirkte.

Als die Bank gebaut wurde, war Sullivan praktisch der einzige progressive amerikanische Architekt. Er wandte sich entschieden gegen den Neoklassizismus, der sich seit der Chicagoer Weltausstellung von 1893 verbreitet hatte, und bezeichnete ihn als »schreckliches Unheil«. Sullivan prophezeite, »der Schaden« werde noch »ein halbes Jahrhundert andauern, wenn nicht länger«.

Die Bank erlebte ihr eigenes Unheil und ging 1926 in Konkurs. 1929 wurde das Gebäude von der Security State Bank erworben, die noch im gleichen Finanzjahr von der Northwest Bank Corporation gekauft wurde.

Über die Jahre wurde das Bauwerk zwei gründlichen Restaurierungen unterzogen: 1958 von Harwell Hamilton Harris und 1982 von David P. Bowers von Val Michelson & Associates.

Owatonna ist eine Stadt mit etwa 20 000 Einwohnern 96 km südlich von Minneapolis/St. Paul über Highway 35W. Die Bank ist montags bis freitags von 8.00 bis 17.30 Uhr, samstags von 8.00 bis 12.00 Uhr geöffnet.

Besucherinformation: Tel. (507) 451-5670.

Robie House, 1909
5757 Woodlawn Avenue
Chicago, Illinois
Frank Lloyd Wright

Der Entwurf für das Haus Robie war der größte und monumentalste in Frank Lloyd Wrights Frühwerk. Wie die vorhergehenden »Präriehäuser« ist das Haus langgestreckt und niedrig, zeigt aber horizontale Schichtungen, die zuvor noch nicht aufgetreten waren. Offenbar ließ Wright sich vom technischen Fortschritt inspirieren, denn das Gebäude ähnelt einem Flugzeug ebenso wie einem Ozeandampfer – beides in jener Zeit Objekte höchster Faszination.

Haus Robie ist ein Präriehaus in städtischer Umgebung. Es besitzt eine neue Straffheit, die dem schmalen Eckgrundstück angemessen ist. Wrights Lösung besteht aus großen horizontalen Scheiben, die ingeniös übereinandergeschichtet sind, so daß vielfältige innere Ebenen, offene Balkone und umschlossene Terrassen entstanden. Die horizontalen Linien des Balkons und des Dachs werden durch das lange und schmale Ziegelformat verstärkt. Durchgehende Fensterbänder wechseln mit den massiven Außenwänden aus rotem römischem Ziegel, die mit Kalkstein gefaßt sind. Das Kreuzmotiv, das in vielen frühen Arbeiten Wrights auftaucht, wirkt sich hier

im Auskragen des Querflügels im obersten Geschoß aus.

Wie bei allen Bauten Wrights war die Umgebung der Schlüssel für den Entwurf. Außen schützt das Haus die Bewohner wie eine Festung vor dem Verkehrslärm. Der Eingang ist an der rechten Seite verborgen. Im Inneren schuf Wright Intimität, indem er die traditionelle Wohnanordnung umkehrte: Wohn- und Speisezimmer liegen im ersten Obergeschoß, das Spielzimmer der Kinder und die Billardräume darunter. Der Grundriß ist langgestreckt und offen. Wohn- und Speisezimmer sind durch einen massiven Kamin getrennt, jene Feuerstelle, die Wright als das spirituelle Zentrum des modernen Hauses ansah. Die offene Innenanordnung ermöglicht, daß jeder Hauptbereich Zugang zu einer Terrasse oder einem Balkon hat. So entsteht die Verbindung von innen und außen, die Wright besonders wichtig erschien.

Das Haus Robie zählt zu den einflußreichsten Entwürfen in der Architekturgeschichte. Es demonstrierte neue Ideen, die den Lauf der Architektur veränderten und der Rolle des Architekten im Bauprozeß zu neuer Bedeutung verhalfen.

1997 erfolgte die Umwandlung des Hauses in ein Museum. Führungen finden wochentags um 11.00, 13.00 und 15.00 Uhr, an den Wochenenden alle 15 Minuten von 11.00 bis 15.30 Uhr statt.

Information: Tel. (708) 848-1976.

Das Haus Robie gehört auch zum Programm der Chicago Architecture Foundation.

Information: Tel. (312) 922-TOUR.

First Church of Christ, Scientist,
1910
Dwight Way, Bowditch Street
Berkeley, Kalifornien
Bernard R. Maybeck

Die First Church of Christ, Scientist gehört zu den beiden großen erhaltenen Beispielen für kalifornische Arts-and-Crafts-Architektur (das andere ist das Haus Gamble in Pasadena). Wie die berühmten kalifornischen Bungalows jener Zeit ist die Kirche eklektisch, romantisch und der Natur verbunden. Doch sie strahlt auch eine Lebendigkeit aus, die charakteristisch für ihren exzentrischen Architekten Bernard Maybeck ist.

Mit ihren verschieden hohen, vortretenden Holzgiebeln erinnert die Kirche an eine Pagode. Glyzinen umranken den zeremoniellen freistehenden Eingangsportikus, der zugleich offen und beschützend wirkt. Er führt zu einem niedrigen Vestibül, das sich auf die Hauptkirche öffnet.

Während das Äußere ruhig und fast wohnhausartig erscheint, ist das Innere überwältigend und ruft viele Assoziationen hervor. Der Grundriß der Kirche beruht zwar auf dem einfachen griechischen Kreuz, doch im Aufriß sind alle Möglichkeiten ausgeschöpft. Kolossale, in gotischem Stil ge-schnitzte Holzbalken ruhen auf Säulen und bilden an der Decke eine X-Form. Diese delikat dekorierten Balken scheinen hoch oben zu schweben, und auch die Wände aus kleingeteilten Industriefenstern heben die Massivität des Gebäudes auf. Maybeck, Sohn eines eingewanderten deutschen Holzschnitzers, studierte an der École des Beaux-Arts in Paris. Die Hügel Berkeleys sind übersät mit seinen kalifornischen Bungalows, doch die Kirche war sein Meisterwerk. Bis zu seinem Tod hatte er Fotos von ihr auf seinem Nachttisch stehen.

Führungen finden am ersten Sonntag jedes Monats um 12.15 Uhr statt. Besucher sind auch bei den Gottesdiensten donnerstags um 20.00 Uhr und sonntags um 11.00 Uhr willkommen. Am dritten und (ggf.) fünften Sonntag jedes Monats findet um 19.30 Uhr ein zusätzlicher Gottesdienst statt. Zu allen anderen Zeiten ist das Gebäude nicht zugänglich. Gruppen von zehn oder mehr Personen sollten sich anmelden.

Information: Tel. (510) 845-7199.

20 New York Public Library, 1911 Central Research Library

Fifth Avenue, 42nd Street
New York
Carrère & Hastings

Die Öffentliche Bibliothek New Yorks ist ein würdevoller Marmorbau, umgeben vom lebendigen Treiben einer italienischen Piazza. Die breiten Marmorstufen an der Fifth Avenue werden zur Terrasse, und die Freiluftcafés zu beiden Seiten laden zum Essen und zum Aufenthalt unter Bäumen ein. Der neugestaltete, schön bepflanzte Bryant Park hinter dem Gebäude sorgt für eine Brise frischer Luft mitten in Manhattan.

Das Palais aus weißem Vermont-Marmor ist ein National Historic Landmark. Es zählt zu den besten Beaux-Arts-Monumenten und ist eine der größten Forschungsbibliotheken der Welt (ohne Leihverkehr). Carrère & Hastings gewannen den Wettbewerb vor ihren früheren Arbeitgebern McKim, Mead & White, obwohl beide Firmen bei großen öffentlichen Bauten den klassischen Stil – und klassische Materialien – bevorzugten.

Den Beaux-Arts-Idealen entsprechend, ist der Eingang der Bibliothek formell und elegant. An jeder Seite der breiten Mitteltreppe hält ein in Stein gehauener Löwe Wache. Die Treppe führt in zwei Abschnitten zum Eingangsportikus, der durch kannelierte Säulenpaare, hohe Bögen und massive Bronzetüren akzentuiert ist. Drei Bildhauer schufen die Plastiken über der Hauptfassade dieses kolossalen Gebäudes, das sich über zwei Blocks erstreckt.

Innen gelangt man direkt in die Astor Hall, einen riesigen Raum mit hohen Bogenöffnungen auf allen vier Seiten, die sich zu einer gewölbten Decke erheben. Eine prachtvolle Marmortreppe führt in die oberen Geschosse. Der überwältigende marmorne Klassizismus der Astor Hall stimmt die Besucher auf die beiden Obergeschosse ein. Hier sind die Zirkulationsräume auf kreuzförmigem Grundriß ebenfalls mit Marmor verkleidet und vermitteln ein Gefühl der Großzügigkeit.

Zum Glück wird die eindrucksvolle Formalität und Monumentalität des Gebäudes gemildert durch das angenehme Licht, das von den beiden Innenhöfen ausgeht, und durch die schönen alten Möbel und Ausstattungen aus Holz. Trotz der Größe des Gebäudes und der Sammlungen, die auf ca. 140 km Regalfläche untergebracht sind, funktioniert die Bibliothek hervorragend. Die Bibliothekare sind stolz darauf, daß sie praktisch jedes Buch in weniger als zehn Minuten beschaffen können.

Zu den Glanzstücken der Sammlung zählen die Gutenberg-Bibel im Rare Books and Manuscripts Room und Thomas Jeffersons handschriftliche Kopie der Unabhängigkeitserklärung. Größere Ausstellungen aus dem Besitz der Bibliothek werden in der Gottesman Exhibition Hall im Erdgeschoß veranstaltet. Die Kunst- und Architektursammlung befindet sich im zweiten Obergeschoß.

Die Bibliothek ist dienstags und mittwochs von 11.00 bis 19.30 Uhr und donnerstags bis samstags von 10.00 bis 18.00 Uhr geöffnet. Sonntags und montags geschlossen. Führungen finden dienstags bis samstags um 11.00 und 14.00 Uhr statt und dauern etwa eine Stunde. Voranmeldung am Friends of the Library Desk rechts vom Eingang an der Fifth Avenue.

Information: Volunteer Office, Tel. (212) 930-0501.

Taliesin, 1911–1938
Highway 23
Spring Green, Wisconsin
Frank Lloyd Wright

tier in Arizona) leitet seinen Namen von einem alten walisischen Wort her, das »leuchtende Bergkuppe« bedeutet. Für Wright war es wichtig, daß Taliesin sich der Landschaft anpaßte. Die Gebäude bestehen aus gelbem Kalkstein aus nahegelegenen Steinbrüchen, der in natürlicher Schichtung angeordnet ist. Das Haupthaus ist den Funktionen entsprechend unterteilt, so daß der Eindruck einer Ansammlung von Pavillons entsteht. Steinmauern und Terrassen verbinden die Pavillons und Nebengebäude, Höfe und Wasserbecken.

Im Inneren ist einer von Wrights eindrucksvollsten Räumen zu sehen – der 8,40 × 10,80 m große Wohnraum, der Ausblick ins Tal und auf die Wassergärten unterhalb des Hauses gewährt. Vom Wohnraum kragt ein 12 m langer Balkon in die Baumspitzen aus. Wrights Atelier ist durch einen überdeckten Gang mit dem Haus verbunden.

Zu dem 246 ha großen Grundstück gehören die Hillside School (1902), heute Frank Lloyd Wright School of Architecture, die Midway Farm (aus den vierziger Jahren), das Haus Tan-y-deri (1906) und der Windmühlenturm Romeo und Julia (1897).

Taliesin liegt knapp fünf Kilometer südlich von Spring Green, Wisconsin, und 45 Minuten von Madison entfernt. Es gehört der Frank Lloyd Wright Foundation. Von Mitte Juni bis September finden montags bis samstags um 9.30 und 14.30 Uhr Führungen durch das Gelände statt. Hausführungen werden von Mitte Juni bis September donnerstags bis samstags um 10.30 und 12.30 Uhr veranstaltet. Voranmeldung erforderlich. Die Hillside Home School ist von Mai bis Oktober täglich geöffnet. Die Führungen beginnen um 9.00 Uhr und werden stündlich bis 16.00 Uhr fortgesetzt.

Information: Tel. (608) 588-2511.

Frank Lloyd Wright wurde gut dreißig Kilometer von hier geboren. Und hierher kehrte er 1911 als verlorener Sohn von Oak Park, Illinois, zurück. Das Grundstück war seit Jahren in Familienbesitz, und Wright plante ein kleines Haus auf dem Lande, das er zusammen mit seiner Geliebten Mamah Borthwick Cheney bewohnen wollte. Aus dem kleinen Haus entwickelte sich ein großer Komplex, der Wright für den Rest seines Lebens als Hauptwohnsitz und Atelier diente.

Zweimal, 1914 und 1925, wurde das Haus beinahe durch Feuer zerstört. Der erste Brand, von einem geistesgestörten Bediensteten angestiftet, kostete Mrs. Cheney und ihre beiden Kinder das Leben. Beim Wiederaufbau seines geliebten Taliesin benutzte Wright die Überreste als Basis für den neuen Entwurf. Heute ist Taliesin ein ca. 3450 m² großer, um Höfe und Teiche angeordneter autonomer Komplex. Er umfaßt das mehrgeschossige Haupthaus, Gästezimmer, Wrights Atelier und Büro, einen Vorratskeller, einen Ladenbereich, ein Eishaus, Farmgebäude, Gärten und Terrassen sowie den Damm von Taliesin, eine Kaskade aus Stein.

Wrights »Haus im Norden« (im Gegensatz zu Taliesin West, seinem Winterquar-

Grand Central Terminal, 1913
Park Avenue, 42nd Street
New York
Warren & Wetmore

Als die Grand Central Station gebaut wurde, war die Eisenbahn gleichbedeutend mit Fortschritt, und der Bahnhof einer Stadt symbolisierte ihre Modernität. Paradoxerweise galt die Architektur der Vergangenheit als modernster Ausdruck für die Bedeutung eines Bahnhofs.

Der erste voll elektrifizierte Bahnhof des Landes, der »neue« Grand Central Terminal, hatte eine Bauzeit von zehn Jahren. Die riesige Megastruktur aus Stein erstreckt sich oberirdisch über sechs und unterirdisch mit ihren Gleisanlagen über sechzehn Straßenblöcke. Im ersten Obergeschoß umgeben hochgelegte Straßen den Bahnhof.

Die monumentale Fassade an der 42nd Street mit ihren hohen Bogenöffnungen und massiven Säulen wird überkrönt von einer Uhr mit Merkur von Jules Coutan. Die Bahnhofshalle im Inneren ist einer der prachtvollsten Räume in New York. Von einer Marmortreppe aus ist die Halle gut zu überblicken. Die Architekten Warren & Wetmore sorgten dafür, daß Licht aus hohen halbkreisförmigen Fenstern an der Nord- und Südseite und durch Bogenfenster an der Ost- und Westseite in das In-

nere des Gebäudes strömt. Die gewölbte Decke stellt eine Himmelsszene dar, eine blaue Kuppel, die mit den Sternzeichen geschmückt ist.

Der Denkmalstatus des Bahnhofs war in den späten sechziger Jahren gefährdet, als Penn Central einen Turm darüber errichten wollte. Der Fall ging bis zum Obersten Gerichtshof, der die Verfassungsmäßigkeit des Denkmalrechts im allgemeinen und den Status des Grand Central Terminal im besonderen bestätigte. 1991 nahte die Gefahr von anderer Seite: Die Eisenbahngesellschaft Amtrak verlegte ihre Fernverbindungen zur Pennsylvania Station in New York. Grand Central, als Tor zu einem Kontinent geplant, ist nun »nur« ein Umsteigebahnhof, aber immer noch ein großartiger Bau.

Eine sehr notwendige Revitalisierung, die 1998 abgeschlossen sein soll, umfaßt einen neuen Eingang, eine neue Halle, eine neue große Treppe an der Ostseite und einige Restaurants im Obergeschoß. Vor allem wird eine gründliche Reinigung den Schmutz entfernen, der jahrzehntelang die phantastische Himmelsdecke verdunkelte.

Die Municipal Art Society veranstaltet donnerstags um 12.30 Uhr einstündige Führungen. Information: MAS, Tel. (212) 935–3960. Freitags um 12.30 Uhr bietet die Grand Central Partnership bei gutem Wetter 90minütige Besichtigungen der Umgebung, einschließlich Chrysler Building und anderer nahegelegener Monumente.
Information:
Tel. (212) 986-9217.

Woolworth Building, 1913
Broadway, Park Place
New York
Cass Gilbert

Chicago führte den Wolkenkratzer ein, aber New York verhalf ihm zu neuen Höhen. Als das Woolworth Building 1913 eröffnet wurde, war es das höchste Ge-

bäude der Welt und Vorreiter des neuen Wolkenkratzer-Stils.

Mit seiner gotischen Turmspitze und den mittelalterlichen Details löste das Woolworth Building die Frage, wie ein Wolkenkratzer auszusehen habe. Der Beaux-Arts-Architekt Cass Gilbert fand, eine gotische Kathedrale sei das angemessene historische Vorbild. Nichts sonst gebe die himmelwärts gerichteten Aspirationen des modernen Wolkenkratzers so vollständig wieder. Die respektlosen New Yorker tauften das Gebäude sehr bald »Kommerz-Kathedrale«.

Die statistischen Zahlen des Woolworth Building, dieses kraftvollen Symbols des amerikanischen Kapitalismus, waren zu jener Zeit bemerkenswert: ein 238 m hoher Turm, 54 Bürogeschosse für 14 000 Angestellte, ein Aussichtsturm im 58. Geschoß und eine höhlenartige, überwölbte, marmorverkleidete Eingangshalle mit 29 Aufzügen, zwei davon Expreßlifts. Das Gebäude kostete $ 13,5 Millionen und wurde bar bezahlt.

Noch bemerkenswerter erscheint heute, wie Gilbert die Elemente des Wolkenkratzers zu einer einheitlichen Komposition zusammenfaßte. Die 20geschossige U-förmige Basis geht elegant in den rechteckigen Turm über, der zweimal zurücktritt, bevor er die Spitze mit ihren Türmchen und Wasserspeiern erreicht.

Das Woolworth Building war nicht der erste Wolkenkratzer in New York, doch es war – und ist – eines der schönsten Meisterwerke einer eklektischen, dekorbewußten Epoche. Es beherbergt noch heute die Hauptverwaltung von Woolworth.

Das Gebäude ist während der regulären Geschäftszeiten geöffnet, so daß man die prachtvolle Eingangshalle besichtigen kann; die Aussichtsplattform ist nicht mehr zugänglich. Anfragen wegen Besichtigung sind an Woolworth Corporation, Vice President of Public Affairs, 233 Broadway, New York, N.Y. 10279, zu richten.

La Jolla Woman's Club, 1914
715 Silverado Street, Draper Avenue
La Jolla, Kalifornien
Irving Gill

Irving Gill, ein früher Prophet der modernen Architektur in Amerika, hatte eine Vorliebe für den spanischen Missionsstil Südkaliforniens. Auf Veranlassung von Miss Ellen Browning Scripps, einer großen Philanthropin, erhielt Gill den Auftrag für den Frauenklub. Das Gebäude kostete 1914 $ 40 000.

Der La Jolla Woman's Club zeigt Gills moderne Tendenzen wie auch seine romantischen Neigungen. Die weißen Betonwände sind glatt und undekoriert, das Dach ist flach. Hohe, anmutige Bögen rahmen die Vorhalle, und eine überwucherte Pergola erstreckt sich bis zur Straße. Interessanterweise verwendete Gill vorfabrizierte Betonteile. Die Formen wurden dann an ihre endgültige Position gehoben, wobei 10 cm dicke Stahlstangen zur Aussteifung dienten. Die Fenster wurden in die Formen integriert.

Die Eingangstüren sind Paneele aus handpoliertem Mahagoni mit unsichtbaren Türangeln. Die Innenräume sind einfach, aber heiter. Gill verzichtete auf Fußleisten, Profile und Täfelung, um keine Staubfänger zu schaffen. Das Tageslicht dringt durch hochliegende farbige Glasfenster und durch große Fenster ein, die sich zum Garten öffnen.

Gill wurde in New York als Sohn eines Bauunternehmers geboren. Er hatte nur die High School besucht, errichtete aber dennoch »moderne« Bauten, während seine europäischen Zeitgenossen nur deren Theorien formulierten. Sein anerkanntes Meisterwerk, das Haus Walter Dodge in Los Angeles, für einen berühmten Magnaten der Pharmaindustrie gebaut, wurde unverantwortlicherweise 1970 abgerissen.

Gills Architektur hätte internationalen Einfluß ausüben können – die hemmungslose Kopie seines Stils verhalf San Diego zu seinem einheitlichen Stadtbild –, doch seine Karriere erlitt einen Knick, als ab etwa 1916 bis in die Mitte der dreißiger Jahre eine Welle des Traditionalismus das Land überschwemmte.

Der Klub ist montags bis samstags von 9.00 bis 12.00 Uhr geöffnet, allerdings nur bei Voranmeldung.

Information: Tel. (619) 454-2354.

L.C. Smith Tower, 1914
Second Avenue, Yesler Way
Seattle, Washington
Gaggin & Gaggin

Obwohl 1914 errichtet, wirkt dieser 42ge-
schossige Wolkenkratzer mit seinen klaren
Linien, seinen großen Fenstern und seinem
zurückhaltenden Dekor überraschend modern. Der Pyramidenturm erinnert sogar
an die Bleistiftspitzen, die so häufig die
Wolkenkratzer der achtziger Jahre dieses
Jahrhunderts bekrönten. Doch der Smith
Tower ist kein kühles Verwaltungshoch-
haus: Die bronzefarbenen Fenster mit ihren massiven Messingrahmen verleihen
dem Gebäude einen warmen, goldenen
Glanz. Jahrzehntelang war es das höchste
Bauwerk westlich des Mississippi, und noch
heute ist es für die Bürger von Seattle ein
beliebtes Wahrzeichen.

Die achteckige Form des Smith Tower
geht auf das unregelmäßige Grundstück
zurück. Der Entwurf war bewußt drama-
tisch, denn der ursprüngliche Eigentümer
L.C. Smith (Smith-Corona) hatte das posi-
tive Publikumsecho bei der Eröffnung des
Eiffelturms 1889 wahrgenommen und hoff-
te darauf, daß die herausragende Architektur seinem Gebäude und seinem Geschäft
ähnliche Erfolge sichern würde.

Smith ging bis nach Syracuse, New York,
um seine Architekten anzuheuern, die bis
dahin nicht höher als einige Geschosse
gebaut hatten. Sie entwarfen ein Gebäude
mit höchstem technischem Standard »ohne
künstlerische Kompromisse«. Die innere
Feuersicherung erforderte zum Beispiel ca.
317 t Metall. Die 1400 Türen, 2000 Fenster
und 13 000 m Profile wurden alle von Hand
mit acht Schichten Emaillelack gestrichen,
der Mahagoni ähnelte.

Auch in der Eingangshalle brauchten
Gaggin & Gaggin nicht auf billige Techniken
zurückzugreifen. Die Wände sind mit Alas-
ka-Marmor und mexikanischem Onyx verkleidet. Acht Aufzüge aus Kupfer und Messing wurden installiert, die noch heute in

Betrieb sind. In jedem Büro lassen sich die
Fenster öffnen.

Eine gründliche Renovierung 1986 gab
dem Gebäude seinen Glanz zurück, ebenso wie den durchscheinenden Glasblöcken
im Gehweg, die den Tower von unten beleuchten.

Der Smith Tower ist während der üblichen Geschäftszeiten geöffnet. Ein kleines
Museum im Inneren zeigt Artefakte aus
der Vergangenheit Seattles.

Information: Tel. (206) 622-4004.

26 Ghirardelli Chocolate Company, 1860–1915 (Ghirardelli Square)
Umgrenzt von Polk, Larkin, Beach und North Point Street
San Francisco, Kalifornien
Verschiedene Architekten

In einer erstaunlichen, phantasievollen Renovierungsaktion wurde diese viergeschossige, ziegelverkleidete Schokoladenfabrik so mit den Nachbarbauten verbunden, daß ein lebendiger, mehrgeschossiger Komplex mit achtzig Läden und Restaurants entstand. Der Bauunternehmer Matson Roth aus San Francisco erkannte die Möglichkeit, die geräumigen, hohen Geschosse dieser Industriebauten nahe Fisherman's Wharf in Geschäftsräume zu verwandeln. Ein neues Gebäude wurde hinzugefügt, und heute ist der ganze Komplex Tag und Nacht von Aktivitäten erfüllt.

Vom Ghirardelli Square ging der Trend des Einkaufs- und Erlebniscenters aus. Er ist sieben Tage in der Woche geöffnet und zählt zu den beliebtesten Touristenattraktionen der Stadt.

Palace of Fine Arts, 1915
Baker Street, Beach Street
San Francisco, Kalifornien
Bernard R. Maybeck

In einer Zeit, in der große Ausstellungen den Architekten die Gelegenheit zu repräsentativer Architektur boten, schuf Bernard Maybeck eine prachtvoll eklektische Gebäudegruppe für die Panama-Pacific International Exposition von 1915, mit der die Eröffnung des Panama-Kanals gefeiert wurde. Der »Palast« ist eine dreiteilige Konstruktion: eine bogenförmige Galerie, eine Kolonnade und eine Rotunde. Maybecks Beaux-Arts-Ausbildung in klassischer Architektur zeigt sich vor allem in der Ausschmückung mit Urnen, Säulen und monumentalen Statuen.

Der Palast, der nur für die Dauer der Ausstellung bestehen sollte, war aus Stuckgips mit Hanfbeimischung über einem Holzgerüst errichtet. Als er zu verfallen begann, war er den Bewohnern von San Francisco bereits ans Herz gewachsen.

1959 wurde der Palace of Fine Arts dank der Großzügigkeit von Walter S. Johnson in Beton neu aufgebaut, so daß diese Erinnerung an die Vergangenheit der Stadt erhalten blieb.

Der Palast ist das einzige Überbleibsel der Ausstellung. Er wird heute als Exploratorium genutzt, als lebendiges Museum der Wissenschaft in Gegenwart, Vergangenheit und Zukunft. 1981 war er auf einer Briefmarke der Architekturserie abgebildet.

Der Außenbereich des Palastes ist stets zugänglich. Das Exploratorium ist dienstags bis sonntags von 10.00 bis 17.00 Uhr geöffnet, mittwochs bis 21.00 Uhr. Montags geschlossen, außer an Feiertagen. Gruppen ab zehn Personen sollten sich unter Tel. (415) 561–0308 anmelden.

Allgemeine Information: Tel. (415) 561-0360.

California Palace of the Legion of Honor, 1916
Lincoln Park
San Francisco, Kalifornien
George A. Applegarth

neuen Räume bieten 882 m² zusätzliche Fläche um den sonnigen Hof herum. In der unteren Ebene ist auch eine große Cafeteria untergebracht. Zudem wurde das Gebäude gegen Erdbeben gesichert.

Das beliebte neoklassizistische Museum besitzt 87 000 Kunstwerke und liegt auf einem bewaldeten Felsvorsprung mit Blick auf die Bucht von San Francisco nahe der Golden Gate Bridge. Der Bau ist einem Pariser Palais des 18. Jahrhunderts nachempfunden, mit einem Triumphbogen, dessen flankierende Kolonnaden einen zentralen Hof rahmen. Bei einer dreijährigen Erweiterung (1995 vollendet) wurden 3250 m² Ausstellungsfläche hinzugefügt, was 42 Prozent zusätzlichem Raum entsprach. Das vertraute Äußere blieb dabei praktisch intakt.

Die Renovierung von Edward Larrabee Barnes aus New York und Mark Cavagnero aus San Francisco führt das französische Thema mit einer Glaspyramide fort, die an I. M. Peis Pyramide im Louvre erinnert, aber viel kleiner ist. Sie ist das Oberlicht für den zentralen Hof der neuen Ausstellungsräume, die unterhalb der bestehenden Gebäude errichtet wurden. Diese

Spezialgebiet des Museums sind französische Malerei, Zeichnungen und Möbel. Doch die Sammlung wächst schnell und umfaßt Objekte aus nahezu 4000 Jahren. Die Achenbach Foundation stiftete ihre hervorragende Graphiksammlung, zu der Drucke und Zeichnungen alter Meister, japanische Holzschnitte und Fotografien des 19. Jahrhunderts gehören. Obwohl das Museum von seinen Kunstwerken her das traditionellste San Franciscos ist, sind seine technischen Einrichtungen auf dem neuesten Stand: Die gesamte Sammlung wurde digitalisiert.

Das Museum ist dienstags bis sonntags von 10.00 bis 16.45 Uhr und am ersten Samstag des Monats bis 20.45 Uhr geöffnet; montags geschlossen. Es liegt im Lincoln Park, 34th Avenue und Clement, einen Block nördlich von Geary.

Information und Hinweise für die Anfahrt mit Auto oder öffentlichen Verkehrsmitteln: Tel. (415) 863-3330.

Vizcaya, 1916 (The Deering Estate)
3251 South Miami Avenue
Miami, Florida
Francis Burrall Hoffman

Vizcaya ist eines der großen amerikanischen Herrenhäuser, ein neoklassizistisches Palais mit Blick auf die Biscayne Bay. Die Architektur beschwört die letzten vier Jahrhunderte der europäischen Vergangenheit herauf – Renaissance, Barock und Rokoko –, und die 34 Räume sind angefüllt mit kostbaren Objekten des 16. bis 18. Jahrhunderts. Allein schon der Park ist einen Besuch wert.

Das Gebäude wurde als Winterquartier für den reichen Industriellen James Deering von International Harvester errichtet. Er nannte es Vizcaya nach einem baskischen Wort, das »erhöhter Ort« bedeutet. Vizcaya wurde zu einer Schatzkammer der europäischen Dekorativen Kunst. In den Bau sind Relikte eines halben Dutzends großer europäischer Villen integriert, von massiven Türen bis hin zu Deckenmalereien.

Die zartrosa verputzte Villa mit ihrem zentralen Hof wurde von Francis Burrall Hoffman entworfen, einem New Yorker Architekten, der das prominente Büro von Carrère & Hastings 1910 verließ, um sich selbständig zu machen. Das Haus ist von mehr als 8 ha formal angelegten italienischen Gärten umgeben. Zu dem Komplex gehört auch ein üppig dekoriertes privates Kasino. Deerings Anwesen spiegelt den Reichtum seines Besitzers in so eindrucksvoller Weise, daß es zum Schauplatz des Films Citizen Cane gewählt wurde. Vizcaya soll auch das ähnlich extravagante Hearst Castle in San Simeon inspiriert haben, den Wohnsitz von William Randolph Hearst, dem wahren Citizen Kane.

Vizcaya ist täglich außer Weihnachten von 9.30 bis 17.00 Uhr geöffnet (Schalterschluß um 16.30). Spezielle Gruppenführungen (auch in Fremdsprachen) nach Vereinbarung. Voranmeldung ist für Gruppen ab 20 Personen erforderlich, von November bis Mai sechs Wochen im voraus. Gruppenreservierung: Tel. (305) 579-2708.

Information: Tel. (305) 579-2767.

Hallidie Building, 1918
130 Sutter Street
San Francisco, Kalifornien
Willis Polk

Das Hallidie Building ist berühmt für seine Glasfassade,
die als erster echter Curtain
Wall Amerikas gilt. Doch es
fasziniert auch durch die neuartige Verbindung von Technologie und Überbleibseln der
romantischen Vergangenheit
wie den delikaten viktorianischen Ornamenten aus
Gußeisen, mit denen die transparenten Glasflächen dekoriert sind.

Die gerasterte Glaswand ist
auch wegen ihrer Konstruktion
bemerkenswert. Das Glas ist
nicht vom Rahmen abgehängt,
sondern auf 90 cm vor-
tretende Konsolen montiert.
Es ist so klar, daß es praktisch
unsichtbar ist und das tragende Skelett dahinter erkennen
läßt. Die Fenster haben zur
Ventilation und Reinigung seitlich drehbare Flügel. Die halbkreisförmigen Feueraustritte
und diagonalen Feuertreppen
wirken sowohl praktisch als
auch skurril.

Das achtgeschossige Ge-
bäude, nach Andrew S. Halli-
die, dem Erfinder der Cable
Car, benannt, enthält Büro-
räume, darunter auch das
Büro der Ortsgruppe
San Francisco des American
Institute of Architects. Die
Bürogeschosse sind häufig
umgebaut worden, so daß kaum originale
Details erhalten sind.

Das Hallidie Building ist während der
regulären Geschäftszeiten zugänglich. Den
besten Blick auf die Fassade erhält man

von dem vier Geschosse hohen Fenster im
Ladenkomplex Galleria auf der gegenüberliegenden Seite.

Information: Tel. (415) 392-1072.

Woodbury County Courthouse,
1918
620 Douglas, Seventh Street
Sioux City, Iowa
William L. Steel und Purcell & Elmslie

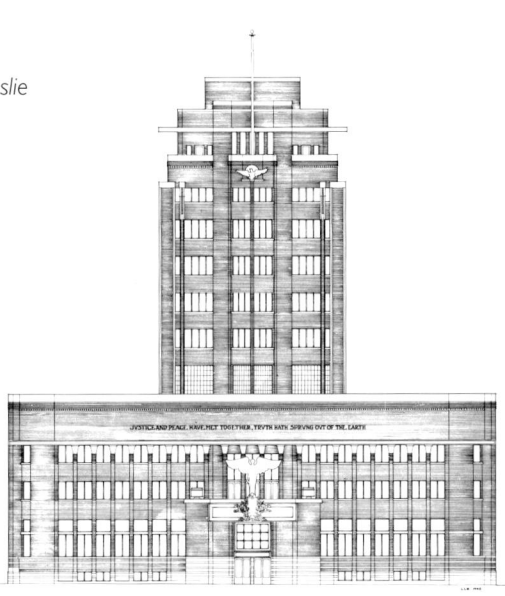

COVNTY BVILDING ·· WOODBVRY COVNTY SIOVX CITY IOWA

In einer Zeit, in der die meisten prominenten Architekten Amerikas ihre Inspiration in der Vergangenheit suchten, war das County Courthouse ein Vorbild an Progressivität. Auf Ornamente wurde nicht verzichtet, doch der Entwurf ist zurückhaltend und klar. Die überlebensgroßen Statuen auf Backsteinsäulen zu beiden Seiten des Eingangs sorgen für monumentale Eleganz.

Dem Innendekor des Gebäudes galt besondere Sorgfalt. Die Backsteinsäulen, flach und rechteckig wie am Eingang, sind mit in Stein gemeißelten Weinreben bekrönt. Die Säulen stützen eine Decke, die von Steinfriesen gerahmt und an einigen Stellen ganz und gar dem Ornament überlassen ist. Eine große Glaskuppel mit Terrakotta-Dekor belichtet (künstlich) den zentralen Innenraum. Die ursprünglichen Wandbilder sind erhalten.

Die drei Architekten – William Steel, George Elmslie und William Purcell – waren zuvor Mitarbeiter von Louis Sullivan, dessen Chicagoer Firma eine wichtige Rolle bei der Entwicklung des modernen Wolkenkratzers spielte. So lag es nahe, daß sie sich auf die Gegenwart konzentrierten, obwohl die meisten ihrer Kollegen ihre Anregungen aus der Geschichte bezogen.

Inzwischen hat das Courthouse seine eigene Geschichte; 1993 feierte es seinen 75. Geburtstag. Derzeit wird es in großem Maßstab von Weatherall Erickson restauriert.

Das Gebäude liegt nahe der I-29, Ausfahrt Business District, Norden oder Süden. Es ist montags bis freitags von 8.00 bis 16.30 Uhr geöffnet. Gruppen ab 10 oder mehr Personen sollten sich im voraus anmelden.

Information: Tel. (712) 279-6539 oder 279-6459.

St. Bartholomew's Church, 1919
Park Avenue, East 51st Street
New York
Bertram Grosvenor Goodhue

Die byzantinisch-prächtige Kirche bietet auf dem letzten nichtkommerziellen Grundstück der Park Avenue einen architektonischen Höhepunkt samt einer beliebten Gartenanlage. Der pittoreske Komplex wird von der Kirche beherrscht, einem feingegliederten Gebäude aus lachsfarbenem Backstein und Indiana-Kalkstein mit einer charakteristischen abgeflachten Kuppel. In den Haupteingang ist ein Portal integriert, das McKim, Mead & White 1902 als Eingang der alten St. Bartholomew's Church an der Madison Avenue entworfen hatten. Nach Bertram Goodhues Tod wurde ein Gemeindehaus in angepaßtem Stil angefügt. Auch der benachbarte General Electric Tower paßt sich mit seiner warmfarbigen Backsteinverkleidung der Kirche an.

Goodhues raffinierter Entwurf und sein üppiger Dekor stehen in überraschendem Kontrast zu seiner Arbeit an der West-

küste. Auf der Ausstellung in San Diego von 1915 hatte gerade er jenen spanischen Kolonialstil wiederbelebt, der noch heute populär ist.

In den achtziger Jahren riefen Planungen, das Gemeindehaus und einen Teil des Gartens abzureißen, um Platz für ein Geschäftshochhaus auf dem wertvollen Grundstück an der Park Avenue zu schaffen, einen Sturm der Empörung hervor. Die Denkmalpflege verweigerte die Genehmigung, Kirche und Garten wurden unter Denkmalschutz gestellt und unverändert erhalten.

Die Kirche ist montags bis freitags von 8.00 bis 18.00 Uhr geöffnet. Sonntagsgottesdienste finden um 9.00 und um 11.00 Uhr statt. Geführte Besichtigungen werden jeden Sonntag nach dem 11-Uhr-Gottesdienst veranstaltet.

Information: Tel. (212) 751-1616, App. 212.

Im Umkreis weniger Blocks liegen zahlreiche wichtige Bauten des 20. Jahrhunderts, darunter Grand Central Station, Pepsi-Cola Building (heute Hauptverwaltung von Walt Disney), Seagram Building und Lever House.

Barnsdall House, 1921
(Hollyhock House)
4808 Hollywood Boulevard
Los Angeles, Kalifornien
Frank Lloyd Wright

Für Frank Lloyd Wright begann mit dem Auftrag für das Haus Barnsdall eine idyllische »kalifornische Romanze«, doch für die Ölerbin und Kunstmäzenin Aline Barnsdall aus Chicago wurde er zum Alptraum. Sie hatte ursprünglich relativ bescheidene Vorstellungen: ein Haus für sich und ihre Tochter Sugartop sowie ein kleines Theater, das Chicagoer Kultur in die Stadt bringen sollte. Unter Wright entwickelte sich das Projekt zu einem ganzen Kulturkomplex. Allerdings wurden nur das Haupthaus und zwei Gästehäuser realisiert.

Das zweigeschossige Haupthaus liegt auf dem Olive Hill, im Gegensatz zu Wrights üblicher Überzeugung, ein Haus müsse in die Landschaft eingebettet sein. Doch da das Haus den Mittelpunkt des 15 ha großen Grundstücks bilden sollte, wies Wright ihm diese prominente Position auf dem Hügel zu.

Wrights Interesse an alten Maya-Formen ist offensichtlich. Die glatten, beigefarbenen Betonwände sind wie bei einer Pyramide leicht abgeschrägt. Außen wie innen dienen Betonbänder mit stilisierten Stockrosen (Barnsdalls Lieblingsblume) als Dekor.

Wright legte dem Entwurf seinen bevorzugten kreuzförmigen Grundriß zugrunde, der es ihm ermöglichte, innere und äußere »Räume« nebeneinanderzustellen. Man betritt das Haus durch eine Pergola im Freien und durch ein niedriges, dunkles Foyer. Von hier öffnet sich der riesige Wohnraum. Der Kamin des Wohnraums ist regelrecht mythologisiert. In den Boden um ihn herum ist ein Wasserbecken eingelassen, und ein kubistisch inspiriertes Wandbild über dem Sims beschreibt Aline Barnsdalls Leben. Wright entwarf auch viele Möbel des Hauses, darunter die Stühle des Speisezimmers mit dem Stockrosen-Motiv auf der Rückenlehne.

Aline Barnsdall haßte das Hollyhock House. Das Dach war undicht, und das Kulturzentrum ließ sich nicht realisieren. Nach nur sechs Jahren stiftete sie das Anwesen der Stadt Los Angeles, die es nun gemeinsam mit dem Kulturministerium betreibt.

Führungen finden dienstags, mittwochs und donnerstags stündlich von 10.00 bis 13.00 Uhr und samstags und sonntags von 12.00 bis 15.00 Uhr statt.

Information: Tel. (213) 662-7272.

Ford Glass Plant, 1922
3001 Miller Road
Dearborn, Michigan
Albert Kahn and Associates

Dächer. Die aufsteigende Hitze entwich durch 7,50 m hohe Entlüfter aus Stahl. Dächer mit erhöhtem Mittelteil erstrecken sich über der Längsseite nach Norden. Sie fangen die Hitze von den Glaskühlanlagen

Ein Fabrikgebäude ist mehr als eine nur den Fabrikationsprozeß beherbergende Hülle: Seine Struktur ist integraler Bestandteil dieses Prozesses. Die Ford Glass Plant gilt als klassisches Beispiel aufgrund der hier erfolgten engen Anbindung der konstruktiven Planung an den Herstellungsvorgang, in diesem Fall an die Produktion von Glas für Autofenster.

Gute Belichtung war für Industriearchitekten ein wichtiges Thema. »Sägezahn«-Fenster auf dem Dach, nach Norden orientiert, waren zum Standard des Fabrikbaus geworden. Albert Kahn zählte zu den ersten Architekten, die sich vom Zwang der Nordverglasung über den Fließbändern befreiten. Um die Arbeitsplätze optimal zu belichten, sah er hochgelegene Fenster in allen Richtungen vor.

Bei der Ford Glass Plant spielte aber auch Hitze – große Hitze – eine bedeutende Rolle, denn bei der Glasherstellung wird Sand in Öfen mit etwa 1400 °C geschmolzen. Die vier Schlote an der Südseite markieren diese Öfen und den Anfang des Fließbandes, das nach Norden durch das Gebäude läuft. Über den Öfen, in dem am stärksten der Hitze ausgesetzten Bereich der Fabrik, liegen die höchsten und den Förderbändern darunter auf und ziehen sie ab.

Als dieses Gebäude entstand, planten die meisten Fabrikanten noch mehrgeschossige Bauten mit Fenstern und Wänden aus Stahlbeton. Kahn benutzte bei der Ford Glass Plant Backstein, aber nur bis zu einer Höhe von 4,20 m. Darüber verwendete er Wellblech, Stahlfenster und Glas. Diese Materialien waren nicht zwischen die Stützen gefügt, sondern verkleideten sie. Durch diese Vereinfachung wurde der Bauprozeß schnell, sicher und kostengünstig. Ford war an einem möglichst frühen Produktionsbeginn interessiert, und die schnelle Ummantelung trug dazu bei, die Fertigstellung der Fabrik zu beschleunigen. Die Ford Glass Plant wurde zum Prototyp vieler späterer Industriebauten und ist ein Vorgänger jener wenig geliebten, aber äußerst funktionalen vorgefertigten Stahlbauten, die nach dem Zweiten Weltkrieg aus dem Boden schossen.

Die Fabrik (heute stark verändert) liegt im Rouge-Komplex von Ford. Zugang ist nur nach Voranmeldung möglich.

Information: Tel. (313) 337-3187.

Lincoln Memorial, 1922
The Mall, 23rd Street N.W.
Washington, D.C.
Henry Bacon

Das Lincoln Memorial, eines der populärsten Monumente Washingtons, ist vom klassischen Ideal des griechischen Tempels inspiriert. Das Gebäude mit seinen vollkommenen Proportionen, dem reinen weißen Marmor und der Statue Abraham Lincolns besitzt eine ruhige Würde, als sei es für alle Menschen und alle Zeiten konzipiert.

Henry Bacon entwarf das 30 m hohe Gebäude. Seine Säulen verjüngen sich entsprechend den klassischen griechischen Regeln nach oben hin und sind leicht konvex, um optische Verzerrungen zu korrigieren. Im Inneren rahmen zwei Reihen ionischer Säulen die berühmte Statue Lincolns von David Chester French.

Der Tempel erinnert ebensosehr an die Union wie an seinen Helden: Das Lincoln Memorial nimmt einen Ehrenplatz an einem Ende des Wasserbeckens der Mall ein, gegenüber dem Washington Monument. Jede seiner dorischen Säulen repräsentiert einen der 36 Staaten der Union bei Lincolns Tod. Als die Gedenkstätte fertiggestellt war, gab es 48 Staaten, deren Namen auf der Brüstung über den Säulen zu lesen sind. Wandbilder von Jules Guerin geben Lincolns wichtigste Leistungen wieder: die Befreiung der Sklaven und die Vereinigung von Norden und Süden.

36 Schindler House, 1922

833 North Kings Road
West Hollywood, Kalifornien
Rudolph M. Schindler

Schindler ließ sich bei seinem Haus mit Studio, einem der ersten Bauten des Internationalen Stils in Amerika, von einer Vision Südkaliforniens als eines tropischen Garten Eden inspirieren. Er stammte aus Österreich und hatte bei Frank Lloyd Wright gelernt. Da er glaubte, man könne in Kalifornien das ganze Jahr hindurch im Freien leben, verband er bei seinem brillanten Entwurf äußere »Räume« mit inneren, um das warme, sonnige Klima zu nutzen. Zugleich hatte er sozialutopische Vorstellungen und schloß sich deshalb mit einem Freund, dem Ingenieur Clyde Chase, zusammen. Sie wollten das Haus mit ihren Familien gemeinsam nutzen.

Schindler erkannte bald, daß er das Wetter falsch eingeschätzt hatte – der Winter kam, und manchmal regnete es. Auch das soziale Experiment scheiterte, und die Freunde trennten sich nach zwei Jahren. Doch die Qualitäten des Entwurfs sind unbestritten.

Die eingeschossige Betonkonstruktion hat ein Flachdach und ist in den Park des Stadtgrundstücks zurückgesetzt. Der offene Windmühlen-Grundriß geht auf das Zwei-Familien-Programm zurück, das für jedes Paar ein Studio mit anliegendem Hof vorsah. Die Familien sollten die Küche, einen Wohnbereich im Freien mit Kamin und eine Schlafterrasse auf dem Dach mit speziellen »Schlafkörben« gemeinsam nutzen.

Schindler hatte ein preisgünstiges Haus geplant. Auch hier irrte er. Aus Gründen der »Ökonomie« benutzte er eine Variante des »tilt wall«-Systems und verwandte vorfabrizierte Betonwandeinheiten. Die Zwischenräume wurden mit Glas gefüllt, so daß hohe, schmale Fenster entstanden. Große Schiebetüren mit Redwood-Rahmen, heute aus Glas, aber ursprünglich mit Segeltuch bespannt, müssen dem Haus eine zeltartige Wirkung verliehen haben.

Schindler lebte und arbeitete hier bis zu seinem Tod 1953. In den sechziger und siebziger Jahren wurde das Haus zu einer Art moderner Ruine.

Öffnungszeiten samstags und sonntags von 13.00 bis 16.00 Uhr und nach Vereinbarung.

Information: Tel. (310) 651-1510.

Mrs. G.M. Millard House, 1923
645 Prospect Crescent, Pasadena,
Kalifornien
Frank Lloyd Wright

In den zwanziger Jahren entwarf Frank
Lloyd Wright eine Reihe von Häusern in
der Umgebung von Los Angeles, die sich
deutlich von seinen früheren Wohnbauten
unterscheiden.

Diese neuen Häuser, deren Meisterwerk das Haus Millard darstellt, bestanden
aus Betonblocksteinen, die mit geometrischen Mustern versehen waren. So hatte
Wright eine ingeniöse neue Baumethode
erfunden, die dekorative Möglichkeiten in
sich barg. Die durchbrochenen Beton-
blöcke führten ein Element der Offenheit,
Helligkeit und Luftigkeit in die Gesamtkom-
position ein. Sie wurden in 7,5 bis 10 cm
dicken Formen gegossen, mit Kanälen,
durch die horizontal und vertikal Stahl-
stäbe verliefen, so daß eine enge Verbindung zwischen Stahlarmierung und Beton
entstand. Diese Methode wurde als »tex-
tile Blockkonstruktion« bekannt, erwies
sich aber in der Praxis häufig als äußerst
schwierig.

Nicht nur in der Konstruktion unter-
scheidet sich das Haus Millard von den
Präriehäusern: Während das Präriehaus
langgestreckt, niedrig, horizontal und bo-
denverhaftet war, erhebt sich das Haus
Millard hoch und vertikal. Das Haus ist auf
dem kompakten Grundriß vertikal organisiert. Eingang, Wohnraum, Gästezimmer
und Garage sind im Hauptgeschoß untergebracht, Speisezimmer und Küche im Geschoß darunter und das Schlafzimmer im
darüberliegenden Geschoß. Der zwei Geschosse hohe Wohnraum öffnet sich an
der Front des Hauses auf einen Balkon mit
Blick auf die Gartenterrasse und ein Wasserbecken. Lloyd Wright, der älteste Sohn
des Architekten, leitete die Bauarbeiten
und entwarf sowohl die Gartenanlagen als
auch einen Studio-Anbau von 1926. Das
Haus Millard ist auch als La Miniatura bekannt.

Das Haus befindet sich in Privatbesitz
und liegt nur wenige Blocks von Haus
Gamble entfernt.

Storer House, 1923
8161 Hollywood Boulevard
West Hollywood, Kalifornien
Frank Lloyd Wright

Das Haus Storer, in den Hügeln von Hollywood gelegen, ist das Ergebnis von Wrights zweitem Experiment mit der »textilen Blockkonstruktion« und Maya-Vorbildern, das seine Arbeit in Los Angeles in den frühen zwanziger Jahren charakterisiert. Wrights Betonsteine sind natürlich keine Standardausführungen, sondern mit Mustern oder geometrischen Perforationen versehen, die Licht und Luft durchlassen.

Auch hier zeigt sich Wrights Fähigkeit, Dynamik mit Ruhe zu verbinden. Er verwendete fast ausschließlich seine textilen Betonsteine, ein natürliches Material mit lebendigem Muster. Die Blöcke haben innen wie außen Oberflächenfinish.

Die Blockstein-Struktur beginnt an der Straße mit einer 3 m hohen Stützmauer am Fuß des Hügels, die zugleich als Brüstung für die Terrasse auf der anderen Seite dient. Das Haus selbst besteht aus zwei Flügeln: einem eingeschossigen Speise- und Service-Bereich im Erdgeschoß sowie dem Haupteingang und dem zweigeschossigen Wohnraum auf der Rückseite. Dieser hohe Wohnraum mit seinen von der Maya-Kultur inspirierten Stützen und den schmalen Fenstern bildet die Hauptfassade an der Straßenseite. Der Wohnraum öffnet sich zu einem hügelwärts orientierten Gartenhof.

Wright wandte sich bald von seiner textilen Blockkonstruktion ab. Doch beim Haus Storer machte die Bauweise noch seinen Traum von einer »kalifornischen Romanze« deutlich: »… ein im Ganzen so organisches Haus, daß sich nicht mehr feststellen läßt, wie es entstand.«

Das Haus befindet sich in Privatbesitz.

American Radiator Building, 1924
40 West 40th Street, zwischen Fifth and
Sixth Avenues
New York
Raymond Hood

Als das American Radiator Building entstand, waren Autokühler noch schwarze
Boxen mit Armaturen aus poliertem Messing. Offenbar wurde das Gebäude davon
inspiriert, denn es ist schwarz und goldfar-
ben. Raymond Hood war nicht nur Architekt, sondern auch Industriedesigner und
hatte Radiatorenverkleidungen für die Firma entworfen, die ihm den Auftrag für das
Hochhaus erteilte.

Hood benutzte schwarzen Backstein,
um zu vermeiden, was er bei hellfarbigen
Bauten beobachtet hatte: Dort wirkten
die Fenster wie Reihen schwarzer Rechtecke. Sein dunkler Backstein sollte die Fenster optisch verschwinden lassen, so daß
der Wolkenkratzer monolithisch erschien.
Der Effekt war beeindruckend, solange das
Gebäude neu war, doch heute treten die
meisten Fenster deutlich hervor, weil ihre
Jalousien strahlend weiß sind. Die in Texten
so häufig erwähnte monolithische Wirkung
ist heute kaum noch nachzuvollziehen.

Um die schwarze Strenge des Gebäudes
zu mildern, dekorierte Hood die Spitze
mit goldenem Terrakotta. Doch auch dieser Effekt ist im Laufe der Jahre verloren-
gegangen. Das Gebäude ist leicht zu iden-
tifizieren. Es liegt gegenüber dem Bryant
Park hinter der New York Public Library an
der Fifth Avenue.

In der Nähe gibt es zwei weitere berühmte Werke Hoods: das Rockefeller
Center, Fifth Avenue und 55th Street, und
das Daily News Building, 42nd Street zwischen Second und First Avenue.

Information: New York Landmarks Preservation Foundation, Tel. (212) 983-1197.

40 Ennis House, 1924
2607 Glendower Avenue
Los Angeles, Kalifornien
Frank Lloyd Wright

Selbst aus weiter Entfernung erregt die Silhouette des Hauses Ennis vor dem Himmel große Aufmerksamkeit. Wie eine Maya-Festung liegt das Haus auf einem Hügel in Griffith Park mit Blick auf Los Angeles. Es ist sehr beliebt bei Hollywood-Regisseuren und hat schon vielen Filmen – darunter Blade Runner – als Schauplatz gedient.

Das Haus Ennis ist das größte von Frank Lloyd Wrights »textilen Blockkonstruktionen« in Los Angeles. Mit seinen speziell hergestellten Betonblöcken wollte Wright den Bauprozeß vereinfachen und zugleich den Dekor integrieren. Beim Haus Ennis zeigen die 40 cm großen Blöcke ein geometrisches Motiv, das auf dem Quadrat basiert. Massive Ornamentblöcke ziehen sich in Bändern an den niedrigen Gartenmauern entlang, während durchbrochene Blöcke große Teile der Außenwände bedecken.

Die geometrisch gemusterten Blöcke finden sich auch im Inneren des Hauses, wo sie zu einer geheimnisvollen Atmosphäre beitragen. Wechselnde Belichtung und Deckenhöhe steigern die dramatische Wirkung. Eine lange, niedrige Eingangshalle führt zu einer Treppe mit einem Dach, das abrupt auf 6,60 m ansteigt. Wrights Glasfenster und -türen sind hervorragend erhalten – vor allem das Glyzinenmosaik über dem Kamin im Wohnraum.

1980 stiftete der Eigentümer, Augustus Oliver Brown, das Haus dem Trust for Preservation of Cultural Heritage. Es ist jeden zweiten Samstag im Januar, März, Mai, Juli, September und November geöffnet. Besichtigung nur nach Voranmeldung. Karten müssen vorher per Post erworben werden, obwohl besonders bei ausländischen Besuchern Ausnahmen möglich sind.

Information: Tel. (213) 660-0607.

Andalucia Apartments, 1926
1471–75 Havenhurst Drive
West Hollywood, Kalifornien
Arthur und Nina Zwebell

Hofhäuser sind eine Spezialität von Los Angeles – eine Antwort auf das milde Klima und die Missionstradition. Eines der frühesten und immer noch charmantesten ist das Andalucia. Dieser idyllische kleine Komplex, von Arthur Zwebell und seiner Frau Nina, einer Innenarchitektin, erbaut, zählte zu den Vorbildern für die vielen Gartenwohnungen, die in Los Angeles und anderen Teilen des Landes entstanden.

Das Andalucia ist ein symmetrischer zweigeschossiger Bau mit zahlreichen Anspielungen auf den Missionsstil: der gepflasterte, bogenförmige Eingang; das rote Ziegeldach, das einen Balkon im ersten Geschoß mit handgedrechselten Balustraden überschattet; und im Haupthof eine spanisch inspirierte Fontäne mit ihrem farbenfreudigen Mosaik. Das Andalucia verfügt über drei Höfe, die alle gärtnerisch gestaltet sind: einen Eingangshof, einen zentralen Patio mit der Fontäne im Mittelpunkt und einen Hofbereich mit Wasserbecken auf der Rückseite.

Die Zwebells waren als Architekten Autodidakten und wandten sich bald dem Bühnenbild zu. Doch mit dem Andalucia schufen sie einen magischen Ort, der im Laufe der Jahre Filmstars wie Clara Bow und Marlon Brando beherbergte.

Arthur Zwebell ritzte seinen Namen in den frischen Zement des Gehwegs – ein Künstler, der sein Werk signiert. Die Signatur ist noch heute zu sehen. Die neuen Besitzer, die das Haus 1990 erwarben – Craig Wright mit Don und Alice Willfong –,

respektierten die Eigenheiten des Andalucia. Sie restaurierten die Wohnungen und stellten in den Höfen die ursprüngliche tropische Eleganz wieder her. Da die Wohnungen klein waren, verbanden sie jeweils zwei zu einer größeren Einheit. Heute hat der Komplex acht Wohnungen. Außerdem entfernten sie einen erhöhten Swimmingpool (nicht original) und ummauerten den rückwärtigen Hof, wo sie Gartenschmuck aus ihrem Antiquitätengeschäft Quatrain am Melrose Place ausstellen. Die Appartements werden wie früher möbliert vermietet. Einige sind mit Kopien von Nina Zwebells eigenen Polstermöbeln ausgestattet, die Wright in lokalen Werkstätten herstellen ließ.

Besichtigung nur nach Vereinbarung.
Information: Tel. (310) 652-0243.

42 Los Angeles Central Library, 1926

630 West Fifth Street
Los Angeles, Kalifornien
*Bertram Grosvenor Goodhue und
Carleton Winslow sen.*

Bei einem verheerenden Brand verlor die Zentralbibliothek von Los Angeles 1986 einen Teil des Gebäudes und 375 000 Bücher – gewann dafür aber den Streit um ihre Existenz. Denn nun beschloß man, sie nicht in die Vororte zu verlagern, wie es bestimmte Kreise gefordert hatten, sondern sie wiederaufzubauen und zu erweitern und zugleich die technischen Einrichtungen auf den neuesten Stand zu bringen. Das ehrgeizige Programm (Hardy Holzman Pfeiffer) verdoppelte die Fläche auf 50 170 m² und verwandelte den Park in eine städtische Oase. Die Wiedereröffnung fand 1993 statt.

Bei ihrer ursprünglichen Entstehung hatte die Bibliothek neue Maßstäbe für den Eklektizismus gesetzt. Ihre Mischung von byzantinischen, ägyptischen, romanischen und Art-Deco-Elementen galt als progressiv und wurde zum Vorbild für große öffentliche Bauten wie das Rathaus von Los Angeles aus dem Jahr 1928 und Goodhues Nebraska State Capitol. Der Entwurf war besonders im Hinblick auf die Vergangenheit der Architekten bemerkenswert: Auf der Bauausstellung in San Diego 1915 hatten ihre spanischen Kolonialbauten nationale Begeisterung hervorgerufen. Mit ihrer Bibliothek änderten sie erneut die architektonischen Richtlinien für die Nation.

Goodhue und Winslow entwarfen die Bibliothek als massives rechteckiges Gebäude mit einem stämmigen Turm, der eine farbig gefliese Pyramide trägt.

Architektonische Pracht zeigt sich auch im Inneren, das behutsam restauriert wurde. Zu den Schätzen zählen riesige Wandbilder von Dean Cornwell über die Geschichte Kaliforniens, die schönen bemalten Decken und die überwölbte zentrale Rotunde.

Von vorn sieht die Bibliothek wieder weitgehend wie früher aus, denn etwa zwei Drittel von Hardy Holzman Pfeiffers neuem Flügel liegen unter der Erde. Zu den neuen Einrichtungen gehören ein Saal mit 235 Plätzen und ein Kindertheater. Ein verglastes Atrium belichtet die unterirdischen Räume.

Besichtigungen finden täglich statt.
Information: Tel. (213) 612-3200.

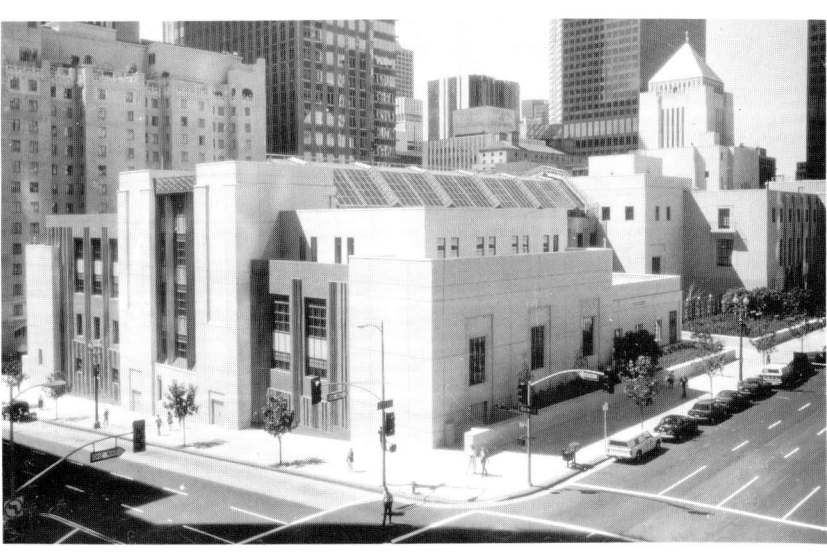

Lovell Beach House, 1926

13th Street, Beach Walk
Balboa Peninsula
Newport Beach, Kalifornien
Rudolph M. Schindler

Das Haus Lovell, eines der großen Werke der modernen Architektur, war das erste bedeutende Gebäude des Internationalen Stils in Amerika. Es wurde für einen progressiven Arzt aus Los Angeles entworfen und markiert Schindlers Durchbruch zum modernen Bauen.

Das Haus Lovell zeigt alle Charakteristika des Internationalen Stils: scheinbare Leichtigkeit, weiße Putzflächen, lange horizontale Linien und Fensterbänder, die nahezu bündig mit den Außenwänden verlaufen. Doch bei näherer Betrachtung – zum Beispiel der geometrischen Fensterteilung, die ein wenig an Mondrian, ein wenig an Wright erinnert – wirkt Schindlers Modernismus sowohl individuell als auch künstlerisch.

Sein faszinierender, komplexer Entwurf vereint Anmut und Kraft. Das Haus erhebt sich auf fünf Betonrahmen über den Strand, so daß Licht und Sand bis unmittelbar an den Hauseingang gelangen. Etwa in der Mitte des Erdgeschosses führt eine leichte Treppe zur Hauptebene des zweigeschossigen Hauses. Dieses Hauptgeschoß enthält einen langen, luftigen Wohnraum, der sich zum Ozean öffnet, sowie Nebenräume auf der Rückseite. Im Obergeschoß sind vier Schlafräume mit Schlafveranden zur Rückseite des Hauses zurückgesetzt.

Das Strandhaus, ein privates Wohnhaus, entstand vor Dr. Lovells ebenso berühmtem Haus von Richard Neutra im Los-Feliz-Viertel von Los Angeles, das einige Jahre später errichtet wurde (siehe S. 52).

Bayou Bend, 1927
One Wescott Street
Houston, Texas
John F. Staub

In Houston gehört ein Haus von John Staub der gleichen Kategorie an wie ein Haus von Addison Mizner in Palm Beach. Diese Architektur fängt Träume, Mythen und Geschichte eines Ortes so überzeugend ein, daß sie zum bevorzugten Stil wird. Bayou Bend, das beliebteste Haus von Staub, ist auch am leichtesten zugänglich. Dieses anmutige Anwesen mit seinen

nial« – ein zartrosa verputztes Haus, das in Grundriß und Proportion klassisch ist, aber mit seinen Balkongittern aus Gußeisen an das French Quarter von New Orleans erinnert. Staub entwarf Bayou Bend für Ima Hogg, einzige Tochter eines früheren Gouverneurs von Texas, die Möbel und Kunstgewerbe sammelte. Als ihre Sammlung schließlich mehr als 5000 Objekte umfaßte, verwandelte sie das Haus in ein Museum. Einfluß auf ihre Auswahl nahmen während ihres langen, aktiven Lebens (sie starb 1975 im Alter von 93 Jahren) vor allem ihre Freunde Henry Francis DuPont aus Winterthur und Joseph Downs, Kurator der Amerikanischen Abteilung des Metropolitan Museum.

Die Gärten von Bayou Bend, von Ellen Shipman aus New York geplant, wurden »aus dem Dickicht« heraus gestaltet. Wie die Sammlung entwickelten sie sich erst allmählich. Heute gibt es neben den Waldgebieten acht Gärten: White, Butterfly, East, Diana, Clio, Euterpe, Carla und Topiary.

Das Museum Bayou Bend wurde 1966 eröffnet und enthält die Abteilung Dekorative Kunst des Museum of Fine Arts. Haus und Gärten sind dem Publikum zugänglich.

Information: Tel. (713) 639-7750.

prachtvollen Gärten ist heute ein Museum mit einer erstklassigen Sammlung amerikanischer Möbel, Bilder, Textilien, Glas-, Metall- und Keramikarbeiten.

Nur fünf Minuten von den Wolkenkratzern des Zentrums entfernt, scheint Bayou Bend in einer anderen Welt zu liegen. Es ist umgeben von mehr als fünf Hektar Laubwald und acht verschiedenen Gärten. John Staub bezeichnete es als »Latin Colo-

Chicago Tribune Tower, 1927

435 North Michigan Avenue
Chicago, Illinois
Howells und Hood

Der Wolkenkratzer wurde in Chicago geboren, wo die Begeisterung für Hochhäuser 1922 einen Höhepunkt erreichte. In jenem Jahr veranstaltete die Chicago Tribune einen Wettbewerb für den neuen Hauptsitz der Zeitung, der die Macht der Presse durch fortschrittliche Architektur symbolisieren sollte. 260 Architekten und Büros (darunter 100 aus Europa) reichten ihre Entwürfe ein. Das Preisgeld betrug $ 50 000. Der Architekturkritiker Paul Goldberger beschrieb den Wettbewerb als »eine Art Weltausstellung des Hochhausentwurfs«.

Der preisgekrönte Entwurf von John Mead Howells und Raymond Hood entsprach dem anerkannten Vorbild des amerikanischen Hochhausbaus – der gotischen Kathedrale – bis hin zum Kranz von Strebepfeilern, die seine Spitze umgeben. Das Gebäude war traditionell und historistisch, aber solide und gut proportioniert. Es triumphierte über Entwürfe der progressivsten europäischen Modernisten, die kühne Neuerungen vorschlugen. Das meistgelobte Projekt, ein Turm mit Rücksprüngen von Eliel Saarinen aus Finnland, gewann den zweiten Preis, woraufhin Saarinen nach Chicago zog. Walter Gropius und Adolf Meyer entwarfen einen Wolkenkratzer im Bauhaus-Stil; Adolf Loos sah einen elfgeschossigen quadratischen Sockel vor, über dem sich eine gigantische dorische Säule erhob. Die Europäer verloren den Wettbewerb, doch ihre Beiträge markierten den Übergang zum modernen Wolkenkratzerbau.

In unseren Tagen werden historische Stile wieder mehr geschätzt. Der Chicago Tribune Tower ist zu einem Wahrzeichen im Zentrum Chicagos geworden. Die Lobby ist montags bis freitags von 8.00 bis 17.00 Uhr zugänglich.
Information: Tel. (312) 222 - 3232.

Das Gebäude wird auch auf einer Tour der Chicago Architecture Foundation, 224 South Michigan Avenue, besucht. Tel. (312) 922-TOUR.

Graumann's Chinese Theatre, 1927
(Mann's Chinese Theatre)
6925 Hollywood Boulevard, Los Angeles,
Kalifornien
Meyer und Holler

Mann's Chinese Theatre, ein prachtvoller Kinopalast aus den großen alten Zeiten Hollywoods, zieht heute alljährlich Tausende von Touristen an, die die Hand- und Fußabdrücke der Stars besichtigen wollen. Das Theater war der letzte Bauauftrag des

stammen die Säulen des Vorhofes aus einem chinesischen Tempel. Was dem Gebäude an Authentizität fehlt, wird durch kühne Einfälle wettgemacht.

Das ganze Ensemble wirbt um Aufmerksamkeit. Das Kupferdach im Pagodenstil auf einem zentralen Turm bildet den Höhepunkt der Anlage. Es wird von zwei 12 m hohen Flügeln flankiert, die einen elliptischen Vorhof bilden. Die Straßenfassade ist an beiden Enden von Pylonen gerahmt, die mit Dekorbändern geschmückt und mit hohen Kupferobelisken bekrönt sind, aus denen Flammen schießen. Die Wände sind grün, die Türen zinnoberrot gefaßt.

Die meisten Besucher kommen freilich nicht wegen des Kinos, sondern um die Hand- und Fußabdrücke der Hollywood-Stars im Vorhof zu sehen.

Eine lokale Legende berichtet, Douglas Fairbanks und Mary Pickford hätten die Tradition eingeführt, als sie versehentlich auf den nassen Zement traten. Andere behaupten, es sei Norma Talmadge gewesen.

Filme werden hier auch heute noch gezeigt. Neondrachen machen auf das laufende Programm aufmerksam.
Information: Tel. (213) 464-8111.

Showkünstlers Sid Graumann, der erstmals die Hollywood-Premiere eines Films als öffentliches Ereignis inszenierte. Graumanns Sinn für das Spektakuläre zeigt sich auch in diesem Filmtheater, das von Meyer und Holler entworfen wurde. Angeblich

Los Angeles City Hall, 1928

200 North Spring Street
Los Angeles, Kalifornien
*John C. Austin, John und Donald
Parkinson, Albert C. Martin sen.*

Das Rathaus von Los Angeles, ein Symbol des Bürgerstolzes, bringt den unternehmerischen Geist der zwanziger Jahre deutlich zum Ausdruck. Eine Gruppe lokaler Architekten schuf diesen eklektizistischen, aber beachtenswerten Entwurf – ein Eingangsbogen und Hof im italienischen Stil auf Straßenniveau, ein zurücktretender, 28 Geschosse hoher Turm und eine Pyramide auf dem Dach. Im Inneren vereint die zentrale Rotunde die klassische marmorne Grandeur einer Kathedrale mit dem »show biz« von Hollywood in einer mehr oder weniger harmonischen Koexistenz.

Das Gebäude erlangte in den fünfziger Jahren in Amerika eine gewisse Berühmtheit, als es Schauplatz der erfolgreichen Fernsehserie »Dragnet« war. Doch in der eigenen Stadt verlor es an Bedeutung. Eine Änderung der Baugesetze führte zur Aufhebung der früheren Höhenbeschränkungen, die dem Rathaus seine Prominenz gesichert hatten. Inzwischen gibt es sehr viel höhere Bauten, doch das Rathaus stellt viele von ihnen noch heute in den Schatten.

Bei geführten Besichtigungen des Turms wird ein Abriß der Geschichte von Los Angeles gegeben. Die Terrasse im 27. Geschoß bietet eine atemberaubende Aussicht auf die ausgedehnte Stadtlandschaft.

Information: Tel. (213) 485-2121.

48 **Philadelphia Museum of Art,** 1928
Benjamin Franklin Parkway, 26th Street
Philadelphia, Pennsylvania
Borie, Trumbauer & Zantzinger

Das Museum wird als »Akropolis von Philadelphia« bezeichnet, und tatsächlich ist es weltweit einer der größten Bauten im griechischen Tempelstil.

Es bildet zusammen mit dem Benjamin Franklin Parkway eine Mischung von »City-Beautiful«-Planung und Beaux-Arts-Klassizismus. Der prachtvolle Boulevard bietet den angemessen würdigen Zugang zu diesem bedeutenden Monument, das sich durch seine Größe, seine klassische Grandeur und seine Kunstschätze im Inneren auszeichnet.

Der Eingang am Boulevard präsentiert die imposanteste Seite des Museums: Ein zentraler Portikus wird von symmetrischen Flügeln mit Portiken flankiert, die einen Ehrenhof mit Springbrunnen bilden. Eine breite, zeremonielle Treppe führt den Besucher von der Straße in den Hof. Doch der Haupteingang liegt gegenüber mit Blick auf den Schuylkill River. Ein Gang um das Gebäude offenbart seine Größe und die Komplexität seiner klassischen Details wie farbige Friese, Terrakotta-Ornamente und Greifen auf dem Dach. Das Bauwerk selbst hat die intensive gelbe Farbe seiner Hauptmaterialien, Mankota- und Kasota-Stein.

Das riesige Museum wurde für eine Stadt gebaut, die nur sehr wenig Kunst besaß. Doch heute zählt seine Sammlung von Kunsthandwerk und Stilmöbeln zu den besten des Landes. Dauer- und Wechselausstellungen finden überwiegend in den beiden E-förmigen Obergeschossen statt. Herz des Gebäudes ist eine große Marmortreppe, die von ionischen Säulen flankiert und mit einem Tonnengewölbe überdeckt ist. Im gedämpften Licht des Inneren besitzt dieses majestätische Treppenhaus eine antike Strenge.

Die Architekten des Museums – vor allem Horace Trumbauer – waren gesellschaftlich hoch angesehen. Die Firma erhielt den Auftrag über einen Wettbewerb. Allerdings änderte sich der Entwurf in den zwanzig Jahren zwischen Auftragserteilung und Fertigstellung häufig und radikal.

Das Museum ist dienstags bis sonntags von 10.00 bis 17.00 Uhr geöffnet. Montags und an Feiertagen geschlossen. Führungen finden stündlich statt.

Information: Tel. (215) 763-8100.
Veranstaltungen (Tonband):
Tel. (215) 787-5488. Sonder- oder
Gruppenführungen: Tel. (215) 787-5449.

Worth Avenue, 1928
Via Mizner und Via Parigi
Palm Beach, Florida
Addison Mizner

Der reiche tropische Stil des alten Palm Beach geht weitgehend auf die Vision eines Mannes zurück, des Autodidakten Addison Mizner. Mizner, ein weitgereister Modearchitekt und Bonvivant, gab sein Büro in New York auf und zog nach Florida. Sofort begann er, dieses südliche Dschungelland in ein Winterquartier für Reiche zu verwandeln. Die Wünsche seiner Bauherren und die Architektur von Spanien, der französischen Riviera und Zentralamerika inspirierten seine Entwürfe: Putzwände in Pastellfarben, Ziegeldächer und altes Zypressenholz sowie die unvermeidliche Kokospalme mit ihrem dekorativen Spiel von Licht und Schatten.

Der kleine Ladenkomplex an der Worth Avenue geht auf die frühen zwanziger Jahre zurück, als Mizner Joe's Alligator Farm mit dem Geld seines Förderers Paris Singer, des Erben der Nähmaschinenfirma, kaufte. Mizner bebaute vier Blocks zwischen dem Atlantik und dem Lake Worth. Das Ensemble mit Läden, Restaurants und Appartements war im selben Stil gehalten wie Mizners Villen: Arkadengänge, tonnengewölbte Ziegeldächer, Putzwände, Bogenfenster, Ziergeländer, gefliese Treppen und Patios mit Springbrunnen.

Die Architektur der Worth Avenue ist praktisch unverändert geblieben. Auf zwei Ebenen, die durch Treppen, Brücken und Durchgänge verbunden sind, finden sich exklusive Geschäfte. Mizners mediterrane

Innenräume sind mit knorrigen Zypressenbalken, Schlußsteinen aus Korallen, Fliesenböden und Schablonenmalerei auf alt getrimmt.

Mizners Büro war in einem viergeschossigen Turm an der Worth Avenue untergebracht. Sein Unternehmen war praktisch ein Einmannbetrieb: Entwurf, Bauen, Herstellung von Dachziegeln in eigenen Brennöfen und von Eisenwerk durch den eigenen Schmied sowie Produktion von Möbeln, die er per Katalog verkaufte. Mizners Leistungen sind im Straßennamen Via Mizner (die Via Parigi ehrt Paris Singer) und in den noch etwa 36 Privathäusern, die er in Palm Beach gebaut hat, verewigt. Einige weitere Villen werden Mizner zu Unrecht zugeschrieben, doch es besteht kein Zweifel an der Authentizität der Worth Avenue und des Everglades Club am westlichen Ende der Straße. Die Läden an der Worth Avenue sind während der normalen Geschäftszeiten geöffnet.

Information: Worth Avenue Association, Tel. (407) 659-6909.

50 **Arizona Biltmore Hotel,** 1929
24th Street und Missouri
Phoenix, Arizona
Albert Chase McArthur

Als Wright an die Witwe von Albert Chase McArthur schrieb, dem offiziellen Architekten des Arizona Biltmore Hotels, bekannte er: »Ich habe stets Alberts Namen als Architekten angegeben ... und werde es immer tun. Aber ich weiß es besser, und Sie sollten es auch wissen.« Als »Mitarbeiter« McArthurs spielte Wright bei dem Entwurf eindeutig die beherrschende Rolle. Sein Einfluß zeigt sich in dem langgestreckten Haupteingang mit dem orientalischen Dach, den langen, niedrigen Gästeflügeln und der Verwendung von Texturen und Farben, die an die Wüste erinnern.

Daß Wright hier »incognito und im Hintergrund« arbeitete, widerspricht seinem sonst so ausgeprägten Selbstbewußtsein. Doch er kam 1927 nach Phoenix, um seinem früheren Angestellten zu helfen, als dieser an einem besonders kritischen Punkt seiner wechselvollen Laufbahn angelangt war.

Auf jeden Fall schuf Wright die glatten und gemusterten vorgegossenen Betonblocksteine, die er bereits 1920 mit anderem Muster für La Miniatura in Hollywood (Haus Millard, siehe S. 37) entwickelt hatte. Beim Biltmore Hotel wurden rechteckige graue Blöcke mit Stahlarmierung in situ aus Erde und Sand von Arizona geformt. Die dekorierten Blöcke haben ein Basrelief mit einem abstrakten Palmenblatt und erinnern an alte aztekische und Maya-Motive. Die Blöcke sind in der Mitte hohl und werden Rücken an Rücken aufgebaut, eine Methode, die für gute Isolierung sorgt und die gleichzeitige Errichtung von Innen- und Außenwänden ermöglicht.

1973 wurden das vierte Geschoß und das schöne Kupferdach durch Feuer zerstört. Seitdem wurde das Hotel sechsmal unter der Leitung von Taliesin Associates Architects und Wrights Witwe Olgivanna restauriert. Dennoch erlebte es schlechte Zeiten. 1992 kauften der Bauunternehmer Sam Grossman und seine Frau Peggy aus Phoenix das Anwesen. Ihre frische und elegante Restaurierung durch Vernon Swaback Associates aus Phoenix (die früher für die Frank Lloyd Wright Foundation gearbeitet hatten) wurde 1995 fertiggestellt.

Wrights inoffizielle Mitarbeit zeigt sich auch an seinen berühmten Biltmore Sprites – langen, weiblichen Figuren aus Beton, nach den Skulpturen aus den Midway Gardens von 1914 neu gegossen und 1982 hierher gebracht –, die am Eingang Wache stehen.

Information: Biltmore Hotel, Tel. (602) 955-6600.

Bullocks Wilshire, 1929
(I. Magnin's Landmark Store)
3050 Wilshire Boulevard
Los Angeles, Kalifornien
John und Donald Parkinson

Greta Garbo kaufte ihre Hosen in der Herrenabteilung, Clark Gable bestellte Ski-unterwäsche aus Paisley-Wolle, und William Randolph Hearst ließ Badeanzüge für Hausgäste von San Simeon besorgen. Dieses Kaufhaus, ein Meisterwerk des Art Deco, hatte eine erlesene Kundschaft, vertrat aber auch radikale Verkaufspraktiken.

Seine Vorortlage war ungewöhnlich – die Leute kauften im Stadtzentrum ein. Doch das Automobil veränderte die Gewohnheiten, und Los Angeles war bereits eine Autostadt. Der Haupteingang lag am Parkplatz und nicht an der Straße – eine weitere Neuerung. John Bullock und P.G. Winnett, die progressiven Besitzer, planten das Kaufhaus als eine Ansammlung einzelner Läden. Der prominente Architekt John Parkinson und sein Sohn Donald aus Los Angeles entwarfen zunächst ein Gebäude mit Flachdach und vielen Fenstern. Dann entdeckten Winnett und der jüngere Parkinson jedoch 1925 auf der Exposition des Arts Décoratifs in Paris den Art Deco und das Bauhaus. Sie zerrissen die alten Pläne und begannen von neuem.

In diesem neuen Entwurf erinnert die Fassade des Kaufhauses an eine asymmetrische Pyramide, die von einem fünfgeschossigen Sockel zu dem zehngeschossigen Turm aufsteigt. Nachts ist der Turm beleuchtet. Das Äußere ist überwiegend mit glasierter Terrakotta verkleidet, der Sockel mit einer dünnen Schicht aus schwarzem Granit. Moderne »Zickzack«-Motive dienen als Ornamente. Brüstungsbänder aus bossiertem Kupfer begrenzen die Fenster, die sich in vertikalen Reihen erheben. Die Schaufenster auf Straßenniveau sind wie Bilder gerahmt und mit Überhängen aus Messing und Bronze versehen, die mit Blumenmustern dekoriert sind.

Die ungewöhnliche Innenausstattung war die Arbeit von dreizehn bekannten und unbekannten Künstlern und Designern, die eng mit den Architekten zusammenarbeiteten. Kupfer, Nickel, Bronze und Messing wurden mit Mauerwerk, Marmor, Kork, Glas und Holz kombiniert. Für die Wände und Böden wurden gewebte Kunstwerke in Auftrag gegeben, darunter sieben Teppiche von Sonia Delaunay.

Im März 1993 schloß der damalige Besitzer, die Firma Macy's, das Kaufhaus.

1997 wurde das Bullocks Wilshire nach einer aufwendigen Restaurierung mit einer neuen Funktion wiedereröffnet: Es beherbergt nun die Bibliothek der Southwestern University School of Law. Öffentliche Führungen sind geplant.

Information: Tel. (213) 738-6731.

Philip Lovell House, 1929
4616 Dundee Drive
Los Angeles, Kalifornien
Richard Neutra

Der Internationale Stil erhielt seinen Namen erst 1932, doch schon in den zwanziger Jahren tauchten in Amerika die ersten Beispiele progressiver europäischer Architektur auf. Zu den besten zählt das Haus Philip Lovell, das Richard Neutra für den Arzt aus Los Angeles entwarf.

Neutra, der aus Wien stammte, arbeitete mit Erich Mendelsohn, Otto Wagner und Adolf Loos zusammen, bevor er 1923 in die Vereinigten Staaten übersiedelte. Nach kurzer Tätigkeit bei Frank Lloyd Wright ging Neutra an die Westküste, wo Wright einige Häuser baute.

Bei dem Haus Lovell erinnern nur die breiten horizontalen Auskragungen an Wrights Werk. Sonst herrschen »moderne« Elemente vor: kastenartige weiße Volumen, Flachdach, glatte Wände, der Stahlrahmen mit präfabrizierten Betonpaneelen und standardisierte Stahlfenster.

Die Innenräume werden scheinbar gewichtslos von der äußeren Hülle umschlossen. Tatsächlich sieht es aus, als wolle das Haus jeden Augenblick von seinem Landeplatz in den Hollywood Hills abheben.

Neutras neuartiger Entwurf wurde sofort zu einem Erfolg. Über das Haus wurde viel publiziert und sein Entwurf viel gepriesen. Es bewies, daß die Architekten und Bauherren in Amerika ebenso fortschrittlich sein konnten wie die Europäer.

Das Haus ist in Privatbesitz.

Chicago Board of Trade Building,

1930
141 West Jackson Boulevard
Chicago, Illinois
Holabird & Root

Eine 9,60 m hohe Statue von Ceres, der Göttin der Ackerfrüchte, krönt das pyramidenförmige Dach des Gebäudes. Ceres, von dem Bildhauer John H. Stoors gestaltet, symbolisiert die Vorgänge im Inneren des Gebäudes: Termingeschäfte mit Waren, darunter auch Getreide wie Mais und Weizen. Auf dieser Warenbörse können Vermögen mit unglaublicher Geschwindigkeit erworben oder verloren werden.

Das Board of Trade Building hat eine prominente Position am Ende der schluchtartigen LaSalle Street. Die hohen vertikalen Fenster ab dem dritten Geschoß zeigen die Lage des sechs Geschosse hohen Börsensaals an. Ungefähr im neunten Geschoß ist eine riesige Uhr angebracht, flankiert von zwei Figuren (die vielleicht Risiko und Gewinn repräsentieren). Über dieser Uhr erhebt sich der Schaft des Wolkenkratzers über weitere 45 Geschosse und ragt weit über die benachbarten Gebäude.

Die Architekten Holabird und Root legten besonderen Wert auf die Betonung der Vertikalen. So sind die horizontalen Brüstungsbänder zurückgesetzt und nicht durchlaufend. Die Firma, ursprünglich Holabird und Roche, hatte ihre Wurzeln in der Chicagoer Architekturtradition, die ins späte 19. Jahrhundert zurückreicht. Nach einem Partnerwechsel 1928 entwarf das Büro eine Reihe modernistischer Wolkenkratzer, darunter einen Anbau für das Board of Trade Building und vor allem das Palmolive (heute Playboy) Building.

In den dreißiger Jahren tendierte die Firma zum Art-déco-Stil, vor allem bei den Innenräumen. Im Board of Trade Building führen im Erdgeschoß niedrige, von Läden gesäumte Korridore zu einer drei Geschosse hohen Lobby, die als Klassiker des Art déco gilt. Glas, Nickel und Marmor schaffen eine wunderbar lichterfüllte Atmosphäre.

Die Börse ist montags bis freitags von 8.00 bis 14.00 Uhr geöffnet.

Information: Tel. (312) 435-3590.
Das Gebäude ist Bestandteil der Touren der Chicago Architecture Foundation, Tel. (312) 922-TOUR.

Chrysler Building, 1930
405 Lexington Avenue
New York
William van Alen

Nur für kurze Zeit war das Chrysler Building Sieger im Wettbewerb um die Auszeichnung als »höchstes Gebäude der Welt«. Dennoch ist es noch heute einer der beliebtesten Bauten New Yorks.

Dieses Meisterwerk des Art Deco besitzt Witz und eine erfrischende Lebendigkeit, ob von nah oder fern betrachtet oder nur auf Fotografien (zum Beispiel auf der, die van Alen in einem Modell des

Chrysler Building als Halloween-Kostüm zeigt).

Das 77geschossige Gebäude ist 315 m hoch. Van Alen erkannte, daß Hochhäuser vor allem durch ihre Spitze definiert werden, und so entwarf er ein extravagantes Art-Deco-Detail: fünf Bogenreihen aus Nirostastahl, die sich nach oben hin verkleinern und dreieckige Fenster im Zickzackmuster rahmen. Eine nadelartige Turmspitze bekrönt das Gebäude. Kurven und Zickzack sind phantasievoll vereint in einem Art-Deco-Stil, der alte ägyptische und Maya-Muster verwendet. An den Ecken des Hauptschafts brachte van Alen stählerne Wasserspeier an, die das Kühler-Ornament des Chrysler-Automobils von 1929 repräsentieren. Nachts wird die Turmspitze beleuchtet.

Die Lobby des Gebäudes mit ihren Wänden aus marokkanischen Marmor ist einer der schönsten Art-Deco-Räume New Yorks. Die Aufzugtüren sind mit meisterhaften Art-Deco-Einlegearbeiten aus Holz und Messing dekoriert.

Das Chrysler Building ist zu den normalen Geschäftszeiten ebenso wie die Lobby für Besucher geöffnet. Freitags um 12.30 Uhr veranstaltet die Grand Central Partnership bei gutem Wetter Besichtigungen des Viertels um die Grand Central Station, die das Chrysler Building einschließen. Gruppen treffen sich vor dem Philip Morris Building an der 42nd Street, Park Avenue.

Information: Tel. (212) 986-9217.

Daily News Building, 1930
220 East 42nd Street, Second Avenue
New York
Raymond Hood

Es ist durchaus passend, daß die frühen Superman-Filme im Daily News Building angesiedelt waren. Während der Held des Comic strips in einem einzigen Satz über Wolkenkratzer sprang, überspannte Raymond Hood die Architektur der Wolkenkratzer mit einem weiten stilistischen Bogen. Bereits 1927 hatte er mit seinen Entwürfen neogotischer Wolkenkratzer (siehe Chicago Tribune Tower, S. 45) Aufsehen erregt, doch nur wenige Jahre später verkörperte sein Daily News Building eine völlig neue Auffassung des Hochhausbaus.

Hier betonte Hood den Höhendrang des Wolkenkratzers mit vertikalen weißen Backsteinpfeilern, die zu dem abgeflachten Dach emporstreben. Obwohl das Gebäude viele an hochkant stehende Zeitungen erinnert, hat sein Erscheinungsbild praktische Gründe: Die Pfeiler verdecken das konstruktive Stahlgerüst, und die Rücksprünge gehen auf das New Yorker Zonierungsgesetz zurück.

Die Fenster des Daily News Building lassen sich noch öffnen, da die Einführung der Klimatisierung erst einige Jahre später erfolgte. Überhaupt spielten die Fenster beim Entwurf eine wichtige Rolle. Hood gründete die inneren Module auf 1,35 m breite Fenster – die Größe, die eine Sekretärin noch ohne Hilfe öffnen konnte.

Hood ging vom Historismus zur Moderne über, doch er verzichtete nicht ganz auf die Tradition. So sind die scheinbar geraden Pfeiler wie griechische Säulen leicht nach innen gekurvt. Auch subtiler Dekor ist vorhanden: Die Brüstungsfelder unter den Fenstern bilden ein geometrisches Muster aus rotem und schwarzem Backstein, das die Strenge der weißen Pfeiler mildert. Ein Anbau von Harrison & Abramowitz aus dem Jahr 1960 setzt Hoods Thema fort.

Die Zeitung Daily News war von 1930 bis 1995 in dem Gebäude untergebracht.

Das Gebäude ist während der Geschäftszeiten geöffnet. Sehenswert ist der riesige Globus in der Lobby. Von ihm ausgehend zeigen in den Terrazzoboden eingelassene Messingstreifen die Entfernungen zwischen New York und allen großen Städten der Welt an.

Die Grand Central Partnership veranstaltet Führungen zu Fuß, die oft auch das Daily News Building einschließen. Gruppen treffen sich freitags um 12.30 Uhr vor dem Philip Morris Building, 42nd Street und Park Avenue.

Information: Tel. (212) 986-9217.

Miami Beach »Art Deco District«,
1930–1939
Ocean Drive und Collins Avenue
von der 5th bis zur 16th Street
Miami Beach, Florida
Verschiedene Architekten

Die Renaissance des pittoresken Miami Beach hängt mit einem neuen Interesse an seinem einzigartigen architektonischen Erbe zusammen. Weitere neue Besucher gewann die Art-Deco-Architektur der Stadt durch die Fernsehserie »Miami Vice«, die in Miami Beach gedreht wurde. In dem mehr als 2 km² großen Historischen Viertel gibt es 650 wichtige Bauten – die größte Konzentration im ganzen Land. Eine kleine Zahl lokaler Architekten, die häufig keine formale Ausbildung durchlaufen hatten, schuf einen heiteren »tropischen Stil« mit Blumen-, Flamingo- und Ozeandampfermotiven. Es lassen sich insgesamt drei Stilphasen unterscheiden, die freilich häufig ineinander übergehen.

Die »klassischen« Art-Deco-Bauten aus den Jahren 1926 bis 1936 sind geometrisch, aber elegant und reich mit tropischen Motiven dekoriert. Spätere Art-Deco-Gebäude im Stromlinienstil waren von Maschinen der Bewegung inspiriert: Flugzeuge, Züge, Autos und Dampfer. Sie haben gerundete Wände und futuristische Türme. Der Dekor besteht meist aus farbigen Streifen, die Dynamik suggerieren. Bei den neomediterranen Bauten beschwören Bogenfenster, tonnengewölbte Dächer aus Lehmziegeln, Putzwände und schmiedeeiserne Gitter eine Mystik der Alten Welt herauf, die auch in Spanien, Italien, Frankreich oder Marokko angesiedelt sein könnte.

Wichtigste Informationsquelle ist die Miami Design Preservation League. Jeden Samstag um 10.30 Uhr veranstaltet sie 90minütige Führungen durch das Viertel. Die Gruppe trifft sich am Welcome Center, 1244 Ocean Drive an der Collins Avenue. Reservierung nicht erforderlich. Außerdem hat die League den Miami Beach Art Deco Guide (192 Seiten) publiziert, der im Welcome Center erhältlich ist. Im Januar findet das Art Deco Weekend Festival der League statt.

Information: Tel. (305) 672-2014.

Aluminaire House, 1931

New York Institute of Technology Campus
Carlton Avenue
Central Islip, Long Island,
New York
Albert Frey mit Lawrence Kocher

Aluminaire House – »Ein Haus für modernes Leben« – war ein Ausstellungsobjekt der Allied Arts and Building Products Exhibition in New York 1931. In einer Woche entworfen, in zehn Tagen gebaut, mit Kosten von 25 Cent pro Kubikfuß, sollte dieser Prototyp des Metallfertigbaus den Weg zum progressiven, erschwinglichen Wohnhaus weisen.

Dieses erste Stahl- und Metallhaus in Amerika reflektierte das europäische Interesse an Maschinen, aber auch die amerikanische Vorliebe für neue Materialien wie Stahl und Glas. Das Gebäude zeigte viele Neuerungen. Das Gerüst des dreigeschossigen Rechtecks bestand aus leichtem Aluminium und war mit enggerippten Blechen des gleichen Materials verkleidet. Unterlegscheiben und Verbindungsschrauben bestanden aus dem gleichen Material. Fenster und Türen waren mit Stahl gerahmt. Die Wände waren mit 7,5 cm dicken Dämmplatten abgedichtet, die angeblich mehr Isolierung boten als 32 cm dickes Mauerwerk.

Von den drei Geschossen ist nur das mittlere ein Vollgeschoß. Es enthält den Wohnbereich einschließlich eines zwei Geschosse hohen Wohnraums. Im Erdgeschoß liegen der Eingang, eine Garage und Nebenräume. Das Obergeschoß beherbergt eine Bibliothek, einen Duschraum, der über das Wohnzimmer auskragt, und eine Dachterrasse mit Rasen. Das Aluminaire House enthielt – erstaunlich für die kurze Zeit und das kleine Budget – Einbaumöbel und aufblasbare Sitzmöbel.

Das Haus wurde von Albert Frey entworfen, einem Schweizer Immigranten, der bei Le Corbusier gearbeitet hatte und erst seit einem Jahr in den USA war. Sein

Partner Lawrence Kocher war ein amerikanischer Architekt und Publizist, der die progressive Architektur des Maschinenzeitalters propagierte.

Die Partnerschaft war nur von kurzer Dauer. Kocher blieb im Osten, während Frey 1934 ein Büro in Palm Springs, Kalifornien, eröffnete, wo er weiterhin seine modernen Ideen vertrat.

Nur ein Aluminaire House wurde gebaut, doch es machte Geschichte als einer der wenigen amerikanischen Bauten auf der Ausstellung »International Style«, die 1932 im New Yorker Museum of Modern Art stattfand. Nach einigen Wiederauf- und Abbauten fand es eine neue Heimat auf dem Campus des New York Institute of Technology in Long Island, wo Architekturstudenten das Metallgebäude rekonstruierten. Nach Beendigung der Arbeiten in den Innenräumen soll es das Archiv des Aluminaire House und Forschungsmaterial zum Thema »preisgünstiger Wohnbau« aufnehmen.

Information: Tel. (516) 348-3363.

Empire State Building, 1931
Fifth Avenue, 34th Street
New York
Shreve, Lamb und Harmon

Das Empire State Building
war anfangs – mit 381 m
Höhe und 102 Geschossen –
das höchste Gebäude der
Welt und ein Symbol für die
Dynamik New Yorks. Es
sollte den Höhenrekord
brechen, aber auch Geld ein-
bringen, denn es war als
spekulatives Immobilien-
geschäft geplant.

Arbeiter schufteten 24
Stunden am Tag, um das Em-
pire State Building in nur acht
Monaten hochzuziehen, was
nur dank der vorgefertigten
Einzelteile möglich war.

Die Masse des Turms wird
durch seine Gliederung und
durch die Materialien gemildert. Die Firma Shreve, Lamb
und Harmon schuf ein gut
proportioniertes Bauwerk
mit einer fünfgeschossigen
Basis, einem H-förmigen
Grundriß und einer Reihe
von Rücksprüngen, die für
eine Anpassung an die Um-
gebung sorgen.

Das Gebäude wirkt auf-
grund seines monochromen
Farbschemas – grauer Kalkstein aus Indiana mit Aluminium- und
Nickelbändern – bemerkenswert zurückhaltend.

Das Gebäude und seine berühmten
Aussichtsdecks im 86. und 102. Geschoß
sind täglich, auch an Wochenenden und
Feiertagen, von 9.30 Uhr bis Mitternacht
geöffnet. Karten können bis 23.30 Uhr in
der Halle erworben werden. Abends ist
die Aussicht besonders spektakulär.

Information: Tel. (212) 736-3100.

Kingswood School for Girls, 1931
(Cranbrook Kingswood School)
Cranbrook Academy of Art
1221 Woodward Avenue
Bloomfield Hills, Michigan
Eliel Saarinen

Die Cranbrook Academy, 1924 von dem Verleger George G. Booth gegründet, war als Enklave der künstlerischen Ausbildung konzipiert. Es war ein Glücksfall, daß Eliel Saarinen für den Entwurf gewonnen werden konnte. Der große finnische Architekt wollte nach zwei Jahren Lehre an der University of Michigan in sein Heimatland zurückkehren. Doch er erhielt den Auftrag, den Masterplan für den Campus sowie die Gebäude zu entwerfen, den Bau zu leiten und zugleich Architektur zu lehren. Es war ein Auftrag, der Saarinen 25 Jahre lang beschäftigte, und es entstand ein Meisterwerk der modernen Universitätsarchitektur.

Saarinen entwarf die Kingswood School for Girls mit ihrem warmen gelbbraunen Backstein und dem Kupferdach 1929. Der Bau wurde 1931 fertiggestellt. Der Einfluß Frank Lloyd Wrights zeigt sich in dem langgestreckten Hauptgebäude mit seinen horizontalen Fenstern unter den Überhängen des Walmdachs. Auch der anschließende Flügel hat horizontale Fensterbänder und Dachüberstände. Das wechselnde Niveau von Böden und Decken und die Offenheit des Inneren erinnern ebenfalls an Wright. Saarinen drückte dem Komplex freilich seinen eigenen Stempel auf. Bemerkenswert sind vor allem die teleskopartigen Schornsteine, ein Motiv, das überall im Gebäude wiederkehrt.

Im Laufe der Jahre entwickelte sich die Cranbrook Academy zu einem prominenten Ausbildungsort für Künstler und Designer. Der 51 ha große Campus ist offen, so daß man umherfahren und die Girls' School und andere Saarinen-Bauten sehen kann. Das von Saarinen entworfene Kunstmuseum ist mittwochs bis sonntags von 13.00 bis 17.00 Uhr geöffnet. Auch Saarinens eigenes Haus, das heute wieder den Zustand von 1938 zeigt, als er zuletzt hier wohnte, ist dem Publikum zugänglich.

Mit Spannung wird in Cranbrook Steven Holls Erweiterung für das Institute of Science erwartet. Der 2430 m² große Bau (Fertigstellung 1998) umfaßt einen neu geschaffenen Hof mit einem Wissenschaftsgarten.

Information: Tel. (313) 645-3142.

McGraw-Hill Building,
1931
330 West 42nd Street
New York
Raymond Hood

Als das New Yorker Museum of Modern Art 1932 seine erste Architekturausstellung organisierte, zelebrierte es jene Bauten, die den Prinzipien der europäischen Avantgarde entsprachen. Für sie wurde die Bezeichnung »Internationaler Stil« geprägt, so daß sie durch die Ausstellung gleichsam institutionalisiert wurden.

Nur ein New Yorker Wolkenkratzer wurde in diese ausgewählte Gruppe aufgenommen – das McGraw-Hill Building von Raymond Hood, dessen Werk sich im vorhergehenden Jahrzehnt vom neogotischen Chicago Tribune Tower zu einer zurückhaltend rationalistischen Formensprache entwickelt hatte. »Das McGraw-Hill Building kommt ästhetisch dem Aus-

druck des umschlossenen Stahlgerüsts am nächsten«, verkündete der Ausstellungskatalog, der dies als Kompliment meinte. Tatsächlich wirken die industrielle Strenge und die Fensterbänder durchaus modern, während Farbe und Oberfläche von Art Deco beeinflußt sind. Das Gebäude ist mit Keramikplatten in kräftigen Blau- und Grüntönen verkleidet. Die Bürogeschosse treten in drei Stufen zurück. Das riesige Reklamezeichen auf dem Dach bezeichnete Vincent Scully als »Proto-Jukebox«.

Die McGraw-Hill Company zog in den siebziger Jahren in neue Räume. Doch trotz neuer Mieter ist der Name der Firma immer noch im originalen Art-Deco-Stil an den Hauptfassaden zu lesen.

Das Gebäude ist während der normalen Geschäftszeiten geöffnet.

Sunset Towers, 1931
(St. James Club Hotel)
8358 Sunset Boulevard
Los Angeles, Kalifornien
Leland A. Bryant

Leland A. Bryant entwarf Sunset Towers, um Art-Deco-Eleganz von Europa nach Amerika zu bringen, vor allem für die Klientel aus Hollywood. Tatsächlich waren Errol Flynn, Jean Harlow, Clark Gable, Howard Hughes und Marilyn Monroe frühe Bewohner des Gebäudes.

Das luxuriöse Appartementhaus bestand aus 46 Wohnungen auf 14 Geschossen. Es lag hoch oben in den Hollywood Hills und bot einen spektakulären Ausblick auf die Stadt. Seine Größe und sein Art-Deco-Stil erregten seinerzeit ebenso Aufsehen wie die neuartige Bautechnologie. Während andere Häuser auf gewachsenem

Fels gründeten, war Sunset Towers auf »Schlitten« errichtet, so daß es zu einem der ersten erdbebensicheren Gebäude von Los Angeles wurde. Zudem war es das erste vollelektrisch ausgestattete Appartementhaus in Kalifornien. Seine elektrischen Rasierstecker wurden in ganz Hollywood berühmt.

Das Äußere des Gebäudes, eines der schönsten Beispiele für Art-Deco-Architektur in Los Angeles, ist hellgrau mit silbernen Profilen. Der Architekt liebte offenbar Maschinen und Dynamik ebenso wie die europäischen Architekten jener Zeit, denn über dem Eingang brachte er einen Betonfries mit der Inschrift »Das Zeitalter des Reisens« an, der U-Boote, Flugzeuge und einen Zeppelin zeigt.

Nach langem Niedergang wurde Sunset Towers restauriert und in den St. James Club/Los Angeles verwandelt. Die klassischen Art-Deco-Möbel wurden nach den Originalbeschreibungen von italienischen Handwerkern reproduziert, darunter Gondelbetten von Émile-Jacques Ruhlmann, Ebenholztische von Pierre Chareau und Sessel von Eileen Gray.

Seit 1988 wird Sunset Towers als Grand Hotel genutzt.

Information: (213) 654-7100.

Folger Shakespeare Library,
1932
201 East Capitol Street S.E.
Washington, D.C.
Paul Philippe Cret

Paul Philippe Cret war ein eklektischer Architekt im besten Sinne des Wortes. Als in Frankreich geborener Absolvent der École des Beaux-Arts respektierte er traditionelle Formen, erkannte aber, daß die Konstruktion von Bauten sich auf die Gegenwart beziehen muß. Auch die Folger Shakespeare Library ist höchst eklektisch. Ihr neoklassizistisches Äußeres enthält Innenräume von elisabethanischer Grandeur.

Die kühle weiße Marmorfront wird belebt durch neun Basreliefs von John Gregory mit Szenen aus Shakespeare-Stücken, kannelierte Pfeiler zwischen den hohen, schmalen Fenstern mit Bleiverglasung und einen Fries mit eingemeißelten Inschriften, die den großen Dichter ehren. Eine Statue von Puck ist an prominenter Stelle plaziert.

Die Folger Library enthält einen unvorstellbaren Reichtum an wissenschaftlichem Material. Die wichtigsten, der Öffentlichkeit zugänglichen Bereiche sind die Great Hall, die häufig für Sonderausstellungen genutzt wird, und das Theater. Die Great Hall ähnelt einem elisabethanischen Herrenhaus: getäfelte Wände, Gipsdecke mit Shakespeares eingeprägtem Wappen und heraldische Fahnen. Das Theater soll an den Hof eines elisabethanischen Gasthofs erinnern, die Umgebung, in der Shakespeares Stücke zu ihrer Entstehungszeit aufgeführt wurden. Das ganze Jahr über finden hier Konzerte, Lesungen, Aufführungen und andere Veranstaltungen statt. Der elisabethanische Garten ist mit Kräutern und Pflanzen aus Shakespeares Zeiten bestückt.

Die Bibliothek ist montags bis samstags von 10.00 bis 16.00 Uhr geöffnet. An staatlichen Feiertagen geschlossen. Führungen täglich um 11.00 Uhr. Der Besuch des Museums ist frei, für Theater und Konzerte wird ein Eintrittsgeld erhoben.

Information: Tel. (202) 544-7077.

Nebraska State Capitol, 1932
1445 K Street
Lincoln, Nebraska
Bertram Grosvenor Goodhue

Das Nebraska State Capitol zeigt die amerikanische Architektur auf dem Weg zur Moderne. Dieser »Turm in der Ebene« erhebt sich wie ein Wolkenkratzer in Manhattan mit eleganten Rücksprüngen von einer zweigeschossigen Basis. Sein Dekor ist zurückhaltend, flächig und geometrisch.

Die modernen Motive wurden mit den traditionellen Formeln für monumentale öffentliche Bauten kombiniert. Der Zugang ist zeremoniell und der Grundriß symmetrisch: ein Kreuz in einem Quadrat, das vier Innenhöfe bildet. Der 120 m hohe Turm kulminiert in einer Kuppel, die symbolisch bekrönt wird von der 9,60 m hohen Bronzeskulptur »Der Sämann« von Lee Lawrie. Bei der Verkleidung außen und innen trat wiederum die Tradition in den Vordergrund: Verwendet wurden mehr als vierzig Varianten von Marmor, Granit, Schiefer und Kalkstein.

Auch lokale Traditionen wurden einbezogen. Die Schnitzereien an den Türen zum Senat stellen den »Lebensbaum des Roten Mannes« dar. Die Ledertüren des Abgeordnetenhauses auf der anderen Seite zeigen in Einlegearbeit den »Lebensbaum des Weißen Mannes«.

Bertram Goodhue war ein innovativer und einflußreicher Architekt. Er arbeitete bei Ralph Adams Cram in Boston, bevor er 1914 sein eigenes Büro in New York eröffnete.

Ursprünglich bevorzugte er wie damals die meisten anderen Architekten den neogotischen Stil, doch bald wechselte er vom Mittelalter zum Mediterranen. Er begann sich einer relativ modernen Architektur zu nähern, als sein früher Tod 1924 seine Laufbahn beendete.

Kostenlose Führungen finden täglich statt, außer Weihnachten, Neujahr und Donnerstag und Freitag des Thanksgiving Holiday. Von Memorial Day bis Labor Day werden Führungen von 9.00 bis 16.00 Uhr halbstündlich veranstaltet, danach stündlich von 10.00 bis 16.00 Uhr, sonntags von 13.00 bis 16.00 Uhr.

Information: Tel. (402) 471-0448.

64 Philadelphia Savings Fund Society,
1932
12 South 12th Street, Market Street
Philadelphia, Pennsylvania
George Howe und William Lescaze

Zur Zeit seiner Entstehung war das Philadelphia Savings Fund Society Building (PSFS) der innovativste Wolkenkratzer der Welt.

Es überrascht ein bißchen, daß dieser erste Wolkenkratzer nach den Regeln der europäischen Avantgarde in Philadelphia entstand und daß diese Ikone der Moderne in der Zeit der Weltwirtschaftskrise überhaupt gebaut werden konnte.

Der Entwurf stammte von George Howe, einem prominenten traditionellen Architekten aus Philadelphia, der sich zur Moderne bekehrt hatte, und dem jungen Schweizer Architekten William Lescaze. Gemeinsam schufen sie einen neuen Typus des Wolkenkratzers, der sich von den historischen Anspielungen der Vergangenheit befreit hatte.

Ihre später häufig imitierte Lösung bestand aus einem T-förmigen Turm auf einer podiumartigen Basis. Dadurch wird das Gebäude visuell mit dem Boden verankert, verfügt aber zugleich über eine Plattform, auf der sich der Turm erheben kann. Die starken vertikalen Linien werden durch die horizontalen Fensterbänder ausgeglichen.

Im Erdgeschoß des Podiums sind Geschäfte untergebracht. Die zentrale Bankhalle liegt auf der zweiten Ebene.

Der Entwurf bringt sowohl den Konstruktionsrahmen des Gebäudes als auch sein Volumen zum Ausdruck. Die Materialien sind vielfältig, aber klar und präzise: grauer polierter Granit für die Basis, bräunlicher Kalkstein für die Fassade der Bankräume und die vertikalen Pfeiler und grauer Backstein für die Brüstungselemente. Dekor, ein Tabu der Moderne, ist praktisch nicht vorhanden, vielleicht mit Ausnahme des riesigen PSFS-Zeichens auf der Spitze des Turms. Die Architekten entwarfen ebenfalls alle Möbel und Installationsobjekte.

1997 wurde der Wolkenkratzer von der Hotelkette Loews erworben, die das Bürogebäude in ein Luxushotel mit 590 Zimmern umbaut. Die Eröffnung des Hotels ist für 1999 geplant.

Information: Tel. (212) 545-2801.

Cincinnati Union Terminal, 1933
(The Museum Center)

1301 Western Avenue
Cincinnati, Ohio
Fellheimer & Wagner mit Paul Cret

Einerseits war das Union Terminal in Cincinnati zeitlich hervorragend geplant: Die Baukosten von $ 41 Millionen wurden Anfang 1929 eingebracht, als an der Wall Street »die Fenster noch weit offen waren«. Nach dem Börsenkrach hielt die Finanzierung dank der gesunkenen Baupreise lange vor. Der Bahnhof wurde 1933 eingeweiht – ein Wunder an Eleganz inmitten der Depression.

Auf längere Sicht waren die Zeiten freilich nicht günstig. Die große Ära des amerikanischen Personenzugverkehrs hatte bereits 1912 ihren Höhepunkt überschritten. Als der Bahnhof eröffnet wurde, wies zwar Paul Crets Art-déco-Fassade in die Zukunft, doch die Zukunft lag schon hinter ihm – der Terminal war von Beginn an ein Relikt.

Das Gebäude überlebte wegen seiner schieren Masse: Es war zu kostspielig, es abzureißen.

Das Innere umfaßt etwa 45 000 m². Der Grundriß entspricht dem Verkehrsablauf: Den größten Raum nimmt die halbkreisförmige Haupthalle ein, von der aus die Fahrgäste über eine lange überdeckte Galerie zu Rampen und von dort aus zu den Bahnsteigen strömten. Die Geschoßflächen nehmen in dem Maß ab, in dem sich der Fußgängerverkehr zu den Bahnsteigen verringerte. Diese sehr ausgeklügelte Planung verlor ihre Logik, als der letzte Zug abgefahren war.

In den achtziger Jahren entwickelte E. Verner Johnson, ein Bostoner Architekt, der sich auf Museumsarchitektur spezialisiert hatte, aus dem Terminal ein Doppelmuseum

für das Cincinnati Museum of Natural History und die Cincinnati Historical Society.

Das Gebäude – und seine surreale, farbige Rotunde mit Wandbildern über die Geschichte Cincinnatis in doppelter Lebensgröße – wurde 1986 neu eröffnet. Die großen Räume beherbergen nun Ausstellungsobjekte wie eine Rekonstruktion der frühen Uferbebauung von Cincinnati, eine Darstellung der Eiszeit mit gigantischen Dinosauriern und eine freilebende Fledermaus-Kolonie im Untergeschoß.

So hat das Gebäude nun eine Funktion, die nicht veraltet: die Geschichte.

Der Bahnhof, als Museum Center bekannt, ist von 9.00 bis 20.00 Uhr geöffnet. Das Museum of Natural History ist montags bis samstags und an Feiertagen (außer Weihnachten und Thanksgiving) von 9.00 bis 17.00 Uhr zugänglich.

Allgemeine Information: Tel. (513) 287-7000; Museums-Information: Tel. (513) 287-7020.

RCA Building, 1934 **(GE Building)**
30 Rockefeller Plaza
New York
Hood & Fouilhoux; Reinhard & Hofmeister;
Corbett, Harrison & MacMurray

Das RCA/GE Building ist der Mittelpunkt des Rockefeller Center, einer kleinen Stadt für sich im Zentrum Manhattans. Zu diesem Komplex von Wolkenkratzern, Läden, Theatern und Plätzen gehören Radio City Music Hall, der Rainbow Room, eine Eislaufbahn und der berühmte Weihnachtsbaum, der ab der ersten Dezemberwoche beleuchtet wird.

John D. Rockefeller plante den Komplex 1928, in einer Zeit, in der die meisten Bauherren nur an Einzelbauten dachten. Er wollte der Metropolitan Opera Company im Rahmen eines größeren Projekts eine Heimstätte geben. Doch dann kam die Depression, die Oper zog sich zurück, und er suchte nach einer neuen Nutzung für seinen Baukomplex.

Aus der Neuplanung entstand das RCA/GE Building, der dominierende architektonische Akzent der Anlage. Der schlanke, 70geschossige Turm ist als Scheibenhochhaus mit leichten Rücksprüngen konzipiert. Er ist mit grauem Kalkstein aus Indiana verkleidet und hat zurückgesetzte Brüstungsbänder aus dunkelgrauem Metall. Das Gebäude mußte den strengen Zonierungsgesetzen New Yorks angepaßt werden, strahlt aber dennoch große Würde und Ruhe aus.

Das Äußere ist mit spektakulären Basreliefs des Art déco dekoriert. In der Lobby ist das berühmte Wandbild »American Progress« von José Maria Sert zu sehen.

Einflußreich war das Rockefeller Center weniger wegen dieses Gebäudes als wegen des Gesamtkomplexes, in dem der Wolkenkratzer als Teil eines größeren Ganzen verstanden wurde. Dieses neue Konzept wirkte sich nachhaltig auf die Entwicklung des Wolkenkratzerbaus aus.

Anfang der neunziger Jahre renovierten Hardy Holzman Pfeiffer Associates den »Höhepunkt« des Rockefeller Center, den Rainbow Room. Dieser Nachtklub im Penthouse bringt eine glamouröse Vergangenheit zurück. Dem Besucher öffnen sich, schon wenn er im 70. Geschoß aus dem Fahrstuhl tritt, atemberaubende Ausblicke auf die Stadt.

Das Gebäude ist während der Geschäftszeiten geöffnet. Das Studio von NBC ist zu besichtigen (Tickets in der Lobby). Führungen montags bis samstags alle 15 Minuten von 9.30 bis 16.30 Uhr.

Information: Tel. (212) 664-4000.

Fallingwater, 1936
Route 381
Bear Run, Pennsylvania
Frank Lloyd Wright

Fallingwater, Wrights berühmtestes Wohnhaus, dokumentiert auf sehr nachdrückliche Art und Weise die Überzeugung des Architekten, daß ein Gebäude Teil seiner natürlichen Umgebung sein müsse. Die enge Verbindung von Haus und Landschaft wurde mit nur wenigen einfachen Elementen erreicht – einheimischer Stein, Stahlbeton, Glas und Stahl. Doch in ihrer phantasievollen und konstruktiv ingeniösen Verwendung zeigte Wright seine Meisterschaft.

Wright glaubte, niemand sonst nehme die besondere Schönheit eines Grundstücks wahr, bis er darauf baue. Bei Fallingwater fand er wie so oft seine Inspiration in der Umgebung.

Auf den ersten Blick scheinen die kühnen Auskragungen des Hauses mit dem bewaldeten Gelände zu kontrastieren. Dennoch ist das gestaffelte Haus über dem Wasserfall, an dessen Steinwänden das Wasser vorbeiströmt, so eng mit dem Felsen verbunden, daß es Teil der Umgebung wird.

Während das Haus auf der einen Seite mit dem Felsen zu verschmelzen scheint, öffnet es sich auf der anderen zur Landschaft. Auch innen ist es offen gestaltet. Die Wände sind auf ein Minimum beschränkt, und fast jeder Raum hat eine Terrasse, die ihn nach außen erweitert. Einheitliche Materialien wie Steinböden für Innenräume und Terrassen stellen eine Verbindung von innen und außen her. Wright entwarf auch die Möbel und Beleuchtungskörper.

Fallingwater wurde für J. Edgar Kaufmann errichtet, einen reichen Geschäftsmann aus Pittsburgh. 1962 wurde das Haus der Western Pennsylvania Conservancy gestiftet.

Heute ist Fallingwater unter Wrights bedeutenden Häusern das einzige, dessen Umgebung, Originalmöbel und Ausstattung noch intakt sind.

Das Haus ist dienstags bis sonntags von 10.00 bis 16.00 Uhr geöffnet. Führungen jede halbe Stunde. Geschlossen Weihnachten, Neujahr und Thanksgiving. Anmeldung erforderlich (circa einen Monat vorab für Gruppen von 20 oder mehr Personen).

Information: Tel. (412) 329-8501.

Fallingwater liegt zwischen den Städten Mill Run und Ohio Pyle, etwa 2 1/2 Stunden südöstlich von Pittsburgh.

68 **San Simeon,** 1937
(Hearst's Castle)
750 Hearst Castle Road
San Simeon, Kalifornien
Julia Morgan

1919 beschloß William Randolph Hearst, einen einfachen Bungalow für sich und seine Freundin, den Filmstar Marion Davies, zu bauen. Das Grundstück war spektakulär – mehr als 100 000 ha in den Santa Lucia Mountains über dem Pazifik –, und Hearst zählte zu den reichsten Männern der Welt. Dennoch bat er Julia Morgan, etwas Elegantes, aber Spartanisches zu entwerfen.

Das exotische Phantasieschloß zeigt, was geschieht, wenn eine simple Idee mit unbegrenzten Mengen an Zeit, Geld, architektonischem Talent und Enthusiasmus in Angriff genommen wird. Nach fast zwanzig Jahren Bauzeit und $ 8 Millionen Baukosten hatte sich La Cuesta Encantada (»Der verzauberte Berg«) zu einer der erstaunlichsten Privatresidenzen der Welt entwickelt, in Maßstab und Grandeur mit Versailles vergleichbar. In Citizen Kane, dem Film über Hearsts Leben, wurde San Simeon zu dem berühmten Xanadu.

Hier hat alles seinen Namen. La Casa Grande, das Haupthaus mit seinen Zwillingstürmen, nimmt den höchsten Punkt ein. Es ist von drei Gästebungalows umgeben: Casa del Mar, Casa del Monte und Casa del Sol. Zum Schwimmen gab es außen das mehr als 30 m lange Neptun-Becken mit grünem und weißem Marmor, italienischer Tempelfassade und klassischer Kolonnade, innen das Römische Becken mit blauen und goldenen Murano-Fliesen.

Die Architektur ist ganz und gar eklektisch. Hauptthema waren die Kathedralen der spanischen Renaissance, aber auch gotische, klassische und italienische Einflüsse sind spürbar.

Hearst, ein unermüdlicher Sammler, suchte in ganz Europa nach Schätzen, um die mehr als 100 Zimmer zu füllen. Ohne weiteres entfernte er ganze Suiten aus spanischen Palästen, um sie in San Simeon zu rekonstruieren. So ist der Speisesaal mit 500 Jahre altem Chorgestühl aus Katalonien, Refektoriumstischen des 17. Jahrhunderts, Palio-Fahnen aus Siena und flämischer Tapisserie des 16. Jahrhunderts ausgestattet.

Julia Morgan, die erste Architektin der University of California in Berkeley und die erste Absolventin der École des Beaux-Arts in Paris, überwachte den Bau dieses frustrierenden Projekts, bei dem ständig fertige Teile herausgerissen und erneuert wurden. Die Bautätigkeit hätte sich sicherlich noch länger fortgesetzt, wäre Hearst nicht 1937 das Geld ausgegangen.

San Simeon ist täglich geöffnet (außer Thanksgiving, Weihnachten und Neujahr). Im Winter finden von 8.20 bis 15.00 Uhr vier je zweistündige Besichtigungen statt, im Sommer beginnen sie etwas später.

Information und Reservierung:
Tel. (800) 444-7275. Fremdsprachliche Führungen: Tel. (805) 927-2084.

Walter Gropius House, 1938
68 Baker Bridge Road
Lincoln, Massachusetts
Walter Gropius

Als Walter Gropius 1937 nach Amerika kam, vollzog sich ein dramatischer Wandel in der amerikanischen Architekturszene. Der Gründer des Bauhauses nahm eine Stelle an der Harvard's Graduate School of Design an und begann sehr bald, die Architektur des Landes revolutionär zu verändern, angefangen mit seinem eigenen Haus in Lincoln. Zwar hatten die Amerikaner durch Rudolph Schindlers und Richard Neutras Häuser an der Westküste eine Vorstellung von moderner europäischer Architektur gewonnen, doch erst Gropius lieferte das entscheidende Beispiel. Boston wurde zum Bezugspunkt aller Neubauten an der Ostküste. Die Kritikerin Ada Louise Huxtable sprach von dem »architektonischen Schuß, der rund um die Welt gehört wurde.«

Gropius' Haus wirkt bescheiden – ein kompaktes weißes Rechteck auf einem Hügel, dessen Eingang kontrapunktisch zu einer Wendeltreppe schrägwinklig hervortritt. Alle Elemente des Internationalen Stils sind vorhanden: Flachdach, Fensterbänder, Dachterrasse über dem Obergeschoß, kein Dekor und der Eindruck von Volumen statt Masse. Im Inneren zeigen sich die Ideale der Moderne in der asymmetrischen Organisation, dem offenen Grundriß und der Verwendung industrieller Materialien wie Stahlstützen, Glasbausteine und Korkböden.

Gropius' Mitarbeiter Marcel Breuer, ein weiterer prominenter Emigrant des Bauhauses, baute sein eigenes Haus nebenan und entwarf viele Möbel des Hauses Gropius. Das Haus ist zwar durchaus als Ganzheit geplant, aber Gropius gewährte sich bei seiner Umsetzung des Internationalen Stils einige Freiheiten. Er verband die Ideale des Bauhauses mit lokalen Traditionen New Englands: weiße Schindelwände, die er vertikal und nicht horizontal anbrachte, Schornstein aus Backstein, Fundament wie Stützwände aus Feldstein und Spaliere mit Kletterpflanzen – Elemente, die das Haus zugleich in die Umgebung einfügten.

Gropius und seine Familie lebten nahezu drei Jahrzehnte in diesem Haus, das heute von der Society for the Preservation of New England Antiquities (SPNEA) in Boston verwaltet wird. Eine Restauration 1989 erwies sich als schwierig, weil in Massenproduktion hergestellte Materialien aus den dreißiger Jahren nicht immer leicht zu finden waren. Dennoch sieht das Haus heute fast so aus wie in Gropius' letztem Lebensjahrzehnt.

Die SPNEA veranstaltet Führungen durch das Haus mit den Breuer-Möbeln, den Familienmemorabilien und den Kunstwerken von Gropius' Freunden wie Laszlo Moholy-Nagy, Josef Albers und Henry Moore. Das Haus ist vom 1. Juni bis 15. Oktober freitags, samstags und sonntags und vom 1. November bis 30. Mai samstags und sonntags am Nachmittag geöffnet.

Information: Tel. (617) 259-8843.

Das Wohnhaus Marcel Breuers liegt nebenan, ist aber nicht öffentlich zugänglich.

Ohio Steel Foundry, 1938
(Whemco)
1600 McClain Road
Lima, Ohio
Albert Kahn and Associates

Für Albert Kahn war eine Fabrik eine Maschine und Teil des industriellen Prozesses und nicht nur eine bloße Gebäudehülle. Er wurde vor allem durch seine Industriebauten bekannt, mit denen er auf Veranlassung von Henry Ford 1917 (S. 34) begann.

Der Automagnat suchte nach einem besseren Fabrikdesign ohne die umständlichen konventionellen Konstruktionsmethoden. Er regte Kahn an, Stahlrahmensysteme mit Wänden aus Glas und Leichtmetall zu entwickeln, die sich schnell und einfach errichten ließen. Kahns Bauten wurden elegante, intelligente Prototypen des modernen Industriegebäudes aus Stahl.

In seiner Frühzeit hatte Kahn die Ikonen der Massenproduktion entworfen – jene »Schornsteinfabriken«, die immer noch in Karikaturen auftauchen. Doch bei der Ohio Steel Foundry war er zu einem klaren, funktionalen Stil gelangt, der eine eigene Schönheit besitzt. Damit die Arbeitsplätze ausreichend belichtet sind, besteht die Fabrik zum größten Teil aus Glas.

Der erhöhte mittlere Dachabschnitt mit seinem doppelseitig schräg einfallenden Oberlicht enthält Schienen für einen mobilen Kran. Die inneren Stützen tragen nicht nur das Dach, sondern auch den Kran. Binder unter dem flachen Dach sorgen für große strukturelle Integrität. Sie liegen offen, so daß das Licht eindringen und der Kran ungehindert riesige Mengen von Metall bewegen kann.

Information: Tel. (419) 222-2111.

Taliesin West,
1938–1959
108th Street
Scottsdale, Arizona
Frank Lloyd Wright

Wenn Architekten für sich selbst bauen, wird daraus häufig ein längerer Prozeß. Wright entwarf Taliesin West, sein Haus mit Studio in der Wüste, im Jahre 1934 und begann kurz danach mit dem Bau. Doch bis er 1959 im Alter von 92 Jahren starb, nahm er ständig Veränderungen vor. Das Gegenstück zu seinem Sommerhaus in Spring Green, Wisconsin (ebenfalls mehrfach umgebaut), zeugt von seinem Talent, die Bauten der Umgebung anzupassen.

»Taliesin West mußte ganz und gar der Wüste entsprechen«, verkündete Wright. Das spektakuläre Grundstück, das er bei einem längeren Zeltaufenthalt in der Wüste entdeckte, liegt am Rand einer Ebene und am Fuß des McDowell Peak, 24 km von Scottsdale entfernt. Er habe »Familie und Schüler wie ein Apachen-Häuptling« um sich versammelt, erklärte Wright. Der Komplex enthält Wohnräume für Wrights Familie sowie die Frank Lloyd Wright Foundation, die Archive, eine Architekturschule und die Taliesin Fellowship.

Vom »natürlichen Stein« der umgebenden Berge inspiriert, baute Wright Taliesin West mit abgeschrägten Wänden aus einheimischem Felsgestein, das mit gegossenem Beton gefaßt war – eine extravagante Konstruktion in sublimen Wüstenfarben: Rostrot, Hellorange, Braungelb und Stahlgrau. Das Dach besteht aus massiven Redwood-Bindern, zwischen die Holzrahmen mit Segeltuch-Bespannung gesetzt waren (später durch Plastikfelder ersetzt). Die Bauten sind eng verwoben mit Terrassen, Gärten, Wasserbecken und einer Pergola, getreu seiner Vorstellung, daß innen und außen stets in Verbindung sein müßten. Auch Wrights bemerkenswerte Sammlung orientalischer Kunst und Skulpturen stellt eine Beziehung zwischen Haus und Gelände her.

Taliesin West steht heute unter Denkmalschutz und beherbergt die Frank Lloyd Wright Foundation, die das Archiv und die Frank Lloyd Wright School of Architecture betreibt. Außerdem sind hier Taliesin Associates Architects ansässig, Wrights Nachfolgefirma.

Der Komplex ist täglich außer Neujahr, Ostern, Thanksgiving und Weihnachten geöffnet. Führungen durch das Kiva-Theater, den Musikpavillon und Wrights Arbeitsraum finden bei gutem Wetter stündlich von 10.00 bis 16.00 Uhr statt.

Die Tour »Behind the Scenes« ist eine dreistündige Führung mit Diaschau und Vortrag eines Mitarbeiters. Diese Tour findet von Oktober bis Mai jeden Donnerstagmorgen und von Januar bis März zusätzlich jeden Dienstagmorgen statt. Anmeldung erforderlich.

Information (Tonband): Tel. (602) 860-8810. Reservierung und Sonderprogramme: Tel. (602) 860-2700.

Museum of Modern Art, 1939
11 West 53rd Street
New York
Edward Durell Stone und Philip Goodwin

Das Museum of Modern Art (MOMA), einst das geistige Zentrum der modernen Architektur in Amerika, ist mit seinem Gebäude im Internationalen Stil gegenüber den Erweiterungen und Erneuerungen der letzten fünfzig Jahre ins Hintertreffen geraten. Zum Glück blieb die Fassade von 1939 erhalten, der Skulpturengarten gehört noch immer zu den angenehmsten Aufenthaltsorten in der Stadt, und die Sammlung des Museums ist sehenswert.

Von seinem ursprünglichen Standort

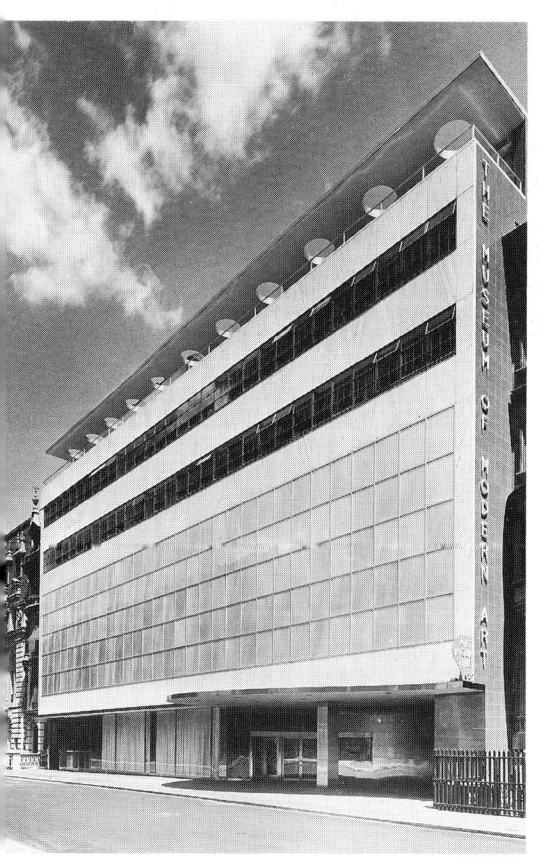

aus, der Kreuzung von Fifth Avenue und 57th Street, machte das MOMA mit seiner legendären Ausstellung über den Internationalen Stil 1932 Architekturgeschichte. Die Botschaft der Kuratoren Philip Johnson und Henry-Russell Hitchcock war eindeutig: Weg mit dem alten Beaux-Arts-Eklektizismus und her mit dem neuen Architekturideal – scheinbar gewichtslosen Bauten mit weißen Wänden, Flachdächern, geraden Linien und minimalem Dekor. Bei seinem eigenen Neubau einige Jahre später blieb das MOMA seinen Überzeugungen treu und errichtete das erste öffentliche Gebäude der USA im Internationalen Stil.

Der Entwurf stammte von dem in Europa ausgebildeten amerikanischen Architekten Edward Durell Stone und Philip Goodwin. Das Museum war klein, aber avantgardistisch. Die flächige Fassade wird aufgelockert durch eine weiße Marmorrahmung, zwei Fensterbänder im oberen Teil und eine gerundete verchromte Scheibe, die über dem Eingang auskragt. Ein Vordach mit runden Ausschnitten schützt eine verglaste Dachterrasse. Im Vergleich zu den klassischen Brownstone-Bauten der Straße muß der Neubau wie eine Erscheinung von einem anderen Planeten gewirkt haben.

Im Laufe der Jahre wurden viele Veränderungen vorgenommen. 1953 eröffnete das MOMA den Skulpturengarten und einen neuen, von Philip Johnson entworfenen Flügel. 1984 wurde ein 53 Geschosse hoher Appartementturm von Cesar Pelli auf dem Grundstück errichtet, der die Finanzen des Museums sanieren sollte. Das alte Gebäude erhielt einen neuen, sechsgeschossigen Flügel, der den Ausstellungsbereich von etwa 3 600 m² auf 7 200 m² verdoppelte, sowie einen verglasten Anbau mit Blick auf den Skulpturengarten.

Das MOMA ist täglich außer mittwochs von 11.00 bis 18.00 Uhr und donnerstags bis 21.00 Uhr geöffnet.

Informationen über Führungen und Ausstellungen: Tel. (212) 708-9480.

Union Station, 1939
800 North Alameda Street
Los Angeles, Kalifornien
John und Donald Parkinson;
J. H. Christie, H. L. Gilman, R. J. Wirth

Die Union Station zeugt vom Einfluß des spanischen Missionsstils in Südkalifornien, weist aber auch Elemente der Stromlinien-Moderne auf. Die massive Fassade wird belebt durch hohe, schlanke mexikanische Fächerpalmen, die ihr ein festliches, tropisches Aussehen verleihen, ähnlich wie die farbigen Fliesen an dem großen Eingangsbogen.

Dieser letzte große Passagierbahnhof wurde von den Eisenbahn-Gesellschaften Southern Pacific, Union Pacific und Santa Fe Railroads gemeinsam als Terminal für den gesamten Kontinent errichtet. Für die große Zahl von Fahrgästen entwarfen die Architekten eine riesige Bahnhofshalle und einen 15,60 m hohen Wartesaal mit Marmorfußboden. Wie es der kalifornischen Tradition der Beziehungen zwischen innen und außen entspricht, ist der Wartesaal von offenen, üppig bepflanzten Höfen flankiert.

Die Union Station liegt heute nicht mehr im Mittelpunkt des kontinentalen Eisenbahnverkehrs, nimmt aber viele Pendler auf, die täglich die originale Möblierung, die Art-Deco-Details und das tropische Paradies der Gartenhöfe bewundern können.

Information: Tel. (213) 683-6875.
Auskunft über Fahrplan und Fahrkarten: Tel. (800) USA-RAIL.

Kleinhans Music Hall, 1940
Symphony Circle
Porter North, Pennsylvania Street
Buffalo, New York
Eliel und Eero Saarinen

Von seinem Wohnort aus, der Cranbrook Academy in Bloomfield Hills, Michigan, entwarf Eliel Saarinen gemeinsam mit seinem Sohn Eero einen Konzertsaal, der den höchsten musikalischen Ansprüchen entsprechen sollte. Als der Raum fertiggestellt war, priesen Kenner ihn in der Tat als den akustisch perfektesten Musiksaal der Welt. Aus der Luftperspektive sieht die Kleinhans Music Hall wie ein Cello aus. Ihre gerundeten Formen reflektieren die innere Organisation: ein großer Saal mit 2938 Plätzen, der kleinere Mary Seaton Room und die mit Glas verkleidete Eingangshalle, die beide verbindet. Der Hauptsaal hat eine gezackte Dachlinie, die den Treppen im Inneren entspricht und einen Kontrast zu den gekurvten Außenwänden bildet. Die Ostseite des Gebäudes spiegelte sich ursprünglich in Wasserbecken, die aber inzwischen aufgefüllt wurden.

Für das Äußere wählten die Architekten Materialien, die der ältere Saarinen bereits bei der Cranbrook Academy verwendet hatte: goldfarbenen Wyandotte-Backstein und Mankato-Stein, dessen Muster dem Zebraholz ähnelt. Im Inneren benutzten die Saarinens freie Formen, die für eine günstige Schalldispersion sorgten. Dazu trugen auch die gerundeten Decken und die gebauchten, mit Holz verkleideten Wände des großen Saals bei. Neuere Forschungen zeigen, daß Charles Eames, ein Partner Saarinens in Cranbrook und einer der bekanntesten Architekten und Möbeldesigner der fünfziger Jahre, die Möbel für die Büros und Garderoben des Konzertsaals entwarf.

Die Zusammenarbeit von Eliel und Eero Saarinen führte zu einer interessanten Mischung alter und neuer Architekturtendenzen – europäische Ideale und Handwerkskunst bei Eliel und expressive gekurvte Formen, die später sein Werk bestimmten, bei Eero Saarinen.

Die Kleinhans Music Hall beherbergt im großen Konzertsaal das Buffalo Philharmonic Orchestra. Die Buffalo Chamber Music Society hält ihre Konzerte im Mary Seaton Room ab.

Eintrittskarten sind bei den einzelnen Sponsor-Organisationen zu erhalten. Anmeldung für Führungen: Tel. (716) 883-3580.

National Gallery of Art, West Building, 1941
Fourth Street, Constitution Avenue N.W.
Washington, D.C.
John Russell Pope

Die nationale Kunstsammlung Amerikas ist relativ neu, wird aber in einem rosafarbigen Marmormonument zelebriert, das es mit den großen alten Kunstpalästen Europas aufnehmen kann. Das Museum verdankt seine Existenz der Großzügigkeit Andrew W. Mellons, der 1941 sowohl das $15 Millionen teure Gebäude als auch seine eigene Sammlung stiftete. Mellon und der von ihm gewählte Architekt John Russell Pope glaubten, demokratische Ideale ließen sich bei Bauten von solcher nationaler Bedeutung am besten durch klassische Architektur ausdrücken.

Pope, in der Beaux-Arts-Tradition ausgebildet, hatte offenbar – so ist der erste Eindruck – den Anbruch der modernen Architektur in Amerika nicht zur Kenntnis genommen, innerhalb des klassischen Rahmens schuf er aber ein durchaus modernes Bauwerk. Popes Klassizismus ist klar und auf das Wesentliche beschränkt: ein riesiges verlängertes H mit einer überkuppelten Rotunde und einem Säulenportikus am Eingang, große Säle zu beiden Seiten und vorspringende Flügel mit Gartenhöfen an jedem Ende. Das 47 000 m² große Gebäude, einer der größten Marmorbauten der Welt, ist mit rosa Marmor aus Tennessee verkleidet.

Selbst wenn er in monumentalem Maßstab arbeitete, verlor Pope nie die Kunst und ihre Betrachter aus den Augen. Er schuf Raumfolgen, die vom Zeremoniellen zum Persönlichen führen. Der Besucher tritt durch Bronzetüren in die zentrale Rotunde, 30 m im Querschnitt und 33 m hoch, die mit 24 ionischen Säulen aus dunkelgrünem italienischem Marmor besetzt ist. Die Wände sind mit Kalkstein aus Alabama verkleidet, der Boden besteht aus dunkelgrünem Vermont-Marmor. Der Dekor der Ausstellungsräume entspricht jeweils der Periode, in der die gezeigten Kunstwerke entstanden. Die Belichtung erfolgt überwiegend durch Tageslicht, das durch gläserne Oberlichter einfällt. Nur bei Bedarf wird elektrische Beleuchtung verwendet.

1978 wurde das Gebäude durch das East Building von I. M. Pei erweitert. Höhepunkte der Sammlung sind die europäische Malerei des 19. Jahrhunderts und der italienischen Renaissance sowie das einzige Gemälde Leonardo da Vincis außerhalb Europas.

Das Museum ist montags bis samstags von 10.00 bis 17.00 Uhr geöffnet, sonntags von 12.00 bis 21.00 Uhr, außer Weihnachten und Neujahr. Führungen im West Building finden montags bis samstags um 11.00 und 15.00 Uhr, sonntags um 13.00 und 17.00 Uhr statt.

Information: (202) 737–4215.

First Christian Church, 1942
531 Fifth Street
Columbus, Indiana
Eliel Saarinen

Als Eliel Saarinen der Bau der First Christian Church in Columbus angeboten wurde, lehnte er zunächst ab, bevor er den Auftrag dann doch übernahm.

Traditionelle gotische oder georgianische Entwürfe würden nicht funktionieren, schrieb Saarinen, denn »aus diesen einst so expressiven Stilen ist der letzte Tropfen an Ausdrucksfähigkeit herausgequetscht worden«. So entwarf der aus Finnland stammende Architekt neue, zeitgenössische Formen. Das Ergebnis war eine der ersten modernen Kirchen in den Vereinigten Staaten.

Anders als bei traditionellen Sakralbauten ist der Entwurf der First Christian Church geometrisch, einfach und klar. Ihr Raster ist deutlich ablesbar. Neben dem massiven rechteckigen Hauptbau erhebt sich der fast 50 m hohe Turm mit Flachdach. Die Kirche, die überwiegend aus braungelbem Backstein und Kalkstein besteht, ist durch ein großes Steinkreuz an der Fassade markiert.

Das 43 m lange Gebäude hat ein breites Mittelschiff. Das Kreuz taucht im Inneren an der Südwand des erhöhten Kanzelbereichs wieder auf. Eine Doppeltür aus Holz öffnet sich zum Taufbecken. An der Westwand hängt die Tapisserie »Bergpredigt«, von Saarinen und seiner Frau Loja entworfen. Beteiligt an diesem Projekt war auch Saarinens Sohn Eero, der in den frühen sechziger Jahren eine weitere berühmte Kirche in Columbus entwarf, die North Christian Church am Tipton Lane.

Eine zweigeschossige Brücke auf massiven Stützen verbindet die Kirche mit einer dreigeschossigen Schule. Dadurch entsteht eine Arkade, die zu beiden Seiten von Terrassen flankiert ist. Charles Eames, der bei der Cranbrook Academy in Bloomfield Hills, Michigan, mit Saarinen zusammenarbeitete, entwarf die Möbel für die Kinder.

Die First Christian Church war das erste moderne Gebäude in Columbus, einer Stadt, die für ihren architektonischen Reichtum bekannt ist. Nach New York, Chicago und Los Angeles steht Columbus an vierter Stelle der amerikanischen Städte mit Bauten prominenter Architekten. Das Columbus Visitor's Center veranstaltet Touren zu mehr als fünfzig Gebäuden, darunter auch die First Christian Church. Anmeldung: Tel. (812) 372-1954. Das Visitors' Center ist montags bis samstags von 9.00 bis 17.00 Uhr geöffnet, von 1. April bis 31. Oktober auch sonntags von 10.00 bis 14.00 Uhr.

Information: 1-800-468-6564.

Dymaxion House, 1947
Henry Ford Museum/
Greenfield Village
20900 Oakwood Boulevard
Dearborn, Michigan
R. Buckminster Fuller

Wer anders als Buckminster Fuller hätte das Dymaxion House erfinden können? Diese kecke kleine fliegende Untertasse wirkt so unkonventionell und herausfordernd wie ihr prominenter Erfinder.

Doch Fuller meinte es durchaus ernst. Das Dymaxion House war sein Traumhaus, und der Traum war Mobilität – ein Haus, das sich demontieren, in einem Zylinder verpacken und mitnehmen ließ, wenn die Familie umzog. Der Bau hat Kreisform, weil Fuller Rundbauten als besonders ökonomisch ansah. Das 97 m² große Haus wog nur 2700 kg, nicht viel mehr als ein paar Autos. Obwohl schon 1927 entworfen, wurde das Haus erst nach dem Zweiten Weltkrieg produziert, als eine für Flugzeuge entwickelte spezielle Aluminiumlegierung die Konstruktion möglich machte.

Nur zwei Prototypen wurden gebaut. Fuller sah eine Massenfertigung vor, fand aber keine finanzielle Unterstützung. Gerüchteweise hieß es auch, das Dymaxion House sei undicht und kalt.

William L. Graham, ein Unternehmer aus Wichita, Kansas, kaufte beide Prototypen und wohnte von 1946 bis 1972 in einem davon. Der andere wurde nie montiert. 1992 stiftete Graham die Prototypen dem Henry Ford Museum und Greenfield Village in Dearborn, Michigan. Das Museum plant eine Rekonstruktion des Hauses.

Greenfield Village ist außer Thanksgiving und Weihnachten täglich von 9.00 bis 17.00 Uhr geöffnet. Im Winter (2. Januar bis Mitte März) ist der Innenraum nicht zugänglich.

Information: Tel. (313) 271-1620.

Kaufmann House, 1947
470 West Vista Chino
Palm Springs, Kalifornien
Richard Neutra

Als Richard Neutra dieses futuristische Haus für Edgar Kaufmann entwarf, bildeten die Berge einen perfekten Hintergrund für seinen Entwurf effektvoller Einfachheit. Inzwischen haben Jahrzehnte ungezügelter Bautätigkeit in der Umgebung die ehemals unberührte Schönheit des Grundstücks zerstört. (In dieser Hinsicht ist es Kaufmanns Haus im Osten, Fallingwater, sehr viel besser ergangen.)

Auch das 288 m² große Haus selbst mußte viele Eingriffe erleiden. Nach einer Phase des Verfalls nach Kaufmanns Tod 1955 baute eine Reihe von neuen Eigentümern, darunter Barry Manilow, das Haus immer wieder um, bis es kaum noch wiederzuerkennen war.

Doch Julius Shulmans exquisit belichtetes Foto von 1947 für Life zeigt die Klarheit von Neutras ursprünglichem Entwurf. Das offene, luftige Haus wirkt wie eine Serie fließender Ebenen: das Wasserbecken, das Dach über dem Eingang, das Flachdach und die erhöhte Dachterrasse, die in einem kräftigen Steinschornstein verankert scheint. Große Glaswände umschließen das Gebäude wie eine durchsichtige Schale. Um diese Schale zu schützen, entwarf Neutra ein System mechanischer Jalousien, die Außenräume schufen und die starken Wüstenwinde fernhielten.

Im Gegensatz zu Neutras Haus Lovell, das sich abgestuft in die Hollywood Hills einfügt, liegt das eingeschossige Haus Kaufmann flach in der Wüste. Es hat einen Windmühlen-Grundriß, der den Garten umschließt. In einer Richtung erstreckt sich ein rechteckiger Gästeflügel, an der anderen Seite liegt eine L-förmige Garage mit Zugangsweg.

Diese elegante Einfachheit kostete 1947 die astronomische Summe von $ 300 000, doch Kaufmann genoß es offenbar, seinen Reichtum in architektonische Triumphe umzumünzen.

Neue Eigentümer, von Shulmans frühem Foto inspiriert, haben das Haus erworben und die Architekten Lee Marmola und Ron Radziner aus Santa Monica mit der Rekonstruktion beauftragt.

Die Architekten restaurieren auch das Nachbarhaus, eine weitere Ikone der Moderne, von Albert Frey für Raymond Loewy entworfen und zur gleichen Zeit wie das Haus Kaufmann errichtet. Beide Häuser sind in Privatbesitz.

Usonia Homes, 1947–1950
Nahe der Route 120
zwischen Nannahagen Road
und Bear Ridge Road
Mount Pleasant, New York
Frank Lloyd Wright, David Henken u. a.

Die kleine Gemeinde Mount Pleasant im Westchester County bietet eine seltene Gelegenheit, Usonia Homes nach Frank Lloyd Wrights eigenen Vorstellungen zu sehen. Etwa fünfzig Häuser im Usonia-Stil zeigen Wrights Ideal von Einheit in der Vielfalt.

Wright selbst entwarf drei der Häuser: Haus Friedman, Haus Serlin und Haus Reisley. Die anderen wurden nach seinen Prinzipien errichtet. Die Häuser, nach Wrights Masterplan von 1947 auf kreisförmigen, ca. 40 Ar

großen Grundstücken angeordnet, sind bemerkenswert intakt geblieben.

Die etwa 40 ha umfassende Gemeinde ist als Genossenschaft organisiert. Die Bewohner nutzen gemeinsam den Wald, ein Schwimmbad, Spielplätze und ein Kommunikationszentrum und haben Stimmrecht bei allen Angelegenheiten der Gemeinde. Seinerzeit erschien diese Regelung, die Wright als wahrhaft demokratisch empfand, als überaus radikal.

Doch zwischen 1940, als Wright mit David Henken die Planung der Usonia-Häuser begann, und 1947, als die ersten Häuser entstanden, veränderte sich die Welt drastisch. Nach dem Zweiten Weltkrieg stieg der Bedarf an Wohnraum, und der Lebensstil wurde entspannter und zwangloser.

Das Usonia Home war eine ideale und relativ preiswerte Lösung. Die Häuser, klein, aber geräumig, haben einen offenen Grundriß und eine kompakte »Arbeitsküche« im Herzen des Hauses. Patios ersetzen Veranden und Carports Garagen. Die Möbel sind eingebaut, und die Instandhaltung ist auf ein Minimum beschränkt.

Schon beim Haus Jacobs in Madison, Wisconsin (1937), hatte Wright ein System entwickelt, das Planung und Bau der Usonia Homes vereinfachte. Dazu gehören Holzbretterwände, die sich außen wie innen als solche darstellen, der Raster von 60 × 160 cm und Betonböden mit eingebauter Heizung.

Die Standardisierung behinderte Wright nicht in seiner Kreativität. Beim Haus Friedman setzte er sich mit dem Kreismotiv auseinander, das in der monumentalen Spirale des Guggenheim-Museums kulminierte.

Die Usonia Homes liegen in Mount Pleasant nahe Pleasantville, New York, etwa 48 km nördlich von Manhattan. Von Wright stammen das Haus Friedman (1948), 11 Orchard Drive, das Haus Serlin (1949), 12 Laurel Hill Drive (bis zur Unkenntlichkeit entstellt), und das Haus Reisley (1950), 44 Usonia Road (immer noch hervorragend erhalten).

Information (schriftlich): Roland Reisley, Usonia Road, Pleasantville, NY 10570.

80 **Baker House,** 1948
Massachusetts Institute
of Technology
Cambridge, Massachusetts
Alvar Aalto

In den vierziger Jahren verließ der große
finnische Architekt Alvar Aalto sein Heimatland, um den Wirren des Krieges in Europa
zu entgehen. In den USA lehrte er sechs
Jahre lang am Massachusetts Institute of
Technology (MIT), zusammen mit Walter
Gropius und Marcel Breuer, zwei prominenten Vertretern der europäischen
Moderne. Aalto machte das Gebiet von
Boston und Cambridge zu einem Schauplatz neuer Architektur. Sein wichtigster
Beitrag war das Baker House, ein Studen-
tenheim mit Mensa für Studenten im letzten Studienjahr, das einen Ausblick auf den
Charles River gewährte.

Das Baker House bildet eine geschwungene Welle – ein dramatischer Ausbruch
aus der Schachtelarchitektur. Aalto vertrat
die Theorie, daß sich die schönsten Ansich-
ten am besten aus einem Winkel betrach-

ten lassen. Deshalb ist kein Zimmer direkt
auf den Fluß orientiert. Auf der Campus-
Seite weichen die Kurven dagegen rechtwinkligen, geraden Wänden. Eine große V-
Form ergibt sich aus der diagonalen Auskragung einer Außentreppe an einer Wand.

Im Inneren wird Aaltos Verständnis für
die Lebensweise der Menschen deutlich.
Anstelle der von der Moderne geforder-
ten Trennung der Funktionen – hier Wohnbereiche, dort Serviceeinrichtungen –
verband Aalto sie miteinander. Studenten-
zimmer nehmen den größten Teil des gekurvten Gebäudeteils ein. Arbeits- und
Gesellschaftsräume und Toiletten sind
über das ganze Gebäude verstreut.

In Aaltos Laufbahn markiert das Baker
House eine neue Reifephase. Zugleich
spricht es für die Zeitlosigkeit seiner Bauten. Als das Baker House eröffnet wurde,
riefen die gekurvten Wände aus rauhem
dunklem Backstein bei vielen noch Unruhe
hervor. Inzwischen ist Aalto zu seinem
Recht gekommen: Das Baker House gehört zu jenen Bauten, die im Alter immer
besser zu werden scheinen.

Information: Tel. (617) 253-1000.

Equitable Savings and Loan, 1948 (Far West Federal Bank)

421 S. W. Sixth Avenue
Portland, Oregon
Pietro Belluschi

Der neue Stil der amerikanischen Geschäftsbauten der Nachkriegszeit zeigte sich zum ersten Mal bei Pietro Belluschis Equitable Savings and Loan Building in Portland, das von der Architekturkritik mit Beifall bedacht wurde. Die Zeitschrift Architectural Forum lobte es 1948 als »lange überfälligen Glas- und Stahlturm, der die Leichtigkeit des vielgeschossigen Gerüsts einfängt.« Bald entstanden zwar höhere Bauten in größeren Städten, doch seine technischen und ästhetischen Qualitäten sind immer noch erstaunlich. Es war das erste Bauwerk mit Aluminiumverkleidung, das erste mit Doppelverglasung und das erste vollständig klimatisierte Geschäftshaus in Amerika.

Das Equitable Building, ein kompakter »Wolkenkratzer« im Internationalen Stil, hat ein lebendig wirkendes Äußeres – einen schimmernden Rahmen aus hellem und dunklem Aluminium mit großen seegrünen Glasflächen. Die Elemente sind mit äußerster Präzision zusammengesetzt. Das ursprünglich zwölfgeschossige, später auf 13 Geschosse erhöhte Gebäude enthält im Erdgeschoß mit seinen Backsteinstützen Geschäfte. In den Obergeschossen wurde kein Mauerwerk verwendet, so daß die Konstruktion leicht und elegant wirkt. Das Innere gestaltete Belluschi in Zusammenarbeit mit dem Künstler Alexander Calder hell und farbenfreudig.

Obwohl es vom Internationalen Stil inspiriert war, blieb das Equitable Building lokalen Traditionen verbunden. Die Stadt wurde bald zu einem Zentrum der Aluminiumproduktion.

Belluschi wohnte in Portland und hatte sich bereits vorher mit seinen Kirchen- und Wohnhausentwürfen einen Namen gemacht. Nun wuchs sein Ansehen national und international. Schließlich verließ er Portland und wurde Leiter der Architekturabteilung am Massachusetts Institute of Technology.

Als Prototyp der Geschäftsbauten der Nachkriegszeit erhielt das Equitable Building (heute Far West Federal) 1982 eine Auszeichnung des American Institute of Architects.

Die restaurierten öffentlichen Bereiche des Gebäudes sind während der üblichen Geschäftszeiten zugänglich.

Information: Tel. (503) 323-6423.

Christ Church Lutheran, 1949
3244 34th Avenue South
Minneapolis, Minnesota
Eliel und Eero Saarinen

Beim Entwurf dieser Kirche, die an die Kirchenbauten seiner Heimat Finnland erinnert, wendete Eliel Saarinen die Prinzipien der Moderne auf den traditionellen Bereich des Sakralbaus an, was den Eindruck von Feierlichkeit und Spiritualität noch steigerte.

Saarinen benutzte eine extrem einfache Grundstruktur – einen Stahlrahmen, der von Wänden aus beigefarbenem Backstein und Stein umhüllt ist. Die Kirche und ihr 26,40 m hoher Turm sind durch eine Glaspassage getrennt. Natürliches Licht aus dieser Passage erhellt das Innere des Kirchenraums. Das Schiff hat keine parallelen Wände, was die außergewöhnliche Akustik erklärt.

Die Kirche hat einen asymmetrischen Grundriß und wohl ausgewogene Proportionen. Eine Längswand hat abgeschrägte Paneele aus offen verfugtem Backstein, die für Textur sorgen und zugleich Geräusche absorbieren. Aluminium nutzte Saarinen auf neue Weise: Er machte aus hohen, schlanken Kreuzen (auf dem Turm und hinter dem Altar) eindrucksvolle Skulpturen.

Die Kirche ist Eliel Saarinens letztes vollendetes Werk. Sie erhielt 1977 eine Auszeichnung des American Institute of Architects. Eero Saarinen fügte später einen Schulflügel hinzu.

Besucher sind willkommen. Die Kirche ist montags bis donnerstags von 9.00 bis 15.00 Uhr und freitags bis 12.00 Uhr geöffnet. Der Sonntagsgottesdienst findet von Labor Day bis Memorial Day um 8.15 und 10.45 Uhr und im Sommer um 9.00 Uhr statt. Gemeindemitglieder veranstalten auf Wunsch Führungen. Anmeldung und Information: Tel. (612) 721-6611.

Leider stimmen einige Nummern in den Karten (ab Seite 225) nicht mit den Seitenzahlen des Buchs überein. Die richtigen Ziffern lauten:

Karte S. 225
Seattle 25, 113, 202, 222
Portland 81, 165

Karte S. 226
Calistoga 184
Großraum Los Angeles 16, 33, 36, 37, 38, 40, 41, 42, 43, 46, 47, 51, 52, 61, 73, 78, 83, 87, 92, 107, 110, 124, 126, 142, 145, 152, 156, 172, 173, 180, 181, 186, 195, 199, 200, 201, 216, 223

Karte S. 227
Las Vegas 197
Tempe 191

Karte S. 228
Dallas 190
San Antonio 189
Houston 44, 144, 149, 158, 161, 169, 174, 179, 187, 205
Baton Rouge 106
New Orleans 154

Karte S. 230
Columbus, Indiana 76, 159, 185
Columbus, Ohio 192
Cleveland, Ohio 217
Louisville 175
Chicago 1, 6, 12, 18, 45, 53, 91, 102, 104, 121, 132, 134, 143, 168, 178, 183, 206, 221

Karte S. 231
Atlanta 167
Orlando 196
Miami 29, 56, 97, 164
Celebration, Florida 219
Lake Buena Vista, Florida 203

Karte S. 232
Philadelphia 48, 64, 111, 125, 198

Karte S. 233
Boston 69, 131, 147, 210
Cambridge, Massachusetts 80, 101, 118, 177
Princeton 95, 100, 123, 170, 176, 209
New York 3, 4, 8, 9, 13, 14, 20, 22, 23, 32, 39, 54, 55, 58, 60, 66, 72, 89, 93, 98, 105, 108, 109, 114, 120, 128, 129, 140, 171, 193, 204, 208, 212
Martha's Vinyard 188
Rye Brook 166

Eames House, 1949
(Case Study House Nr. 8)

Chatauque Boulevard,
südlich von Corona del Mar
Pacific Palisades, Kalifornien
Charles und Ray Eames

Um neue Designideen für eine kriegs-
müde Welt anzuregen, förderte die Zeitschrift Arts & Architecture 1945 das Case
Study House Program auf einem Gelände,
das sie zu diesem Zweck an der kalifornischen Küste erwarb.

Charles Eames und Eero Saarinen, sein
Kollege von der Cranbrook Academy,
wurden ausgewählt, das Case Study House
Nr. 8, Haus und Studio, zu bauen. Eames
lebte hier mit seiner Frau und Mitarbeite-
rin Ray für den Rest seines Lebens.

Eames entwarf für sein Grundstück
schließlich zwei Häuser. Als die Stahlrahmen für seinen ursprünglichen Grundriß
bereits angeliefert waren, machte er für
Haus und Studio einen neuen Entwurf aus
denselben Materialien.

Nun besteht der Komplex aus zwei
rechteckigen, kastenartigen Bauten, einem
Haus von 135 m² und einem Studio von
90 m², die eng an einen Hügel angrenzen,
der durch eine Stützmauer aus Beton

verankert ist. Dazwischen liegt ein offener
Hof.

Eames wollte ein lichtes, offenes Haus,
dessen Konstruktionselemente so weit
wie möglich sichtbar bleiben sollten. Deshalb benutzte er Standardmaterial und ein
Blocksystem. Das Grundmodul beträgt
2,25 x 6,00 m. Das Haus besteht aus acht
dieser Module, das Studio aus fünf. Innerhalb dieses modularen Konzepts wurde
freilich eine große Vielfalt erreicht.

Das Äußere ist mit Putz, Zement, As-
best und Sperrholz verkleidet, so daß die
Farbenpalette von weiß über blau, rot und
schwarz bis zu grau reicht. Die Fenster
bestehen aus drei Sorten Glas: Klarglas,
Milchglas und Drahtglas.

Im Inneren setzte Eames große vertikale Räume wie den 5,10 m hohen
Wohnraum gegen kleine, intime Bereiche.
Eine Wendeltreppe mit einem Oberlicht
aus Drahtglas führt in das Obergeschoß.
Das Schlafzimmer blickt auf den zweigeschossigen Wohnraum, kann aber durch
eine Schiebetür aus Verbundglas ab-
geschottet werden. Offene Binder und
dunkelgrau gestrichene Stahlabdeckungen
bilden in Haus und Studio die Decke –
eine damals neuartige Verwendung von
Industriematerialien im Wohnbau.

1955 dokumentierten die Eames die Liebe zu ihrem Haus in einem Film, House –
After Five Years of Living. 1978 erhielt das
Haus Eames eine Auszeichnung des American Institute of Architects wegen seines
»subtilen Reichtums an Mustern, Farbe
und Textur und eine Einheit mit der Natur,
die den Test der Zeit erfolgreich bestanden hat.«

Das Haus ist in Privatbesitz und von der
Straße nicht sichtbar.

Glass House, 1949
New Canaan, Connecticut
Philip Johnson

Das transparente Haus, das Philip Johnson für sich selbst entwarf, stellt die Idee des Heims auf den Kopf. Wände werden Fenster, und das Privatleben öffnet sich nach außen, statt abgeschirmt zu werden. Als Raum zum Wohnen kann das Glashaus nur wegen seiner geschützten Lage im Wald funktionieren, und auch, weil es lediglich von einer Person bewohnt wird. Als Architektur besitzt es eine nahezu einmalige konsequente Klarheit.

Das Glashaus besteht aus einem einzigen, 9,60 × 16,80 m großen Raum. Es scheint aus nicht viel mehr zu bestehen als aus einem dunkelroten Ziegelschornstein, der sich von einem Boden aus demselben Material erhebt und von einem Stahlgerüst und einer Glashaut umgeben ist. Das schlankste Detail – ein stählernes Schutzgeländer an allen Seiten – sorgt für die Spannung, die das Haus zusammenhält. Die gegenüberliegenden Wände sind jeweils symmetrisch, und alle vier werden in der Mitte durch eine Glastür unterbrochen.

Das Haus liegt auf einer Anhöhe, von einem bewaldeten Tal umgeben. Zum Gelände gehören auch ein mit Backstein verkleidetes Gästehaus und ein Skulpturengarten. Es gibt keinen direkten Zugang zum Haus. Der Besucher findet sich bei seiner Ankunft vor einer massiven Backsteinwand und nähert sich dann dem Haus diagonal, indem er zuerst einem um 45° abgewinkelten Weg und dann einem weiteren folgt, wobei er das Haus nie direkt im Blick hat.

Das Glashaus hat zwar keine Zimmer im traditionellen Sinn, sie werden aber durch die Position der wenigen inneren Einbauten angedeutet. Zwischen dem Backsteinzylinder und einem niedrigen Walnußschrank, der die Küche enthält, entstand eine Art Eingangshalle. Von hier geht es zu einem Wohnbereich, der durch einen weißen Teppich definiert und mit Möbeln Mies van der Rohes eingerichtet ist. Der Backsteinzylinder umschließt das Badezimmer. An seiner Außenseite ist ein Kamin installiert. Hinter dem Zylinder befindet sich eine weitere Schrankwand aus Walnuß, die hier den Schlaf- und Arbeitsbereich an der Nordseite des Hauses schützt.

Obwohl Johnson sich später vom Internationalen Stil abwandte, ist das Glashaus ein nahezu reines Beispiel dieser Form. Johnson wurde bei seinem Entwurf durch Mies van der Rohes Haus Farnsworth beeinflußt (vgl. S. 88), doch letztlich ist das Haus seine eigene Erfindung.

Im Laufe der Jahre errichtete Johnson sieben Bauten auf dem Grundstück. Das jüngste und, wie er sagt, letzte, ist das rot-schwarze »Monster« (auch »Monsta« genannt), ein an Ronchamp erinnerndes skulpturales Gebäude nahe dem Eingang.

Es wird zum Besucherzentrum für Johnsons großen Komplex werden, der nach seinem Tod an den National Trust for Historic Preservation übergeht und dem Publikum zugänglich sein soll.

Johnson Wax Company Research and Development Center, 1949
1525 Howe Street
Racine, Wisconsin
Frank Lloyd Wright

Wright war über siebzig und immer noch überaus aktiv, als er Johnson Wax entwarf, einen der eindrucksvollsten Bauten seiner langen Laufbahn. Der Komplex besteht aus der Hauptverwaltung von 1939 mit der berühmten Halle (abgebildet) und dem Laboratoriumsturm von 1949.

Der 14geschossige Turm, 12 m im Quadrat mit abgerundeten Ecken, erhebt sich über einem ummauerten Hof. Ein überdeckter Gang, von Wasserbecken flankiert, verbindet ihn mit der Hauptverwaltung. Außen faszinieren besonders die Glasröhren, die zweigeschossige, von roten Ziegelbändern eingefaßte Wandabschnitte bilden. Im Inneren wechseln quadratische Hauptgeschosse mit kreisförmigen Mezzaningeschossen. Alle Geschosse kragen von einem zentralen Kern aus, der Aufzüge, Treppen und technische Einrichtungen enthält. Tagsüber wirkt das Gebäude transparent. Nachts strahlt es ätherischen Glanz aus, und die kühnen Formen der Innengeschosse zeichnen sich deutlich ab.

Beim Entwurf des Komplexes ließ Wright sich von zwei Motiven bei seiner Suche nach einer »organischen« Architektur inspirieren – der Baumform mit ihren ausgreifenden Ästen und der Kreisform.

Wenig später wurde daraus eine Spirale, die Basis seines Entwurfs für das Guggenheim Museum in New York. Bei diesem Meisterwerk seiner Spätphase verzichtete Wright auf jeden äußeren Dekor und entwickelte stattdessen geradezu skulpturale Formen.

Johnson Wax ist nur nach Voranmeldung zu besichtigen: von März bis November dienstags bis samstags um 9.45, 11.30, 13.00 und 14.45 Uhr. Im Januar und Februar finden die Besichtigungen um 11.30 und 13.00 Uhr statt.

Reservierung und Information: Tel. (414) 631-2425. Buchungen sollten bestätigt werden, da firmeninterne Belange gelegentlich zu Terminänderungen führen.

V. C. Morris Gift Shop, 1949
(Circle Gallery)
140 Maiden Lane
San Francisco, Kalifornien
Frank Lloyd Wright

Die Circle Gallery am Maiden Lane ist leicht zu übersehen. Die Straße ist schmal
und schwer zu finden, obwohl sie nur ein paar Blocks
vom Union Square entfernt
liegt. Die Galerie fällt durch
ihre Einfachheit auf – eine
fast glatte Wand aus rostfarbenem Backstein mit einem
halbkreisförmigen Eingang,
der von demselben Backstein
eingefaßt ist und eine Eingangstür aus Metall rahmt.
Dies ist wohl eines der wenigen Geschäfte in der amerikanischen Geschichte, das
keine Schaufenster hat und
keine Waren zeigt. Das Gebäude wirkt geheimnisvoll,
zieht aber vielleicht gerade
deshalb die Besucher an.

Eben darum geht es natürlich. Frank Lloyd Wright
baute nicht nur ein Gebäude,
sondern er verführte den
Kunden. Der Eingang zieht den Besucher
von der Straße ins Innere und in den Verkaufsbereich. Über eine Spiralrampe, eine
Frühform von Wrights späterem Entwurf
für das Guggenheim Museum in New York
(1959), wird man durch den Geschäftsraum geführt. So ist es wohl kein Zufall,
daß der jetzige Inhaber eine Kunstgalerie
betreibt.

Interessant ist, wie Wright die Backsteinlagen benutzte, um der Fassade zu
einem klaren Abschluß zu verhelfen. Auf
der linken Seite ließ er jeweils eine Schicht
frei, so daß ein vertikaler graphischer Effekt
entstand.

Wie üblich signierte er das Gebäude
an der Fassade mit seinem roten quadratischen Logo.

Telefon der Circle Gallery: (415) 989-
2100.

Tischler House, 1949
175 Greenfield Avenue
Los Angeles, Kalifornien
Rudolph M. Schindler

Das besterhaltene Gebäude Schindlers in Los Angeles ist das Haus Tischler, ein vielgeschossiger Bau aus Holz und Putz mit dreieckigen Auskragungen — Platten, Terrassen und Gitter —, das sich der Hanglage hervorragend anpaßt. Schindlers Konzept von mit Bäumen gesäumten und dem Maßstab des Inneren angepaßten Außenräumen erweitert den Wohnbereich bis zum Hang.

Beim Bau des hohen, schmalen Hauses arbeitete Schindler mit großen Betonblocksteinen, die er in alternierenden Schichten verwendete, so daß ein einfaches, aber einprägsames Muster entstand. Das Dach bestand aus gewelltem blauem Fiberglas,

wurde aber später in den oberen Teilen durch konventionelle Materialien ersetzt.

Der Grundriß ist so offen, wie es die vertikale Ausrichtung erlaubt. Das Hauptgeschoß liegt im zweiten Niveau, zugänglich durch eine Treppe am Hang. Hinter die Eingangstür plazierte Schindler eine gekurvte, etwa 1,50 m hohe Betonwand, die den Eingang vom Wohnbereich trennt. An ihrer Rückseite befindet sich ein großer Kamin mit einer elegant ausschwingenden Abzugshaube aus Metall.

Das Haus Tischler ist der Zeitschrift Arts & Architecture zu verdanken, denn hier hatte Tischler die Arbeit Schindlers entdeckt. Die Sympathie Tischlers, eines Künstlers und Goldschmieds, für Schindlers Stil zeigt sich in seinen eigenen gehämmerten Silberschalen und Bestecken, die er für sein Haus anfertigte.

Diese Objekte im Speisezimmer zeugen vom damaligen Geist des Hauses, das heute unter Denkmalschutz steht.

Das Haus Tischler befindet sich in Privatbesitz.

88 Farnsworth House, 1950
RR 2, Fox River und Milbrook Road
Plano, Illinois
Ludwig Mies van der Rohe

Mies van der Rohe glaubte, bei der Architektur müsse alles Nicht-Wesentliche – das heißt, fast alles – weggelassen werden. Das Haus Farnsworth besteht, wie er sagte, aus »praktisch nichts« – einem Dach, einem Boden, vier Glaswänden, acht I-Trägern und einer Veranda. Es ist im Grunde ein Einraumhaus, mit Eingang etwa 8,85 × 23,45 m groß. Doch der Planungsaufwand war enorm: Tausende von Stunden im Lauf von drei Jahren. »Dieses Haus ist sehr viel wichtiger als Größe oder Kosten es ahnen lassen«, sagte Mies. »Es ist ein Prototyp für alle Glasbauten.«

Obwohl das Haus auf fast 3,9 Hektar Wiesenland steht, hatte Mies keinerlei Interesse an der Verbindung von Gebäude und Natur. Ihm war es wichtiger, den Unterschied zu betonen. Das Haus Farnsworth scheint auf einem Podest zu schweben, das 1,20 m über dem Erdboden liegt. Der weiße Stahlrahmen, die Glaswände und die weiße Terrassenplatte tragen zum Eindruck eleganter Isolation bei.

Der einfache Glaskasten in seinem linearen Rahmen bildet an einem Ende einen überdachten Eingang. Es gibt nur diese eine Tür an der Westseite. Im Inneren sind keine Räume im konventionellen Sinn vorhanden. Getrennte Bereiche für Wohnen, Essen und Schlafen sind durch wenige innere Einbauten angedeutet. Ein mit Holz umkleideter Kern enthält Küche und Badezimmer und stellt zusammen mit einem freistehenden Versorgungstrakt die einzige innere Unterteilung dar. Obwohl keine Klimaanlage vorgesehen war, verfügt das Haus nur über zwei kleine, hochgelegene Fenster, die sich öffnen lassen.

Dr. Edith Farnsworth, die Bauherrin, war wenig begeistert von den puristischen Qualitäten ihres neuen Hauses, das sie viel Geld kostete: »Es muß etwas mit einer solchen Art von Architektur geschehen, oder es gibt keine Zukunft für die Architektur ... Ich dachte, Sie könnten eine solche vorbestimmte, klassische Form mit Ihrer Präsenz beleben. Ich wollte etwas ›Bedeutungsvolles‹ haben, und alles, was ich bekam, war diese glatte, oberflächliche Sophisterei.«

Immerhin ist ein privates Wohnhaus von Mies in Amerika eine Rarität. Nach der Fertigstellung des Hauses Farnsworth wendete sich Mies fast ausschließlich dem Entwurf großer Firmenbauten wie dem Seagram Building in New York zu.

Das Haus liegt etwa 80 km südwestlich von Chicago am Ufer des Fox River. Während seiner Bauzeit war es in einem abgeschiedenen Wiesengebiet angesiedelt. Heute haben die Neubebauung der Milbrook Road und eine neue Brücke über den Fox River zum Ende der Isolation beigetragen.

Das Haus Farnsworth ist in Privatbesitz und wurde kürzlich renoviert. Besichtigungen sind nach Vereinbarung möglich.
Information: (630) 552-8622.

United Nations Secretariat, 1950
First Avenue, 42nd Street
New York
*Wallace K. Harrison mit den beratenden
Architekten Le Corbusier, Oscar Niemeyer
und Sven Markelius*

Das United Nations Sekretariat ist der erste gläserne Wolkenkratzer in New York. Die Längswände bestehen aus blaugrünem Glas, die Seitenwände aus grauem Marmor. Ein so großes und neuartiges Gebäude mußte Aufsehen erregen. Während Kritiker von einem »großen Marmorrahmen für zwei enorme Fenster« sprachen, beurteilten die Architekten es durchweg positiver. Es prägte einen »U.N. look«, der sich bald im ganzen Land verbreitete.

Das Sekretariatsgebäude hat 38 Geschosse und ist 163 m hoch und 86 m lang. Es enthält Büroräume für 3500 Diplomaten und Angestellte sowie eine Wohnung für den Generalsekretär. Das Gebäude ist eine Stätte der internationalen Zusammenarbeit und war selbst ein kooperatives Unternehmen. Der prominente New Yorker Architekt Wallace K. Harrison stand mit Max Abramowitz einem Team von Architekten aus aller Welt vor, darunter Le Corbusier und Oscar Niemeyer.

Der endgültige Entwurf ist stark Le Corbusier verpflichtet, doch die Technologie, die den zentralen Aufzugkern, die Curtain Walls und die Klimaanlage möglich machte, war eindeutig amerikanisch.

»Es war ein U.N.-Job – eine kollektive Arbeit«, sagte Wallace K. Harrison, der bekannt dafür war, daß er stets Kompromisse fand. Er war auch bekannt für seine Freunde in hohen Positionen,

vor allem John D. Rockefeller jr., und für seine Mitarbeit am Rockefeller Center. Nicht alle seine späteren Aufträge endeten so glücklich, doch das UN-Sekretariat wurde zu einem Symbol der internationalen Zusammenarbeit. Harrison war stolz darauf, daß ein modernes Gebäude im Internationalen Stil zum Standort der internationalen Gemeinschaft wurde.

Führungen finden an sieben Tagen der Woche von 9.15 bis 16.45 Uhr statt. Einstündige Touren in englischer Sprache beginnen jede halbe Stunde am Visitor's Center an der First Avenue, 46th Street.

Information über fremdsprachige Führungen: Tel. (212) 963-7539. Reservierung für Gruppen ab 15 Personen: Tel. (212) 963-4440 montags bis freitags während der Geschäftszeiten. Allgemeine Information: Tel. (212) 963-7713.

Breuer House, 1951
(Epstein House)
628 West Road
New Canaan, Connecticut
Marcel Breuer

Marcel Breuer wurde vor allem durch sein Meisterwerk, das Whitney Museum, und durch seine klassischen Möbelentwürfe bekannt. Breuers Wohnhäuser sind weniger populär, zählen aber auch zu den modernen Klassikern – vor allem jene, die der Bauhaus-Architekt für sich selbst baute. Das Haus in New Canaan ist das dritte von Breuers vier eigenen Häusern. Hier lebte der in Ungarn geborene Architekt am längsten, von 1951 bis 1976. Es zeugt von seinem Credo, daß die Arbeit des Architekten mit Disziplin beginnt und zum Abenteuer führt.

Breuers erstes amerikanisches Wohnabenteuer begann 1937 in Lincoln, Massachusetts, dem Jahr, in dem er als Lehrer nach Harvard zu Walter Gropius kam. Die beiden Freunde bauten benachbarte Häuser – Bauhaus-Originale mit Flachdächern, weißen Wänden und Materialien aus dem Katalog. Breuer verwendete hier traditionelle Baustoffe wie weißen Schindel auf neuartige Weise. Sein nächstes eigenes Haus war weniger streng, ein

großes Rechteck über einem Betonsockel, das ebenfalls mit Holz – aber diesmal mit diagonal verlegtem – verkleidet war.

Als er den Bau in New Canaan begann, hatte sein Interesse sich dem Stein zugewandt. An der Straßenseite prägen mit Naturstein verkleidete Wände zusammen mit gestrichenem Backstein und Glas den visuellen Eindruck. Der Eingangshof ist ebenso wie die rückwärtige Terrasse mit Stein gepflastert. Die Fußböden bestehen aus blauem Tonsandstein, und im Wohnraum steht ein massiver Kamin aus Stein. An der Rückseite öffnet eine große Glaswand das Haus zum Garten.

Das Haus hat einen U-förmigen Grundriß. Eltern und Kinder haben getrennte Flügel, ein »zweizelliger« Plan, wie Breuer es nennt, doch die gemeinsamen Bereiche sind offen. Ein Trend der fünfziger Jahre – deckenhohe bündige Fenster – trat hier zum erstenmal auf. Das Innere war spartanisch, entsprechend Breuers Lebensstil.

1981 wurde das Haus von Breuer und seinem langjährigen Mitarbeiter Herbert Beckhard aus New York für neue Besitzer erweitert und umgebaut. Ein neuer Kinderflügel wurde dem alten Haus hinzugefügt, das immer noch intakt und wenig verändert ist. Allenfalls die horizontale Betonung wurde ein wenig stärker hervorgehoben. Breuers Haus ist in Privatbesitz.

Chicago, Illinois
Ludwig Mies van der Rohe

In den zwanziger Jahren entwarf Mies van der Rohe seine ersten gläsernen Wolkenkratzer. Als wahrer Genius erfand er eine Konstruktion, die noch nicht gebaut werden konnte – doch dreißig Jahre später war die Technologie vorhanden.

Der langgehegte Traum vom kristallinen Turm wurde endlich in diesen berühmten Appartementgebäuden realisiert, 26 Geschosse aus schwarzem Stahl und Glas.

Mies beschrieb seinen Stil als »Haut und Knochen«: also nicht mehr als ein Stahlskelett (die Knochen) mit Glaseinsätzen (die Haut). Die beiden identischen Türme stehen sich im rechten Winkel in einer Komposition sorgfältig kontrollierter Spannung gegenüber. Sie ruhen auf einer Travertinbasis und werden durch Stützen zwei Geschosse darüber gehoben. Aufzüge und technische Einrichtungen brachte Mies im Zentrum jedes Gebäudes unter, so daß er bei der Anordnung der Innenräume und

bei der Gestaltung der Außenwände große Freiheiten hatte. Um die Flachheit der Fassade aufzulockern, fügte er Doppel-T-Profile auf den Fensterpfosten und Stützen hinzu. Ohne diese Ergänzung, fand er, »sah es nicht richtig aus«.

Die Wohntürme am Lakeshore Drive bestechen durch ihre Präzision und ihr Raffinement – ein Ergebnis von Mies' unermüdlichem Streben nach architektonischer Reinheit in Jahrzehnten der Praxis und Lehre. Der große Erfolg dieser flachgedeckten Hochhäuser aus Glas und Stahl führte zu zahllosen Imitationen und veränderte das Gesicht fast jeder größeren Stadt in der Welt. Leider kamen nur sehr wenige Kopien dem Original nahe.

Die Wohnungen sind privat, doch die Chicago Architecture Foundation zeigt die Türme auf ihren Touren »Architectural Highlights by Bus«.

Information: Tel. (312) 922-TOUR.

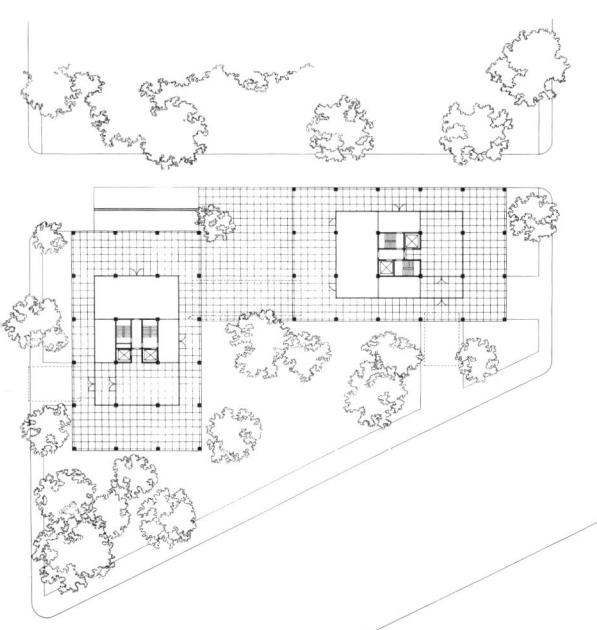

Wayfarer's Chapel, 1951
5755 Palos Verdes Drive South
Rancho Palos Verdes, Kalifornien
Lloyd Wright

Diese kleine, aber elegante Kapelle am Meer besteht aus einfachen Materialien: Glaswände und mit Redwood gerahmte Giebel, Basis und Altar aus Stein. Die Kirche in ihrer spektakulären Lage sollte das Gefühl des Besuchers für die Natur intensivieren. Tatsächlich scheint sie mit den Bäumen und Pflanzen der Umgebung und mit dem Pazifischen Ozean tief unten zu verschmelzen.

Die Kapelle verdankt ihre Entstehung Elizabeth Schellenberg, die in den späten zwanziger Jahren auf der Halbinsel Palos Verdes lebte. Sie beauftragte zunächst

Ralph Jester mit dem Entwurf einer Kirche zu Ehren Emanuel Swedenborgs, des schwedischen Theologen und Gründers ihrer Religion. Der Kirchenbau wurde zuerst wegen der Wirtschaftskrise und später wegen des Krieges verschoben.

Als die Idee erneut aufkam, fand Jester, sein Missionsstil sei dem Grundstück nicht angemessen. Er schlug statt dessen Lloyd Wright vor, den ältesten Sohn Frank Lloyd Wrights. Die Kapelle zeigt, daß Lloyd Wright wie sein Vater für die enge Verbindung von Bauwerk und Umgebung eintrat. Auch seine Ausbildung als Landschaftsarchitekt (er arbeitete eine Zeitlang für Olmstead & Olmstead an der Ostküste) wirkte sich auf den Entwurf aus. Nach der Fertigstellung der Kapelle 1951 fügte Wright noch den Steinturm, die Kolonnade und das Besucherzentrum hinzu.

Die Kapelle ist täglich geöffnet. Geführte Besichtigungen finden am Wochenende statt. Gruppen können auch an anderen Tagen nach Reservierung montags bis samstags zwischen 9.00 und 17.00 Uhr einen Termin vereinbaren. Zu den Gottesdiensten sonntags um 11.00 Uhr ist jeder willkommen. Reservierung und Information: Tel. (213) 377-1650.

Lever House, 1952
390 Park Avenue, zwischen
53rd und 54th Street
New York
Skidmore, Owings & Merrill

Der »New Look« des Lever House mit seinen glatten blaugrünen Glaswänden und dem Skelett aus rostfreiem Stahl revolutionierte den gesamten Bürohochhausbau in New York. Zum Teil ging das neuartige Design darauf zurück, daß die Firma, ein prominenter Seifen- und Waschmittelhersteller, höchsten Wert auf ein sauber wirkendes Gebäude legte. Stein und Backstein setzen in einer Großstadt Schmutz an, doch Glas läßt sich schnell säubern. So können zwei Männer mit einem auf Schienen montierten Gondelsystem das ganze Gebäude in nur sechs Tagen reinigen.

Auch in der Anordnung der Baukörper schlug das Lever House neue Wege ein. Das 24geschossige Gebäude ist in zwei Volumen geteilt, einen vertikalen Turm und eine horizontale Basis. Diese breite, podiumartige Basis wird von umlaufenden Stützenreihen ein Geschoß über das Bodenniveau gehoben.

Auf der Straßenebene liegt eine offene Plaza mit einer Gartenanlage in der Mitte, eine Idee, die wegen ihrer Publikumsfreundlichkeit hoch gepriesen wurde. Sie brachte auch ein Gefühl der Luftigkeit in die tiefen Schluchten der Park Avenue. Die ständig wechselnden Reflexe der Glaswände sorgten für visuelle Abwechslung.

Nach heutigem Standard gilt das Lever House mit seinen weniger als 26 000 m² als kleines Bürogebäude, doch seine Wirkung war damals enorm. Der Entwurf (des SOM-Partners Gordon Bunshaft) bestimmte nicht nur die künftige Tendenz des New Yorker Wolkenkratzerbaus, sondern bestätigte auch das Renommee von Skidmore, Owings & Merrill als Büro für prestigeträchtige Geschäftsbauten.

Das Lever House erhielt 1980 eine Auszeichnung des American Institute of Architects. Bald danach drohte ihm der Abriß, weil ein größeres und profitableres Gebäude an seiner Stelle errichtet werden sollte. Als es 1982 unter Denkmalschutz gestellt wurde, war dieses Meisterwerk der Moderne gerettet.

Das Lever House wurde als Hauptverwaltung der Firma Lever Brothers errichtet und ist noch heute in deren Besitz. Das Gebäude ist montags bis freitags von 9.00 bis 17.00 Uhr geöffnet. In der Lobby werden häufig Ausstellungen gezeigt.

Information: Tel. (212) 688-6000.

**Yale University Art
Gallery Addition,** 1953
Yale University
Chapel Street, zwischen York
und High Street
New Haven, Connecticut
Louis I. Kahn

gang von altem und neuem Gebäude
praktisch verschwindet.

Wie bei den meisten Bauten Kahns
überrascht besonders das Innere, wo
Raum und Licht eine starke Wirkung hervorrufen. Die weitgehend stützenfreien
Geschosse – »Universalräume« – können
dank flexibler Trennelemente für wechselnde Ausstellungen
genutzt werden. Die
Decken bestehen aus
Beton-Tetraedern, in
die Scheinwerfer ein-
gelassen sind.

Louis Kahn, der
sprichwörtliche Spät-
entwickler, war in sei-
nem fünften Lebens-
jahrzehnt, als er den
Yale-Anbau entwarf.
Doch die Brillanz und
Kraft seiner Architek-
tur entschädigt für
den späten Start.
Viele seiner Projekte
wurden nie realisiert,
so daß die bestehen-
den Bauten nahezu
den Status der »Un-

Louis Kahns Anbau an die Kunstgalerie
war das erste moderne Bauwerk in Yale
und das erste prominente Werk jenes
Architekten, den viele als eines der größten Talente des späten 20. Jahrhunderts
sehen. Kahn verband hier ein neues Gebäude mit einem bereits existierenden
majestätisch-klassischen Bau, indem er
Maßstab und Proportionen aufeinander
abstimmte.

Die neue Galerie ist im Grunde ein
viergeschossiges Lagerhaus aus Beton. An
der Gartenseite bestehen die Wände aus
schwarz gerahmtem Glas. An der Straßenseite werden beigefarbene Backstein-
flächen durch vertikale Streifen markiert,
die den inneren Geschossen entsprechen.
Den Haupteingang bildet eine schmale,
vollverglaste Wand. Sie ist im rechten Winkel zur Straße gesetzt, so daß der Über-

berührbarkeit« besitzen. Selbst bei Umbauten – etwas beim Kimbell Art Museum
in den achtziger Jahren oder dem Salk
Institute in den Neunzigern – erhebt sich
ein Proteststurm unter Architekten und
Bürgern, die seine Bauten und Ideen unverändert erhalten wissen wollen.

Die Yale Art Gallery ist dienstags bis
samstags von 10.00 bis 17.00 Uhr und
sonntags von 13.00 bis 18.00 Uhr geöffnet.
Montags und an Feiertagen geschlossen.
Führungen mittwochs und samstags um
13.30 Uhr.

Information: Tel. (203) 432-0600.

Bachman-Wilson House, 1954

1423 River Road
Millstone, New Jersey
Frank Lloyd Wright

Frank Lloyd Wright wurde durch seine Wohnhäuser berühmt, ein Thema, mit dem er sich zeit seiner langen Laufbahn beschäftigte. Für reiche Bauherren entwarf er hochindividualistische Bauten wie Fallingwater oder Haus Barnsdall. Doch die Usonia-Häuser – für die das Haus Bachman-Wilson ein spätes Beispiel ist – waren für amerikanische Durchschnittsfamilien gedacht.

Die Bezeichnung Usonia ist Wrights eigene Erfindung, ein Spiel mit den Initialen U.S., die seine demokratischen Ideale ausdrücken. Die Usonia-Häuser waren klein und kompakt, mit Flachdächern, offenen Grundrissen und enger Verbindung von innen und außen. Freilich kosteten diese »ökonomischen« Häuser etwa zweimal so viel wie die Häuser, an deren Stelle sie treten sollten.

Das Haus Bachman-Wilson ist aus undekoriertem Betonblockstein errichtet. Die Front ist lang und flach mit auskragenden Überständen. Beim Eingang verwendete Wright eines seiner Lieblingsmotive: ein dämmriges, niedriges Vestibül, das den Besucher in eine Halle und dann in einen überraschend hohen, lichterfüllten Raum führt. Dieser zwei Geschosse hohe, 8,40 × 10,50 m große Raum nimmt nahezu das ganze Obergeschoß ein. Eine 3 m hohe Wand aus Glas und philippinischem Mahagoni öffnet sich zum Wald; vier der Paneele sind Türen. Über die Glaswand setzte Wright ein Oberlichtband mit einem Muster aus Sperrholzausschnitten. Der beheizte Betonboden war ursprünglich rot gestrichen.

Für Wright war der Kamin das Herz des Hauses. Das Haus Bachman-Wilson zeigt, wie er diese Vorstellung dem Usonia Home anpaßte. Es hat einen Kern aus Betonblockstein mit der Küche auf einer Seite und einem Kamin gegenüber dem großen Raum auf der anderen Seite. Korridore dienten Wright als Räume. Hier entstand das Speisezimmer aus einem solchen Bereich. Ein auskragender Balkon aus philippinischem Mahagoni umgibt den Kern aus Stein und bildet den Korridor für die beiden Schlafzimmer und das Bad im Obergeschoß. Die Schlafzimmer sind klein und nur knapp 2 m hoch.

Das Haus liegt vom Highway 544 in Griggstown etwa 11 km entfernt an der River Road. Es ist in Privatbesitz und nur in Sonderfällen zu besichtigen.

Information: Bachman-Wilson House, 1423 River Road, Millstone, N.J. 08876.

Catalano House, 1954
Catalano Drive
Raleigh, North Carolina
Eduardo Catalano

Sein ganzes Leben lang hat der aus Argentinien stammende Architekt Eduardo Catalano mit der Verbindung von Raum und Konstruktion experimentiert. In den fünfziger Jahren schuf er eine Reihe bemerkenswerter Hausstudien.

Zwei wurden tatsächlich gebaut, darunter das »Haus des Jahrzehnts« von 1956, eine der wenigen Bauten, die Frank Lloyd Wright je gelobt hat.

Interessant ist aber noch heute vor allem das Haus, das Catalano für sich selbst gebaut hat – ein Bau von konstruktiver Kühnheit und eleganter Einfachheit. Es scheint ganz aus Dach zu bestehen, ein eleganter Segler, der im Wald gelandet ist. Tatsächlich spielt das Dach die Hauptrolle: eine 5,7 cm dicke Schale aus laminiertem Holz, die an nur zwei Stellen im Boden verankert ist.

Die ungewöhnliche Dachform, ein hyperbolisches Paraboloid, ergab sich aus Catalanos Untersuchungen über die Eigenschaften gekrümmter Flächen. Mit reinen geometrischen Formen entwarf er das Haus als integrale Einheit.

Das Membrandach erhebt sich über den Glaswänden 26,10 m hoch. Das Dach scheint schwerelos, weil nur zwei Metallwinkel es mit den Glaswänden verbinden. Durch die Auskragung der Dachlinie um 3,60 m über das kleine (ca. 153 m² umfassende) Haus hinaus erweckt Catalano den Eindruck von Geborgenheit.

Catalanos hyperbolisches Paraboloid stellt in der Architektur das mathematische Optimum dar: den Punkt, an dem der Tiefpunkt einer Kurve zugleich der Scheitelpunkt einer anderen ist. Seine ungewöhnliche architektonische Form wirkt wohl auch deshalb so faszinierend, weil sie geometrisch perfekt ist.

Der Architekt lebte etwa ein Jahr in dem Haus, während er an der North Carolina State University lehrte. Ab 1956 lehrte er am Massachusetts Institute of Technology, wo er heute als Emeritus lebt.

Catalanos Haus steht noch immer (ohne Hausnummer) an einer kurzen Straße, die seinen Namen trägt. Es liegt nahe der Ridge Road und ist von der Straße sichtbar, befindet sich aber in Privatbesitz.

Fontainebleau Hotel, 1954
4441 Collins Avenue
Miami Beach, Florida
Morris Lapidus

Als das Hotel eröffnete, war es das vielleicht meistkritisierte Gebäude in Amerika, doch heute gehört es zu den hochgepriesenen.

Das Fontainebleau war Schauplatz des Films Goldfinger, und es war tatsächlich wie eine Filmkulisse zum Amüsement entworfen. Der gekurvte, 15geschossige Bau bildete den Hintergrund für die Schlangenform der dreigeschossigen Strandhäuser (1979 abgerissen). Dazwischen lag ein französischer Parterregarten neben dem Schwimmbecken mit Olympiamaßen. »Wunderschöner Unsinn« füllt die farbenfrohen Innenräume, wie die große Treppe nach Nirgendwo in der Lobby (heute Verbindung zu den Büros) und Lapidus' in den Marmorboden eingelegtes charakteristisches Schlipsmuster.

Das Hotel war das erste Gebäude, das Lapidus plante. Wie er sagte, sah er sich selbst nicht einmal als Architekt, als er den Auftrag erhielt, obwohl er in den vorausgegangenen zwanzig Jahren Hunderte von richtungweisenden Ladeneinrichtungen in New York entworfen hatte. Die kurzlebigen Einrichtungen ermöglichten ihm Experimente, die sich bei einem Bauprojekt nie hätten realisieren lassen. Diese Entwurfsfreiheit und die Notwendigkeit, Kunden anzuziehen, führten Lapidus zu einer Architektur, die das realisierte, was die Menschen sich wünschten und was sie anlockte. Die Läden wirkten wie Reklametafeln und zogen mit ihren gekurvten Linien und ihrer hellen Beleuchtung die Käufer an. Das Fontainebleau war die Quintessenz seiner Erfahrungen.

Trotz seiner unorthodoxen Entwürfe hatte Lapidus in den zwanziger Jahren eine klassische Architekturausbildung an der Columbia University erhalten. Hier wurde damals die moderne europäische Architektur nur kurz als eine Gefahr erwähnt, die man am besten mied. Doch von Mies van der Rohe lernte er, den Raum zu öffnen, obwohl er nicht in geraden Linien, sondern in Kurven dachte. Sein Vorentwurf für das Fontainebleau begann mit einer Serie von Schnörkeln.

Nach all diesen Jahren braucht sich Lapidus bei niemandem mehr zu entschuldigen. Sein Hotel ist ein vielbewundertes, weltberühmtes Bauwerk, ebenso wie das Eden Roc Hotel (hier im Hintergrund gezeigt), das der von Lapidus angestrebten Wirkung auf den Besucher – tut, was Ihr wollt, aber »um Himmels willen, geht nicht an mir vorbei« – voll und ganz gerecht wird.

Information: Tel. (305) 538-2000 (Public Relations).

Manufacturers Hanover Trust Company Bank, 1954 (Chemical Bank)

Fifth Aenue, 43rd Street
New York
Skidmore, Owings & Merrill

Die Eröffnung der Filiale der Manufacturers Hanover Trust Company an der Fifth Avenue erregte einiges Aufsehen. Zum erstenmal wurde das Heiligtum einer Bank – der Tresor – aus dem tiefsten Inneren geholt und direkt ins Schaufenster gestellt.

Zugleich war Manufacturers Hanover Trust die erste Bank mit Glaswänden. Nur 13 mm dicke Scheiben (und eine 30 Tonnen schwere Tür) trennen den Tresor vom Bürgersteig. Skidmore, Owings & Merrill bewerteten das traditionelle »Bankgeheimnis« radikal neu, indem sie unsichtbare Wände, helle Beleuchtung, offene Schalter und einen Tresor aus poliertem rostfreiem Stahl schufen, der wie ein Schmuckstück im Schaufenster für alle Passanten sichtbar ist.

Die fünf Hauptgeschosse der Bank enthalten zwei Geschosse für Bankkunden sowie Büros und ein Penthouse für den Präsidenten. Die Glaswände sind von Aluminiumprofilen gerahmt. Die 6,70 x 2,95 m großen Glasscheiben des ersten Stocks sind die größten, die in dieser Zeit installiert wurden. Um die Wirkung all dieser Glasflächen zu steigern, sorgte SOM für eine intensive Innenbeleuchtung, die das Glas unsichtbar erscheinen ließ.

Das Innere wirkt kühl und zurückhaltend. Einen Lichtblick bildet der wandhohe skulpturale Schirm aus vergoldetem Stahlblech von Harry Bertoia im Hauptbankraum des ersten Obergeschosses.

Das Gebäude, heute eine Filiale der Chemical Bank, ist während der normalen Geschäftszeiten geöffnet. Der Tresor im Fenster ist von der Straße aus zu sehen.

Information: Tel. (212) 270-4621.

Bavinger House, 1955
730 60th Street
Norman, Oklahoma
Bruce Goff

Goff war weit entfernt von den Haupt-
tendenzen der amerikanischen Architektur,
hatte aber eine typisch amerikanische Karriere: individualistisch, innovativ, kreativ und
unabhängig. Das Haus Bavinger, eine spiral-
förmige Konstruktion in einer zerklüfteten
Gegend, entwarf er für einen Bildhauer und
seine Familie, die ebenfalls nach Neuem
suchten.

Die Bavingers wollten das Haus auf
einem kleinen, aber schönen Grundstück
am Ufer eines Flusses ursprünglich selbst
bauen. Als das Gelände geräumt war,
erwies sich das Bodenniveau als natürlich
gekurvt. Aus dieser Situation heraus entwickelte sich die Schneckenform des Hauses. Das Äußere ist mehr als 15 m hoch
und besteht aus 29 m
durchgehender, mit
Felsstein verkleideter
Wandfläche, die sich
um einen Stahlmast
windet. Von diesem
Mast führen Stahlseile
zu dem spiralförmi-
gen Dach, das mit
Kupfer gedeckt ist.
Praktisch das ganze
Haus ist von diesem
zentralen Mast abge-
hängt – das Dach, die
fünf Wohnbereiche,
eine Innentreppe und
eine Hängebrücke
über den Fluß in den
Garten.

Im Inneren gibt es
keine abgetrennten
Räume. Die fünf
Wohnbereiche be-
stehen aus runden
Pavillons, die mit
Teppichen verkleidet

und in verschiedenen Höhen abgehängt
sind. Goff versetzte sie gegeneinander, so
daß sie stufenartig emporsteigen. Zum
Schutz der Privatsphäre sind die Pavillons
mit Netzen und dichten Vorhängen ausgestattet, die sich schließen oder öffnen
lassen.

Das Haus Bavinger ist ein höchst indivi-
dueller Bau. Interessanterweise war zur
gleichen Zeit auch Frank Lloyd Wrights
Guggenheim Museum in New York –
ebenfalls eine Spiralform – im Bau. Doch
anders als Wright erhielt Goff seine größten Aufträge erst am Ende seines überaus
produktiven Lebens. Sein letztes Werk,
der Japanische Pavillon des Los Angeles
County Museum of Art, wurde erst nach
seinem Tod vollendet.

Das Haus Bavinger erhielt 1987 eine
Auszeichnung des American Institute of
Architects. Es wird immer noch von den
Bavingers bewohnt und ist, außer im Win-
ter, von Bäumen abgeschirmt.

Jewish Community Center Bath House (»Trenton Bath House«),
1955
999 Lower Ferry Road
Ewing, New Jersey
Louis I. Kahn

Außerhalb der Saison sieht das Badehaus der Jüdischen Gemeinde (auch als Trenton Bath House bekannt) wie ein altes Dorf aus, dessen Bewohner vor langer Zeit

fortgegangen sind. Die vier kubusförmigen Bauten aus Betonblockstein mit ihren Pyramidendächern liegen ein wenig verloren auf einem offenen Feld. Sie scharen sich scheinbar schützend um einen Freiluft-Pavillon.

Das Badehaus, eines von Kahns frühesten Werken, zeugt von seiner Fähigkeit, alte Formen – Kreis, Quadrat, Pyramide, Kreuz – mit neuer Bedeutung zu erfüllen.

Kahn erlebte die Kraft der Vergangenheit, als er Anfang der fünfziger Jahre durch Italien, Griechenland und Ägypten reiste. An den Stätten der Antike entdeckte er, daß nur die Struktur zurückbleibt, wenn die architektonischen Details längst vergangen sind. Auf dieser simplen Wahrheit beruht der Entwurf des Badehauses. Steingraue Wände umgrenzen vier große Quadrate, deren Ecken durch Hohlpfeiler markiert sind. Der kreuzförmige Grundriß hat ein kreisrundes Atrium in der Mitte. Über jeder der vier Einheiten erhebt sich ein pyramidenförmiges Dach. Der schmale Spalt zwischen Wand und Dach ist ein Meisterwerk dramatischer Spannung.

Kahn lernte bei dem Trenton Bath House, den Raum zu organisieren, indem er »bediente« Bereiche von jenen trennte, die für den »Service« sorgten. Hier sind Toiletten und Chlorierungsanlagen in den Hohlpfeilern der Wände untergebracht. Diese Pfeiler, die als Stützen wie als Servicekerne dienen, faszinierten Kahn auch als organisierendes Prinzip. Er wollte diesen Ideen auch in dem geplanten großen Gemeindezentrum nachgehen, das aber leider nie gebaut wurde.

Anfang der neunziger Jahre war das Badehaus in schlechtem Zustand. Wände und Dächer verfielen, und der Zugang war durch Stacheldraht versperrt. Zum Glück steht Hilfe in Aussicht. 1992 wurde die Trenton Bath House Foundation gegründet, die über eine behutsame Restaurierung wachen und die notwendigen Mittel beschaffen soll.

Das Bath House liegt nahe der Interstate 95, Ausfahrt Scotch Road, in Ewing nicht weit von der Grenze New Jersey–Pennsylvania. Im Sommer werden Schwimmkurse veranstaltet.

Information über Besuche und Spenden: Tel. (609) 883-9550.

Kresge Auditorium, 1955
Massachusetts Institute of Technology
Cambridge, Massachusetts
Eero Saarinen

Der Entwurf des Kresge Auditoriums beruht auf einer Kreisform. Das Dach ist eine Dreipunktkuppel aus weißem, dünnschaligem Beton, während das Innere sich zu einer umgekehrten Kuppel nach oben wölbt, laut Saarinen »zwei Schalenformen, wie bei einer Muschel«. Das Kreisthema setzt sich in den gerundeten Glaswänden und dem kreisförmigen Backsteinsockel des Gebäudes fort.

Der eng bebaute Campus ist von rechteckigen Gebäuden gesäumt. Saarinen entschloß sich deshalb, ganz andere Formen zu wählen. »Wir fanden, daß eine kontrastierende Silhouette notwendig war, eine Form, die am Boden begann und nach oben ging und das Auge um ihre geschwungene Form führte ... Zuerst wirkte sie ungewohnt, aber allmählich wurde sie geliebt.«

Im Inneren enthält das Auditorium ein kleines Theater im unteren Niveau und einen Konzertsaal im Hauptgeschoß. Aus akustischen Gründen entwarf Saarinen ein kompliziertes System, das er »schwebende Wolken« nannte. Schon wegen seiner hervorragenden Tonqualitäten, meinte Saarinen, sei die ungewöhnliche Gebäudeform gerechtfertigt, die aber ebensoviel Kritik wie Lob erntete.

Das Kresge Auditorium markierte einen Wendepunkt in Saarinens Laufbahn. Er entfernte sich von streng rechteckigen Glas- und Stahlbauten und entwickelte neue Ideen, die oft kontrovers, aber immer interessant waren.

Besucher- und Programminformation: Massachusetts Institute of Technology, Tel. (617) 253-1000.

S. R. Crown Hall, 1956
Illinois Institute of Technology
State Street, zwischen 34th
und 35th Street
Chicago, Illinois
Ludwig Mies van der Rohe

Die lange Zusammenarbeit zwischen Mies und dem Illinois Institute of Technology (IIT) führte dazu, daß der Campus zu einem Ausstellungsort seiner Architektur wurde, darunter Seminar-, Verwaltungs- und Appartementgebäude, Laboratorien, eine Kapelle und ein Kesselhaus. Viele der nicht von Mies stammenden Bauten sind zudem seinem Stil so treu, daß sie ohne weiteres als seine Werke gelten könnten.

Mies kam 1938 ans IIT, nachdem er dem Bauhaus in Dessau und Berlin vorgestanden hatte, das 1933 schloß. 1940 wurde er mit dem Generalplan für einen neuen Campus im Süden Chicagos beauftragt. Er unterwarf das lange, schmale Grundstück einem strengen Raster, und auch die ersten Bauten waren stark reglementierte zwei- und dreigeschossige Gebäude mit schwarzen Stahlrahmen, großen Fenstern und gelbbraunem Backstein.

Die Crown Hall gilt als das Meisterwerk des Campus. Mies entwarf sie für die Architekturschule, seine eigene Abteilung. Als erstes vollverglastes Stahlgebäude auf dem Campus brachte sie ihn seinem Ziel näher, die innere Struktur mit der äußeren Form des Gebäudes in Einklang zu bringen.

Der Glaspavillon ist 67 m lang und 36,60 m breit. Er wird definiert durch die vier massiven Binder, die über das Dach greifen. Das Dach ist von der Unterseite dieser Binder abgehängt, die ihrerseits von acht äußeren Stahlstützen getragen werden. An der Ost- und Westseite kragt das Dach 6,10 m über die äußersten

Stützen aus, so daß jene »fließenden Ebenen« entstehen, die Mies schon bei dem Haus Farnsworth in Plano entwickelt hatte.

Auch der Eingang mit seiner hängenden Plattform und den breiten, flachen Stufen erinnert an das Haus Farnsworth. Er führt in einen Ausstellungsbereich mit niedrigen, freistehenden Trennwänden aus Holz. Von hier aus gelangt man in einen der großartigsten Räume der modernen Architektur: einen 5,50 m hohen, lichterfüllten Bereich, der dank des Konstruktionssystems frei von Stützen ist.

Das Public-Relations-Büro des IIT veranstaltet Führungen nach Vereinbarung. Information: Tel. (312) 567-3104. Die Chicago Architecture Foundation zeigt das IIT bei ihren Touren »Architectural Highlights by Bus«. Information: Tel. (312) 922-TOUR.

General Motors Technical Center, Administration Building,
1956
6250 Chicago Road
Warren, Michigan
Eero Saarinen

In diesem bewaldeten, 410 ha großen »Industriellen Versailles« sind Forschungs-, Entwicklungs- und Designabteilung des Automobilgiganten untergebracht.

Den Komplex langgestreckter, niedriger Bauten entwarf Eero Saarinen im Laufe von zehn Jahren zusammen mit seinem Vater Eliel, der 1950 starb. Das auffallendste Merkmal des Technischen Zentrums ist ein futuristischer Wasserturm aus rostfreiem Stahl in einem 9 ha großen Wasserbecken mit Alexander Calders spektakulärer »Wasserskulptur«, einer 15 m hohen und 46 m breiten Wasserwand.

Eero versuchte, in dem Komplex »Vielfalt innerhalb der Einheit« zu schaffen. Einheitlichkeit entsteht durch den Modul von 1,50 m, die horizontalen Proportionen, dunkelgraue Stahlrahmen, grüngefärbtes Glas und die Grünanlagen. Für Vielfalt sorgt der Wechsel von höheren und niedrigen Bauten und von Glaswänden und Backsteinmauern. Zudem sind manche Gebäude hinter Bäumen verborgen, während andere sich auf den zentralen Hof öffnen. Farbige Akzente setzen die bunt glasierten Keramikziegel – blau, rot, gelb und orange – an den Seitenwänden. Die schwarzblauen Abluftrohre vor einigen Bauten bilden dramatische Blickpunkte.

Auch einige bautechnische Neuerungen wurden hier eingeführt: die Verwendung von starkfarbigem glasiertem Backstein; die vorfabrizierte Porzellan-Sandwichplatte, die Innen- und Außenwände verbindet; die Leuchtdecke, deren Beleuchtungskörper mit modularen Plastikkassetten abgedeckt sind; und vor allem die Neoprendichtungsprofile für Fenster und Metallplatten, die bald zum Standard wurden.

Das Zentrum zeigt deutlich den Einfluß von Mies van der Rohes rigoroser Stahl- und Glasarchitektur. Doch Saarinen experimentierte wenig später mit architektonischen Formen, die ganz und gar seine eigenen waren. Seine unabhängige Zeit war kurz, aber fruchtbar und einflußreich. 1962 erhielt er posthum die Goldmedaille des American Institute of Architects.

Zur Zeit ist das Zentrum nicht öffentlich zugänglich.

Information: Tel. (313) 986-5715.

Inland Steel Building,
1958
30 West Monroe Street
Chicago, Illinois
Skidmore, Owings & Merrill

Das Verwaltungsgebäude von Inland Steel ist ein Schaukasten für das Hauptprodukt der Firma: Stahl. Die Stahlstützen, die normalerweise innerhalb des gläsernen Curtain Wall plaziert sind, erheben sich hier vor der langen Fassade des Eckgrundstücks. Platten aus rostfreiem Stahl verkleiden den Serviceturm, und die Fenstersprossen und Brüstungsbänder bestehen aus Stahlprofilen.

Die wichtigsten technischen Neuerungen finden sich freilich im Inneren. Büros und Servicefunktionen sind getrennt in zwei benachbarten, aber deutlich unterschiedenen Türmen untergebracht. Der Glasturm beherbergt in 19 je 900 m² großen Geschossen die Büros des Unternehmens. Der glatte Turm enthält Aufzüge, Treppen, Sanitärräume und die Klimaanlage. Da die Bürogeschosse deshalb von konstruktiven Zwängen befreit sind, lassen sich die Innenräume flexibel gestalten.

Mit dem Inland Steel Building setzten Skimore, Owings & Merrill den erstaunlichen Erfolg ihres Entwurfs für das Lever House von 1952 fort. Im Laufe dieser Jahre gewann die Firma (die in den dreißiger Jahren gegründet worden war) internationales Ansehen durch ihren von Mies inspirierten Stahl- und Glasstil, der zum Kennzeichen für Firmenmacht und Prestige wurde.

Die Lobby des Inland Steel Building ist während der Geschäftszeiten zugänglich. Das Gebäude ist Teil der Fußgängertouren der Chicago Architecture Foundation und ihrer »Architectural Highlights by Bus«.

Information: CAF, Tel. (312) 922-TOUR.

Seagram Building,
1958
375 Park Avenue
New York
*Ludwig Mies van der Rohe
und Philip Johnson*

Das Seagram Building ist ein anerkanntes Meisterwerk, und wie bei den meisten solcher Bauten sind mit ihm etliche »Premieren« verbunden. Es war Mies' erstes Gebäude in New York, der erste bronzefarbene Wolkenkratzer und das erste Hochhaus mit deckenhohen Glaswänden. Obwohl es an der Park Avenue nicht das erste Bauwerk im Internationalen Stil war (diese Auszeichnung gebührt dem Lever House gegenüber), ist es sicherlich einer der elegantesten Wolkenkratzer, die je gebaut wurden.

Der Flirt Amerikas mit dem Internationalen Stil ist nun vorbei, doch die präzise Konstruktion und Gestaltung des Seagram Building machen verständlich, warum dieser Stil so faszinierend war. Die Stärke des Entwurfs liegt in seiner Einfachheit. Der 38geschossige Turm aus bronzefarbenem Glas mit den handpolierten Bronzeprofilen und -platten erhebt sich über einem erhöhten Granitpodium, das von zwei Wasserbecken mit Fontänen flankiert ist. Die Vertikalität des Gebäudes wird betont durch die fortlaufenden Linien der Bronzeprofile, die vor das Glas gesetzt wurden. Wegen ihres delikaten Spiels von Licht und Schatten hat man diese Profile mit den ionischen Säulen der klassischen Architektur verglichen.

An Kosten wurde beim Bau des Seagram Building nicht gespart. Nicht nur außen, sondern auch in den Innenräumen, die Philip Johnson entwarf (darunter das berühmte Restaurant »Four Seasons«), wurden exquisite Materialien verwendet. Der Luxus dieser »Weniger ist mehr«-Architektur veranlaßte Henry-Russell Hitchcock zu der Bemerkung, er habe »nie mehr Weniger« gesehen.

Mies entwarf das Seagram Building als freistehendes, isoliertes Monument. Leider überschattete die Vielzahl schlechter Nachahmungen den Erfolg dieser Ikone der Moderne. In den achtziger Jahren wurde das Gebäude selbst durch den Bau eines neuen Büroturms an der Ostseite stark beeinträchtigt. 1984 erhielt das Seagram Building eine Auszeichnung des American Institute of Architects.

Besichtigungen finden (außer an Feiertagen) jeden Dienstag um 15.00 Uhr statt. Information: Tel. (212) 572-7404.

Union Tank Car Dome, 1958
Brooklawn Road
Baton Rouge, Louisiana
R. Buckminster Fuller

Buckminster Fuller tat das, wovon viele Architekten träumen: Er führte experimentelle Technologie in seine Bauten ein. Seine Erfindung, die geodätische Kuppel, ist eine geniale Lösung für das Problem, ein maximales Volumen mit einem minimalen Aufwand an Material und Kosten zu umschließen.

Die größte je gebaute geodätische Kuppel ist der Union Tank Car Dome, ein Ausbesserungswerk für Kesselwagen der Eisenbahn. Ihr Volumen ist 23mal so groß wie das der Kuppel des Petersdoms in Rom. Sie ist auf ihrem höchsten Punkt 36 m hoch und hat einen Durchmesser von 117 m.

Das igluartige Gebäude besteht aus 320 übereinandergreifenden hexagonalen Stahlplatten, die außen durch blaugestrichene Stahlstangen versteift sind. Auf drei Schienensträngen gelangen die Eisenbahnwagen zu einer Drehscheibe, die sie zu einer der vierzehn Reparaturstellen transportiert. Neben der Hauptkuppel liegt die Malerwerkstatt, ein halbrunder, 60 m langer und 12 m breiter Anbau. Im Inneren der Kuppel ist eine zweite Kuppel mit einem offenen geodätischen Rahmen, die Lager, Büros und ein Restaurant enthält.

Die Konstruktion hat erstaunliche bauökonomische Vorteile: Für jeden Kubikfuß umschlossenen Raums werden nur zwei Unzen Stahl verwendet.

Buckminster Fuller bewies, daß wir mehr mit weniger bauen könnten. Doch obwohl seine unkonventionellen Proklamationen die Medien begeisterten, konnte seine geodätische Kuppel sich als Bautyp nicht durchsetzen. Immerhin erhielt er für seine technischen Neuerungen 1970 die Goldmedaille des American Institute of Architects.

Der Union Tank Car Dome wurde jahrelang nicht genutzt. 1990 erwarb ihn die Kansas City Southern Railway Company, um ihn wieder in Betrieb zu nehmen. Doch bis 1997 lag das Gelände verlassen da, bis auf einen aufmerksamen Wachmann, der einen Besuch nicht unbedingt erlaubt.

Information: Kansas City Southern, Büro des Rangiermeisters, Tel. (504) 379-4241.

1635 Woods Drive
Los Angeles, Kalifornien
Pierre Koenig

Hier fängt eine Architektur-
fotografie nicht nur den
Geist eines Gebäudes ein,
sondern auch den Geist
einer Generation. Die
berühmte Nachtaufnahme
des Fotografen Julius Shulman hält die Uhr an, um
uns den schönen Traum
vom modernen Wohnen
in den späten fünfziger
Jahren vor Augen zu
führen.

Pierre Koenigs mini-
malistisches Meisterwerk
zählt zu den progressiv-
sten Case Study Houses,
einem von der Zeitschrift
Arts and Architecture
geförderten Programm
für erschwingliche Wohn-
häuser in den neuesten
Materialien und Techniken
und mit modernster Aus-
stattung.

Das eingeschossige
Haus ist eine Studie in
horizontalen Ebenen.

Zur Straße hin ist es ge-
schlossen, doch auf der Rückseite hat
es deckenhohe Glaswände, die einen
atemberaubenden Blick auf die Stadt
bieten.

Die zwei Flügel des L-förmigen Grundrisses flankieren Terrasse und Schwimmbecken. Im öffentlichen Flügel sind Wohnraum, Eßzimmer und Küche untergebracht, im privaten Flügel Schlafzimmer,
Kinderzimmer und Bad.

Ein zentraler Kern mit Badezimmer,
Ankleide und Nebenräumen verbindet
die beiden Flügel. Das Schwimmbecken
reicht an zwei Stellen bis an den Rand des

Hauses, so daß Brücken vom Carport zum
Eingang führen.

Mit diesem Haus realisierte Koenig sein
Ideal des Glaspavillons. Er blieb den Zielen
des Case-Study-Programms treu: ein einfacher, aber raffinierter modularer Entwurf
mit Standardmaterialien und einem offenen Grundriß mit einem Minimum an
Verkehrsfläche. Vor allem aber bezog er
die Natur ein – helles Sonnenlicht für das
Innere und ruhige Wasserflächen für die
Terrasse.

Case Study House Nr. 22 ist in Privatbesitz.

Solomon R. Guggenheim Museum,
1959
1071 Fifth Avenue, 88th Street
New York
Frank Lloyd Wright
Gwathmey Siegel (Anbau 1992)

Für den Mann, der sein Leben lang die Architektur aus der Kiste befreien wollte, war das Guggenheim Museum der größte Sieg. In seinem letzten großen Werk schuf Wright eine riesige Spirale, die in immer weiteren Kreisen emporsteigt und in einer Glaskuppel von 30 m Durchmesser kulminiert. Dieses »Korkenzieher«-Gebäude ist in der Mitte hohl. Die Spirale wird im Inneren zu einer durchgehenden Ausstellungsrampe, die ein lichterfülltes Atrium umgibt.

Die glatten beigefarbenen Betonwände sind nach außen abgeschrägt. An den Innenwänden sollten sich die Bilder nach Wrights Vorstellung wie auf der Staffelei des Künstlers leicht zurückkneigen – eine romantische Idee, die nahezu jeden Museumsdirektor zur Verzweiflung brachte. Die Besucher sollten mit dem Aufzug in das oberste Geschoß fahren und dann der Spirale nach unten folgen. Wright sah Ausstellung und Architektur als Einheit. Wenn die Kunstwerke sich dazu eignen, stellt sich diese Einheit tatsächlich ein.

Das Guggenheim Museum ist häufig kritisiert worden. Der Standardwitz war: »Sie haben jetzt das Museum, nun müssen sie noch ein Gebäude errichten, um die Bilder zu zeigen.« Diesen Wunsch erfüllte 1992 die Erweiterung von Gwathmey Siegel & Associates aus New York. Ein zehngeschossiger Turm aus Kalkstein erhebt sich hinter dem Museum. Die grauen Steinblöcke der Fassadenverkleidung sind in einem zurückhaltenden »Schottenmuster« angeordnet. Vier neue Galeriegeschosse,

drei davon mit doppelter Geschoßhöhe, verdreifachen die Ausstellungsfläche des Museums – und bieten gerade Wände. Wrights kleine Rotunde ist nun für das Publikum zugänglich. Eine neue Dachterrasse öffnet sich auf die Bäume des Central Park gegenüber.

Wright erlebte die Fertigstellung seines letzten Meisterwerks, das er Mitte der vierziger Jahre entworfen hatte, nicht mehr. Doch er triumphierte letztlich. Die Empörung über die »Denkmalschändung«, die die Pläne für den Anbau auslösten, war weitaus größer als die anfängliche Aufregung über die fliegende Untertasse, die nach Meinung der New Yorker in ihrer Mitte gelandet war. Nach all diesen Jahren wird Wrights einziges New Yorker Gebäude stolz als das beste Kunstwerk des Museums selbst gepriesen.

Das Guggenheim ist täglich von 10.00 bis 20.00 Uhr geöffnet, außer donnerstags und an Feiertagen (Neujahr, Thanksgiving und Weihnachten).

Information: Tel. (212) 423-3500.

Pepsi-Cola World Headquarters, 1959
(Walt Disney Corporation)
500 Park Avenue
New York
Skidmore, Owings & Merrill

Dieses kleine Juwel unter den Bürobauten ist ein Klassiker im SOM-Stil der fünfziger Jahre. Das elfgeschossige Gebäude erhebt sich auf einem schmalen Eckgrundstück, ein schimmerndes Rechteck aus Glas und Aluminium über einem eingeschossigen Glassockel. Größe und Maßstab stehen im Gegensatz zu den gigantischen Bürotürmen des Internationalen Stils, so daß die Feinheiten des Bauwerks deutlicher hervortreten.

Die Außenwände der Bürogeschosse bestehen aus 2,70 m hohen und 3,90 m breiten Glasflächen. Breite, glatte Brüstungsplatten aus Aluminium unterteilen das Gebäude in der Horizontalen, während schlanke Aluminiumsprossen vor dem Glas für vertikale Akzente sorgen. Die Transparenz des Bürobaus wird betont durch die Plazierung der Stahlstützen, die direkt hinter den Curtain Walls stehen, so daß sie von der Straße deutlich sichtbar sind. Vertikale Lamellen an allen Fenstern gewähren Sonnenschutz und Abschirmung und tragen zum einheitlichen Erscheinungsbild des Gebäudes bei. Die Servicefunktionen sind in einem schmalen schwarzen Turm aus Granit untergebracht, der optisch völlig in den Hintergrund tritt.

Für Skidmore, Owings & Merrill markierte die Hauptverwaltung von Pepsi-Cola das Ende einer architektonischen Ära – die perfekte architektonische Lösung für einen Verwaltungsbau im Internationalen Stil. In den späten fünfziger Jahren war das Büro bereits auf neuen Wegen. Auch das Pepsi-Cola-Gebäude veränderte sich. 1984 wurde es nach einem Entwurf von James Stewart Polshek and Partners stark erweitert: Nun erhebt sich daneben ein 40geschossiger Turm aus Granit, und ein 25geschossiger Bau aus Glas und Aluminium kragt darüber aus. Die Erweiterung, die Büros und Wohnungen enthält, respektierte die Qualität und den Stil des Originalgebäudes.

Das Pepsi-Cola Building ist heute Hauptverwaltung der Walt Disney Corporation. Es ist während der normalen Geschäftszeiten geöffnet.

Malin House (»Chemosphere«),
1960
776 Torreyson Drive
Los Angeles, Kalifornien
John Lautner

Neue architektonische Ideen – und neue Bautechniken – zeigen sich häufig zuerst in kleinen Häusern, deren begrenztes Budget innovative Lösungen erfordert. Als das Haus Malin Ende der fünfziger Jahre entworfen wurde, war »die Zukunft« eine Quelle der Inspiration, vor allem Themen der Raumfahrt regten die Phantasie an. So sehen viele im Haus Malin (mit dem Spitznamen »Chemosphere«) ein schwebendes Raumschiff. Doch John Lautner entwarf es als organische Antwort auf ein unbebaubares Gelände, das auf konventionelle Weise nicht einmal zu betreten ist. Deshalb ist das Haus auf einem kräftigen Sockel mit Stahlstreben montiert. Die »Anfahrt« erfolgt über eine private Seilbahn, die den Berg hinauf- und hinabfährt, und der Carport liegt am unteren Ende des Sockels.

»Ich erkannte«, sagte der aus Michigan stammende Architekt John Lautner, »daß ich das ganze natürliche Terrain unter dem Haus unberührt lassen und einfach dieses Haus auf einer Stütze in die Luft erheben konnte. Der Flugzeugingenieur fand die Idee gut, und so realisierte ich sie.«

Lautner war 1939 nach Los Angeles gezogen, um mit Frank Lloyd Wright zu arbeiten, und praktizierte dort bis zu seinem Tod 1994. Er war bekannt für seine phantasievollen Wohnhausentwürfe. Dieses 198 m^2 große Haus hat die ungewöhnliche Form eines Oktogons mit einem Unterbau aus Redwood.

Im Inneren teilte Lautner das Haus in zwei Hälften, mit tortenstückartigen Schlafzimmern und Bädern in der einen Hälfte und einem großen offenen Wohnbereich in der anderen. Die Wohnzone ist von Glasschiebefenstern umgeben, die einen Rundumblick auf das San Fernando Valley ermöglichen. Das Dach ist eine unabhängige Konstruktion, die eine flexible Innenorganisation ermöglicht. Dennoch wurde die ursprüngliche Einrichtung mit zwei Schlafzimmern und zwei Bädern beibehalten.

Das Haus Malin ist in Privatbesitz.

Guild House,

1961
711 Spring Garden Street
Philadelphia, Pennsylvania
Venturi & Rauch

Das Guild House, ein Quaker-Altenheim in Philadelphia, erregte in der Architekturszene großes Aufsehen. Das dunkle, sechsgeschossige Gebäude, das sich in einer Vorstadtstraße hinter einem Maschendrahtzaun erhob, hatte eine Ladenfassade, eine reklameartige Inschrift und auf dem Dach eine übergroße Antenne aus eloxiertem Aluminium. Das Gebäude wirkte »gewöhnlich und häßlich«, und genau das war der Punkt.

Guild House war das erste prä-postmoderne Bauwerk – der Verzicht auf nahezu alles, was die Moderne mehr als vierzig Jahre lang vertreten hatte. Wie Venturi in seinen beiden revolutionären Büchern Complexity and Contradictions in Architecture (1966) und Learning from Las Vegas (1972) verkündete, ist Architektur eine Sprache, die etwas Wichtiges mitzuteilen hat. Diese Sprache ist kompliziert und voller Widersprüche, die nicht ignoriert werden können.

Wenn also das Guild House zu uns spricht, was sagt es aus? Vor allem zeigt es Verwandtschaft zu den benachbarten innerstädtischen Strukturen. Die Größe des Gebäudes, seine Rücksprünge und die wenig eleganten Fenster in unterschied-

lichen Formaten erinnern an Mietshäuser des öffentlichen Wohnungsbaus. Die Fernsehantenne war als ironischer Kommentar zur beliebtesten Freizeittätigkeit der Bewohner gedacht.

Zudem besitzt das Guild House eine klassische Ordnung. Die Hauptfassade ist durch eine polierte Marmorsäule in der Mitte des Eingangs verankert und endet im obersten Geschoß in einem Lünettenfenster. Es finden sich Anspielungen auf Le Corbusiers Villa Stein in Garches und Bruno Tauts Hufeisensiedlung in Berlin, beide aus den zwanziger Jahren, auf Palladio, Kahn und Frank Furness, den von Venturi bewunderten Architekten aus dem 19. Jahrhundert, der ebenfalls in Philadelphia praktizierte.

Seit dem Bau des Guild House hat sich Robert Venturi von einem Pop-Bilderstürmer zu einem »Elder Statesman« entwickelt. Sein Büro Venturi, Rauch & Scott Brown erhielt 1985 eine Auszeichnung vom American Institute of Architects. 1991 wurde Venturi der hochangesehene Pritzker-Preis für Architektur verliehen.

Das Guild House dient nach wie vor als Altersheim, doch die Fernsehantenne wurde entfernt.

Information: (215) 923-1539.

Dulles International Airport,
1962
Washington, D.C.
Eero Saarinen

Als Tor zur Hauptstadt Amerikas – und als erster Großflughafen des Jet-Zeitalters – stellte Dulles ein wichtiges nationales Monument dar. Saarinen sorgte für die entsprechende Form. Der Flughafen wird durch zwei Reihen nach oben verjüngter Stützen definiert, die sich in streng kontrollierter Spannung nach außen neigen und dem Dach eine elegante Kurve verleihen. Die Stützen durchstoßen das Dach und bilden darüber einen Bogen. Saarinen verglich seinen Entwurf mit »einer großen, durchgehenden Hängematte zwischen Betonbäumen«.

Zur Betonung des Eingangs ist die Frontfassade 19,50 m hoch, die rückwärtige Fassade dagegen nur 12 m. Der Stützenabstand beträgt auf beiden Seiten 12 m.

Beim Entwurf des Dulles Airport nutzte Saarinen die technischen Möglichkeiten gegossener Betonformen, denen er beim Kresge Auditorium und dem TWA Terminal in New York zum Durchbruch verholfen hatte.

In Dulles verwendete er für das Dach tragende Stahltrossen, zwischen die Betonplatten eingehängt sind. »Die Betonpfeiler sind nach außen geneigt, um dem Zug der Kabel entgegenzuwirken«, sagte er. »Doch wir übertrieben und dramatisierten diese Neigung ..., um der Kolonnade ein dynamisches, wie auch würdevolles Aussehen zu verleihen ... Ich glaube, dieser Flughafen ist das beste, was ich gebaut habe.«

Tatsächlich war Dulles das Meisterwerk seiner Laufbahn, die mit seinem Tod 1961, noch vor der Vollendung des Flughafens, allzufrüh endete.

Führungen finden montags, mittwochs, donnerstags und freitags um 10.00 Uhr statt.

Information und Anmeldung für Gruppen: Airport Manager's Office, Tel. (703) 661-2714.

Space Needle, 1962
219 Fourth Avenue North
Seattle, Washington
John Graham Associates

Die »Raumnadel«, das Wahrzeichen der Weltausstellung in Seattle von 1962, verkörpert das Thema »Mensch im Raum«, dem diese futuristische Schau gewidmet war. Die Space Needle wurde von einer kleinen Gruppe privater Investoren geplant, gebaut und finanziert und sollte dem Stuttgarter Fernsehturm ebenso Konkurrenz machen wie dem Pariser Eiffelturm. Heute symbolisiert sie Seattles Aufstieg zu einer bedeutenden Metropole.

Der Architekt John Graham aus Seattle und sein Team standen vor einer schwierigen Entwurfsaufgabe. Es gab kein Vorbild für eine »Raumnadel«, sie konnte jede beliebige Form annehmen. Graham bat seine Mitarbeiter um Vorschläge. Die Ideen reichten von Speeren mit Heiligenschein bis zu Heißluftballons mit einem komplizierten System von Haltetauen.

Der endgültige Entwurf ist ein eleganter Dreifuß aus Stahl, der sich 182 m hoch erhebt und von einem an eine fliegende Untertasse erinnernden Oberbau bekrönt ist. Dieser Oberbau besteht aus fünf übereinandergelagerten Ebenen (von unten nach oben): einem drehbaren Restaurant, einem Zwischengeschoß, der Aussichtsplattform, den technischen Einrichtungen und dem Penthouse mit Aufzügen. Der Unterbau, der diese phantastische Konstruktion stützt, wiegt soviel wie der Turm selbst.

Die Bewohner von Seattle machen sich einen Spaß

daraus, die Space Needle zu »verkleiden«. Sie war schon ein Weihnachtsbaum, ein UFO für die UFO-Ausstellung, im Monat der Meerestiere mit einem Krebs dekoriert und an ihrem eigenen 10. Geburtstag eine Geburtstagstorte.

Die Space Needle ist täglich von 8.00 bis 1.00 Uhr geöffnet. Drei Aufzüge bringen die Besucher in etwa 43 Sekunden zur Aussichtsplattform, die einen spektakulären Blick auf die Stadt, auf Elliott Bay und Puget Sound bietet. Das Restaurant ist für das Publikum geöffnet.

Information: Tel. (206) 443-2111.

TWA Terminal, 1962
John F. Kennedy International Airport
New York
Eero Saarinen

Der TWA Terminal wirkt wie eine Skulptur in gigantischem Maßstab, ähnlich einem Adler, der gerade gelandet ist. Dieses in Beton eingefangene Bild macht den Flughafen zu einem der eindrucksvollsten der Welt.

Das Gebäude besteht aus vier riesigen Tonnenschalen über gekurvten, nach außen geneigten Glaswänden. Die gewölbten Dachschalen, die durch Oberlichter getrennt sind, werden von vier Y-förmigen Stützen getragen. Das Gebäude ist 15 m hoch und 95 m lang und wirkt im Inneren außerordentlich hell und luftig.

Auch der Innenraum vermittelt dem Besucher das Gefühl, eine begehbare Skulptur zu betreten. Decke, Treppen, Rampen und Schaltertische sind gekurvt und plastisch geformt. Der Eindruck der Bewegung, den man mit dem Außenbau verbindet, überträgt sich ins Innere, denn man geht durch eine Folge von Räumen, die wechselweise geschlossen und offen sind.

Eero Saarinen hielt es für einen Zufall, daß manche in dem Gebäude einen Vogel im Flug sahen. »Das war das letzte, woran wir je gedacht haben«, behauptete er. Statt dessen war es sein Ziel, »ein Bauwerk zu entwerfen, bei dem die Architektur selbst die Dramatik und Besonderheit und Erregung des Reisens ausdrückt ... ein Ort der Bewegung und des Übergangs ... Die Formen wurden bewußt gewählt, um die aufwärtsstrebende Linie zu betonen.«

1994 wurde der Terminal von der Stadt New York unter Denkmalschutz gestellt. Es gibt keine Führungen, doch der Flughafen ist rund um die Uhr geöffnet. Aus den Flughafenbussen zwischen den Terminals kann man einen Blick auf das Äußere werfen.

United States Air Force Academy Chapel, 1962

Colorado Springs, Colorado

Skidmore, Owings & Merrill

Die Kapelle der United States Air Force Academy hat eine starke spirituelle und physische Präsenz. Ihre strahlende gezackte Silhouette beherrscht die flachen, rechtwinkligen Gebäude des Campus und behauptet sich gegen die Bergspitzen der Rocky Mountains im Hintergrund.

Als religiöses Symbol ist die Kapelle besonders bemerkenswert, weil hier drei Glaubensbekenntnissen – Protestanten, Juden und Katholiken – getrennte Bereiche zugewiesen sind, die jeweils den speziellen Anforderungen der Glaubensrichtungen entsprechen. Gemeinsamkeit wurde dadurch erreicht, daß sich zwei alte religiöse Symbole, die Turmspitze der Kathedrale und das bunte Glasfenster, zu einer neuen Synthese vereinen. Die Quellen sind leicht zu erkennen, doch in ihrer Kombination wirken sie merkwürdig bewegend.

Vom Eingang her sieht das Origami-artige Gebäude aus wie im Gebet erhobene Hände. An den Seiten wandelt sich das Bild zu einer Reihe von 17 spitzen Aluminiumtürmen, die dicht geschlossen marschieren – ein Bataillon in Marschformation.

Die Türme bestehen aus 100 Tetraedern, die jeweils 22,50 m lang sind. Die Zwischenräume sind mit Glasstreifen in 24 Farben (ohne Grün) ausgefüllt, die von hell bis dunkel schattiert sind. Sie sorgen am Tag für ein lebhaftes Farbenspiel und nachts für ein intensives Glühen. Die Glasfenster beschreiben die Bekehrung des Paulus auf dem Weg nach Damaskus.

Die U.S. Air Force Academy liegt im nördlichen Außenbezirk von Colorado Springs, etwa 95 km südlich von Denver.

Die Kapelle ist – außer an Feiertagen und bei Sondergottesdiensten – montags bis samstags von 9.00 bis 17.00 Uhr und sonntags von 13.00 bis 17.00 Uhr geöffnet. Geführte Besichtigungen finden nicht statt, doch im Sommer veranstaltet das Visitors' Center Führungen durch den Campus.

Information: Tel. (719) 472-2555.

Assembly Hall, 1963
University of Illinois
First Street, zwischen Kirby
und St. Mary's Road
Champaign-Urbana, Illinois
Harrison & Abramovitz

Das überkuppelte Stadion ist in Amerika zu einem Bestandteil der Großstadt geworden. Houston hat seinen Astrodome, New Orleans seinen Superdome, Cincinnati hat eine Kuppel, Pontiac und viele andere Städte auch. Vorgänger dieser allgegenwärtigen pilzförmigen Konstruktionen ist der Versammlungssaal der University of Illinois.

Dieser frühe Kuppelsaal mit seinem gerippten Dach wurde in den späten fünfziger Jahren entworfen. Er wurde mit einer Nachspanntechnik für Beton ausgeführt, die in jenen Jahren des Kalten Krieges für den Bau von Raketensilos entwickelt worden war.

Das Kuppeldach wiegt fast 5000 t und ist eine freitragende Konstruktion ohne Innenstützen, die dem Besucher die Sicht versperren würden. Die Last des Daches wird von einem massiven Druckring aufgenommen, der die Kuppel umgürtet. Dieser Ring um den Rand der »Auster« wird seinerseits von 982 km vorgespanntem Stahldraht gehalten.

Die Architektur des Gebäudes ist bewundernswert, doch ihre Entstehung war ein heroischer Prozeß der Erfindung und der Improvisation mit neuen Werkzeugen und Techniken. Ein großes Problem war die Planung der Bauphasen. So führte der Bau-unternehmer die letzten Ausschachtungsarbeiten für das Gebäude, das tief in die Erde reicht, erst kurz vor der Vollendung der Kuppel aus. Deshalb konnte er kürzere, robustere Innenstützen verwenden, während das Dach gebaut wurde.

Dieser ungewöhnliche Bauvorgang wurde sorgfältig von einem Fakultätsangehörigen dokumentiert, der täglich von derselben Stelle aus Fotos anfertigte. Diese Aufnahmen wurden nach seiner Pensionierung entdeckt und zu einer faszinierenden Diaschau aufbereitet. In nur 45 Sekunden kann man sehen, wie die Kuppel aus der Ebene herauswächst.

In den letzten Jahrzehnten hat das Konzept des Kuppelsaals allzuviel Erfolg gehabt. So verkündete das neue Orioles Stadium in Baltimore zu Beginn der neunziger Jahre stolz, es sei kein überkuppeltes Stadion. Doch der Versammlungssaal der University of Illinois erinnert daran, daß ein Kuppelraum damals eine absolute Neuheit und eine schwierige Konstruktion darstellte.

Information: Tel. (217) 333-2923.
Auskünfte über Veranstaltungen in der Versammlungshalle: Tel. (217) 333-5000.

Beinecke Rare Book and
Manuscript Library, 1963

Yale University
New Haven, Connecticut
Skidmore, Owings & Merrill

Da die Bibliothek seltene Bücher und Manuskripte aufnimmt, erscheint es logisch, daß das Gebäude äußerst protektiv wirkt - nach innen orientiert und fast völlig von der Außenwelt abgeschlossen. Die monumentale weiße Marmorfassade bildet die erste Verteidigungslinie. Die bibliophilen Bücher im Inneren sind in klimatisierten Glasvitrinen im Zentrum der Bibliotheksgeschosse untergebracht. Eine Ausstellungsgalerie umgibt das Regalsystem. Im Untergeschoß liegen Leseräume und Büros sowie ein Lichthof mit einer Skulptur von Isamu Noguchi.

Der helle Baukörper der Bibliothek ist durch Betonpfeiler über den Pavillon gehoben, die auch den Eingang im Erdgeschoß rahmen. In den Stahlraster sind dünn geschliffene Onyxscheiben eingesetzt, die dem Gebäude Transparenz verleihen. Tagsüber verändern Licht und Schatten die Flächen, nachts sendet das Licht im Inneren einen warmen Glanz aus.

Die Bibliothek markiert einen Wendepunkt im Stil des Architekturbüros Skidmore, Owings & Merrill und ihres Entwerfers Gordon Bunshaft. Die Architekten wendeten sich von den transparenten Bürohochhäusern aus Glas ab, die sie in den fünfziger Jahren berühmt gemacht hatten, und entwickelten eine neue, vielfältigere Formensprache.

Information: Tel. (203) 432-3771.

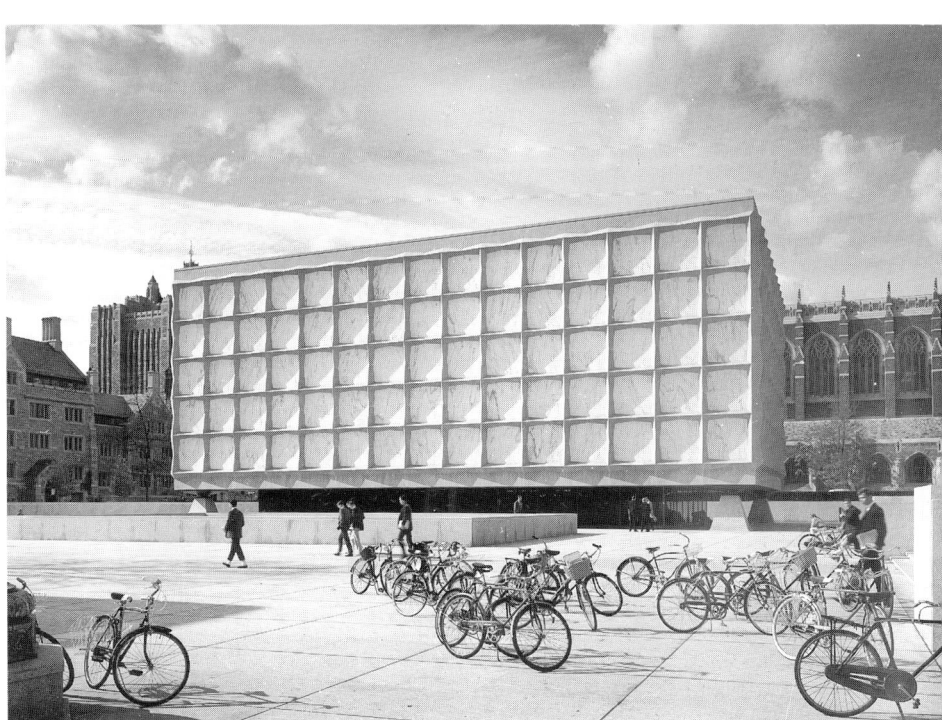

Carpenter Center for The Visual Arts, 1963
Harvard University
24 Quincy Street, Prescott Street
Cambridge, Massachusetts
Le Corbusier (Charles-Edouard Jeanneret)

Der legendäre schweizerisch-französische Architekt, der sich selbst Le Corbusier nannte (nach Vorfahren seiner Mutter), entwarf in Amerika nur dieses einzige Gebäude. Der große Meister der Moderne war damals schon 76 Jahre alt, und so wurde das Carpenter Center zu einer Art Resümee seiner langen Laufbahn: Flachdach und Wände der Frühzeit, brise-soleil-Sonnenschutz der mittleren Jahre und Sichtbeton der späten Phase. Gekurvte Rampen wie die des Carpenter Center waren ein ständig wiederkehrendes Thema bei einem Architekten, dem die Bewegung der Menschen in und um seine Bauten sehr wichtig war.

Das Center enthält Unterrichtsräume und Ateliers für Studenten der Architektur,

der Malerei und der Skulptur – drei Disziplinen, mit denen Le Corbusier vertraut war. Wegen seiner sich überschneidenden Formen wurde das Gebäude mit einem kubistischen Bild verglichen: ein rechteckiger Zentralbau, ein rechtwinkliger Turm und Rampen in Form eines Gitarrenschlagrings. In der Mitte des Carpenter Center liegt ein großer offener Raum mit einem schräggestellten Oberlicht. Die Ateliers sind an der Außenseite angeordnet, wo Fenster in verschiedenen Größen Licht einlassen und einen Ausblick ermöglichen.

Le Corbusier – mit Frank Lloyd Wright und Mies van der Rohe einer der drei Giganten in der Baukunst des 20. Jahrhunderts – revolutionierte die Architektur immer wieder. In den zwanziger und dreißiger Jahren forderte er Klarheit und Reinheit: scheinbar gewichtslose weiße Putzbauten auf Pilotis mit glatten Wänden, Dachterrassen und Fensterbändern und ohne jeden Dekor. In den fünfziger Jahren verwendete er rauhen Beton in freien Formen, die uralt und ursprünglich wirkten. Bei seinen letzten Bauten, die wie das

Carpenter Center in den sechziger Jahren entstanden, benutzte er Beton auf raffiniertere, aber nach wie vor kraftvolle Weise.

Das Carpenter Center for the Visual Arts ist montags bis freitags von 9.00 bis 23.00 Uhr, samstags von 9.00 bis 18.00 Uhr und sonntags von 12.00 bis 22.00 Uhr geöffnet (außer an Feiertagen). Im Herbst und Frühjahr werden Ausstellungen gezeigt. Information: Tel. (617) 495-8037.

Yale School of Art and Architecture, 1963
Yale University
Chapel, York Street
New Haven, Connecticut
Paul Rudolph

steht. Es gibt sieben Hauptniveaus mit Ausstellungsräumen, Klassenzimmern und Ateliers sowie eine Reihe von Zwischengeschossen. Die Niveaus sind kompliziert miteinander verbunden und häufig verwirrend: Manchmal muß man nach oben

Das Gebäude der Kunst- und Architekturfakultät an der Yale University provozierte in den sechziger Jahren so viel Lob, aber auch Empörung, daß man glauben konnte, die Kritiker sprächen von verschiedenen Gebäuden. Die Befürworter priesen es, weil es mit seinen massiven Betonstützen und den sich überschneidenden Flächen eine brillante neue Formensprache einführte – ein Gebäude, das so rauh und unkonventionell wirkte wie keines sonst in Amerika. Die Studenten, die es nutzten, empfanden es als so imposant und abweisend, daß sie es niederzubrennen versuchten. Heute ist es ein etabliertes Monument.

»Ich möchte ein Gebäude, das die Menschen bewegt«, sagte Paul Rudolph, Dekan der School of Art and Architecture und zugleich der Architekt des Bauwerks. Rudolph hatte bei Gropius in Harvard studiert und praktiziert heute in New York. 1958 entwarf er die Schule als komplexes asymmetrisches System mit kräftigen vertikalen Türmen, die in der Höhe variieren und gegen dünne horizontale Bodenplatten, Balkongitter und Glaswände gesetzt sind.

Eine breite Betontreppe führt vom Eingang in die zweite Ebene des Inneren, das ebenfalls aus schalungsrauhem Beton besteht.

und wieder hinunter gehen, um ein tieferes Geschoß zu erreichen. Paul Rudolph benutzte das Bild der Windmühle, um die innere Dynamik horizontal ausschwingender Flügel gegen die vertikale Aufwärtsbewegung der Pfeiler zu beschreiben. Die Lichtqualität spielte offensichtlich eine wichtige Rolle, sowohl im Inneren wie beim Spiel von Licht und Schatten auf den äußeren Stützen.

Anfang der neunziger Jahre hatte der Armierungsstahl zu rosten begonnen, und das Gebäude sah beklagenswert aus. Das New Yorker Architekturbüro Beyer Blinder Belle unternahm eine dreijährige Renovierung, bei der auch die Lüftung verbessert und alle Fenster ausgewechselt wurden.

Information: Tel. (203) 432-3771.

Huntington Hartford Museum,
1964
(New York City Visitors Center)
2 Columbus Circle
New York
Edward Durell Stone

Als Edward Durell Stone das Huntington Hartford Museum entwarf, wollte er nicht nur der Kunst ein Heim geben, sondern auch die Besucher ermutigen, originale Kunstwerke in ihr eigenes Heim zu bringen. Die Ausstellungsräume waren wie Podeste an einer großen Treppe angeordnet und mit reichen Materialien ausgestattet.

Heute beherbergt das Gebäude das New York City Department of Cultural Affairs und das New York Convention and Visitors Bureau. Die Innenorganisation wurde völlig umgestellt, doch das Äußere blieb praktisch unverändert: ein ungewöhnlich dekorierter weißer Marmorturm auf engem Grundstück mit konkav gekurvten Außenwänden an den beiden Breitseiten, Stützen mit Kreisformen an der Basis und hohen Bogenfenstern in den oberen Geschossen.

Besonders bemerkenswert ist freilich das Gitterwerk, das die Ecken rahmt und im oberen Bereich breite Bänder bildet – ein Merkmal, das dem Gebäude die Signatur Edward Durell Stones verleiht. Sein Gitterdekor bei der Amerikanischen Botschaft in Neu-Delhi (1954) löste in den späten fünfziger und frühen sechziger Jahren eine regelrechte architektonische Mode aus.

Als Stone das Gebäude am Columbus Circle entwarf, war er bereits ein erfahrener und bekannter Museumsarchitekt. Zu seinen Werken zählt das Museum of Modern Art in New York, das erste öffentliche Gebäude im Internationalen Stil in Amerika (siehe S. 72).

Eine der interessantesten Ideen Stones für das Huntington Hartford Museum wurde nie realisiert. Während der Bauzeit wurde die Pennsylvania Station abgerissen, und Stone schlug vor, die Stützen dieses großartigen Beaux-Arts-Monuments zu retten und im Kreis um das Museum aufzustellen.

Das Büro des New York City Department of Cultural Affairs ist montags bis freitags von 9.00 bis 17.00 Uhr geöffnet. An Wochenenden und Feiertagen geschlossen.

Information: Tel. (212) 841-4100.
New York Convention and Visitors Bureau: Tel. (212) 484-1200.

Marina City, 1964
State Street am Chicago River
Chicago, Illinois
Bertrand Goldberg

Die Zwillingstürme von Marina City in Chicago versetzten den Amerikanern um die Mitte der sechziger Jahre einen doppelten Schock. Zum einen war der Anblick der hohen Zylinder mit ihren blütenblattartigen Balkons völlig neu für Betrachter, die mit rechteckigen Formen vertraut waren, zum anderen wirkte die gemischte Nutzung revolutionär: Die Türme sind Mittelpunkt einer aus fünf Bauten bestehenden Stadt innerhalb der Stadt, in der die Bewohner leben, arbeiten, parken, einkaufen, kegeln, eislaufen, ins Theater oder zum Bootfahren gehen – eine moderne urbane Vision des Lebens über einem Krämerladen.

Die 60geschossigen Rundtürme haben

je 450 Wohnungen in den oberen 40 Geschossen, die über den 20 Parkgeschossen liegen. Die Appartements sind radial um einen zentralen Kern von 10,50 m Durchmesser angeordnet. Da die Wohnräume sich nach außen zu einem offenen Horizont verbreitern, haben die Bewohner das Gefühl, in einem unbegrenzten Raum zu leben, der nur andeutungsweise durch die gekurvten Geländer der halbkreisförmig auskragenden Balkons definiert wird.

Goldbergs innovativer Entwurf ergab sich aus seinem Interesse am Betonschalenbau und seinem Wunsch, sich von rechtwinkligen Formen zu entfernen. Der röhrenförmige Kern enthält die Service- und Nebenräume. Er nimmt auch etwa 70 Prozent der Lasten auf, den Rest trägt ein Gerüst aus Stützen und Balken am Außenrand. Die »Maiskolben«-Türme teilen das 1,21 ha große Grundstück mit zwei Bürobauten und einem traditionellen Theater.

Goldberg, der aus Chicago stammt, sagte, ein starker Wind könne einem in traditionellen Türmen »das Martini-Glas aus der Hand blasen«. Für ihn waren die Rund-ormen keine modischen Erscheinungen, sondern eine Quelle größerer Kraft und Stabilität bei Hochhäusern – zur Zeit ihrer Erbauung die höchsten Betonbauten der Welt. Goldberg hatte in Harvard und am Bauhaus in Deutschland gelernt. Er ist sowohl Architekt als auch Ingenieur. Sein erfindungsreicher Betonschalenbau in Marina City leitete in Amerika eine neue Phase der modernen Architektur ein und bot eine neue Form städtischen Lebens.

Information: Marina City Offices, Tel. (312) 661-0046. Die Chicago Architecture Foundation zeigt Marina City auf ihrer Tour »Architecture Highlights by Bus«.
Tel. (312) 922-TOUR.

Vanna Venturi House, 1964
8330 Millman Street, Sunrise Lane
Chestnut Hill, Pennsylvania
Robert Venturi

Venturis Haus für seine Mutter zeigt, daß
das Wohnhaus ein unverwechselbarer Ort
ist: Es ist kein Bürohaus und keine Fabrik
und will auch gar nicht so aussehen. So
kehrte Venturi bei seinem ersten Haus –
und dem ersten postmodernen Haus überhaupt – Jahrzehnte einer modernistischen
Doktrin um, die auf der Idee des univer-
salen Raums basierte. Er wendete sich
wieder einer traditionellen Symbolik zu
und benutzte Formen und Bilder, die von
den Menschen erkannt wurden. Die »Häus-
lichkeit« wirkt freilich übertrieben und
spielerisch. Sie ist, wie Paul Goldberger es
ausdrückte, »ein Haus, wie ein Kind es
zeichnen würde«.

Venturi entwarf das Haus, als er Complexity and Contradiction in Architecture
(publiziert 1966) schrieb. Es illustriert viele
seiner antimodernen Prinzipien: Für ihn ist
Architektur eine Sprache, voll von Zeichen
und Symbolen. Da architektonische Reinheit in der realen Welt nicht zu erreichen
ist, sind Widersprüche und Komplexität
unvermeidlich und sogar willkommen.

Obwohl das Haus klein ist, sendet es
viele Botschaften aus. Die Frontfassade
wird zu einem übergroßen Giebel, der
zweigeteilt ist, um den Turm und Schornstein des oberen Niveaus zu zeigen. Die
hell gestrichenen Putzwände sind mit
Holzformen wie dem Bogen über dem
Eingang dekoriert. Die Fenster der symmetrischen Frontfassade sind asymmetrisch angeordnet. Die Außenwände unter
dem geneigten Dach sind so flächig und
glatt wie bei jedem Haus der Moderne.
Auf der Rückseite wurde im zweiten Geschoß ein Balkon eingeschnitten.

Venturi kritisiert besonders die Mißach-
tung des Eingangs bei den Modernisten.
Hier ist der Eingang durch ein großes Quadrat markiert, das die Front in der Mitte
öffnet. Im Inneren sind die Räume durch
diagonale Wände definiert, die ihre Dimensionen verzerren und den äußeren
Eindruck der Behaglichkeit aufheben.

Venturi führte seine neue Formensprache in einer Zeit ein, in der die Menschen
zu einem Wandel bereit waren und sich
wieder nach jenen menschlichen Werten
sehnten, die das moderne Bauen igno-
rierte. Seitdem haben er und seine Frau
Denise Scott Brown mit ihren Ideen und
Bauwerken einen starken Einfluß ausgeübt. 1985 erhielten sie eine Auszeichnung des American Institute of Architects,
und 1991 wurde Venturi der Pritzker-Preis
für sein Lebenswerk verliehen.

Das Haus ist in Privatbesitz.

Woodrow Wilson
School of Public and International
Affairs, 1964
Princeton University
Prospect Avenue, Washington Road
Princeton, New Jersey
Minoru Yamasaki & Associates

Die klassische Architektur verschwindet nie ganz, doch sie nimmt verschiedene Formen an, die mal einen Schock des Wiedererkennens und mal nur einen Schock auslösen. Die Woodrow Wilson School bietet beides. Der weiße, tempelartige Bau mit seinen Kolonnaden überrascht vor allem wegen des Kontrasts zu dem meist steingrauen neogotischen Campus Princetons. Doch Yamasakis neue Interpretation des klassischen Tempels – hohe, schlanke, sich verjüngende Säulen vor dunklen Glaswänden – scheint heute eher charakteristisch für die idealistischen sechziger Jahre als für die Werte des antiken Griechenlands.

Obwohl die Schule wie ein zweigeschossiges Gebäude aussieht, hat sie drei Geschosse über dem Bodenniveau und ein Geschoß darunter. Das Hauptgeschoß öffnet sich auf einer Seite zur Prospect Avenue und auf der anderen zu einem Wasserbecken. Die offene Lobby ist mit weißem Marmor verkleidet und mit opulenten Sitzmöbeln ausgestattet. Dieses Geschoß enthält auch die Bibliothek mit einem doppelten Zwischengeschoß, ein Auditorium und einen Speisesaal. Im Obergeschoß liegen die Fakultätsbüros und im unteren Niveau kleine Konferenzräume und Serviceräume.

Als Yamasaki, der aus dem Staat Washington stammte, die Schule entwarf, hatte er mit seinem stromlinienförmigen klassischen Stil bereits nationale Anerkennung erlangt. Den größten Ruhm erntete er in den siebziger Jahren mit dem World Trade Center in New York. Diesen beiden Megatürmen, je 110 Geschosse hoch, warf man damals vor, sie zerstörten den Maßstab von Lower Manhattan. Heute stehen Yamasakis klassische Bauten im Schatten eines größeren und höheren Nachbarn.

Information zur Schule: Tel. (609) 258-3000.

Danziger Studio, 1965
7001 Melrose Avenue, Sycamore Avenue
Hollywood, Kalifornien
Frank O. Gehry & Associates

Nicht weit von Rudolph Schindlers Haus von 1922 am Kings Way, einem der ersten modernen Wohnhäuser Amerikas, steht das Danziger Studio, ein frühes Haus Frank Gehrys. Schindlers Haus war überraschend im Vergleich zu der früheren Architektur, doch Gehrys Bau ist überraschend im Hinblick auf sein eigenes späteres Werk. Wir kennen inzwischen seine Architektur »am Rande der Absurdität«, die alles möglich macht, vom Maschendrahtzaun bis zum Asphaltboden in der Küche.

Das Danziger Studio könnte kaum einfacher sein, und das ist seine Stärke. Studio und Wohnhaus des Künstlers bilden miteinander verbundene Kuben – ein Turmpaar, das einen kleinen Hof bildet. Der Komplex mit den graugestrichenen Wänden wendet der Melrose wie der Sycamore Avenue geschlossene Fassaden zu, die aus dem Bürgersteig zu wachsen scheinen. Eine ein Geschoß hohe Mauer umschließt den Hof des Haupteingangs an der Melrose Avenue. Die Sycamore-Seite

zeigt die Garagentüren und hochgelegene Fenster.

Das Innere wird an der privaten Seite des Hauses durch große Fenster im Loftstil beleuchtet. Oberlichter lassen das Licht in die zweigeschossigen Räume ein.

Seit dem Bau des Danziger Studio wurde die Melrose Avenue eine belebte Straße, und die geschlossene Front bildet eine Insel der Ruhe. Ein paar Blöcke weiter an der Melrose Avenue 8365 zeigen die Gemini G.E.L. Studios von 1976 Gehry in seiner bewegteren Phase.

Das Danziger Studio ist in Privatbesitz.

Richards Medical Research Building, 1965

University of Pennsylvania
Hamilton Walk
Philadelphia, Pennsylvania
Louis I. Kahn

Der Entwurf dieses Forschungsinstituts wurde von den mittelalterlichen Türmen inspiriert, die Louis Kahn 1951 in der toskanischen Stadt San Gimignano gesehen hatte. Sein Talent, alte Strukturen für seine kraftvollen neuen Formen heranzuziehen, wurde bald legendär. Doch hier suchte Kahn nach einer neuen Ordnung.

Er fand sie in der rationalen Unterscheidung zwischen »dienenden« und »bedienten« Bereichen, also zwischen den Gebäudeteilen, die technische Funktionen erfüllen, wie Treppen oder Klimaanlage, und denen, die damit bedient werden. Diese Unterscheidung erklärt die Organisation und Form des Richards Medical Research Building. Drei achtgeschossige Türme mit Büros und Laboratorien – die bedienten Räume – sind um einen zehngeschossigen Turm mit Aufzügen, Toiletten und Räumen für Versuchstiere – die dienenden Elemente – gruppiert.

Von der Konstruktion her ist das Richards Building bahnbrechend, weil es zu den ersten Hochbauten aus präfabrizierten Betonelementen zählt. An einigen Stellen ist der Beton sichtbar belassen. Die Wände sind mit sandfarbenem Backstein verkleidet.

Louis Kahn lehrte von 1955 bis zu seinem Tod 1974 Architektur an der University of Pennsylvania. Auf dem Campus gehört das Richards Building zum medizinischen Komplex der Universität. Es steht neben dem ersten medizinischen Collegegebäude Amerikas.

Information: Tel. (215) 898-5000.

Jonas Salk Institute for Biological Studies, 1965
10010 North Torrey Pines Road
La Jolla, Kalifornien
Louis I. Kahn

Jede Architektur beginne mit der Schaffung eines Raums, sagte Louis Kahn, der auch die Straße als Raum, nur im Freien gelegen, ansah.

Irgendwo zwischen diesen alten Vorstellungen von Raum und Straße ist die zentrale Plaza des Salk Institute angesiedelt, die sich zum Pazifik öffnet und zu den faszinierendsten Plätzen der amerikanischen Architektur zählt.

Elementarkräften inspirieren, die ihn zu neuen Formen führten.

Kahn schuf hier ein Meisterwerk. Die zentrale Plaza wird von zwei symmetrischen Laboratoriumsgebäuden mit Betonwänden und Teakholzverkleidung flankiert. Die Arbeitsräume der Wissenschaftler liegen in getrennten Flügeln, die jedoch mit dem Hauptlabor verbunden sind. Ziel ist, die neuen Ideen zur weiteren Entwicklung zurück in den Kern des Komplexes zu »injizieren«.

Das Salk Institute erhielt 1992 eine Auszeichnung des American Institute of Architects. Im selben Jahr begann das Institut mit dem Bau eines neuen Gebäudes in dem Eukalyptushain gegenüber Kahns Komplex, das 1996 fertiggestellt wurde. Die Architekten

Das Salk Institute ist ein Forschungszentrum, das der Nobelpreisträger und Erfinder des Polio-Impfstoffs Dr. Jonas Salk gründete, um einen Ort zu schaffen, an dem Wissenschaftler und Künstler zusammenarbeiten und verschiedene Disziplinen zueinander finden können. Salk wünschte sich eine Begegnungsstätte für lebhaften und intensiven Informationsaustausch und engagierte Diskussionen.

Kaum einer stand dieser humanen, aber auch symbolhaften Aufgabe aufgeschlossener gegenüber als Kahn. Er setzte sich intensiv damit auseinander, was ein Bauwerk »selbst sein wollte«, und ließ sich von

Anshen + Allen, ehemalige Mitarbeiter Kahns, nehmen im Hinblick auf die verwendeten Materialien, die Farbgebung und die Proportionierung des Baus deutlich Bezug auf die bereits existierenden Gebäude.

Das Institut ist montags bis freitags von 8.30 bis 17.00 Uhr geöffnet. An diesen Tagen finden um 10.00, 11.00 und 12.00 Uhr Führungen statt (nur nach Voranmeldung).

Reservierung und Information:
Tel. (619) 453-4100.

Sea Ranch, 1965
Sea Walk
Sea Ranch, Kalifornien
Moore, Lyndon, Turnbull & Whitaker

Vor dem Bau von Sea Ranch war dieses Küstengebiet in Sonoma County, etwa 180 km von San Francisco entfernt, eine etwas abgelegene, aber spektakuläre Landschaft mit Felsformationen, Feldern und Wäldern über dem rauschenden Ozean. Wer dieses Gelände erschließen wollte, mußte eine starke Verantwortung gegenüber der Natur besitzen.

Charles Moore und seine Partner reagierten auf diese Herausforderung, indem sie mit der Natur und nicht gegen sie arbeiteten. Ihr revolutionärer Entwurf für die ersten Ferienwohnungen paßt sich mit scheunenartigen Formen, abgeschrägten Dächern und ungestrichenen Redwood-Verkleidungen dem Maßstab und der Silhouette der umliegenden Berge an. Der Komplex umfaßt zehn Wohnhäuser und zwei Höfe. Die Häuser sind zur Sonne und zur Aussicht orientiert und vom Wind abgewandt.

Die zehn Wohneinheiten sind jeweils nach dem Haus-im-Haus-Prinzip als simple Pfosten-Riegel-Konstruktionen aufgebaut. Glaserker mit Fenstersitzen, Terrassen und umschlossene Gärten erweitern die Grundstruktur und öffnen die Häuser zum Ozean. Um den vorherrschenden Eindruck von Holz im Inneren zu mildern, malte die Graphikerin Barbara Stauffacher Solomon große, farbenfreudige Zeichen an die Wände.

Sea Ranch Nr. 9 gehörte Charles Moore. Er benutzte es bis zu seinem Tod 1993 als privates Refugium.

Nur Bewohner und deren Gäste haben Zugang zu Sea Ranch, einer privaten Gemeinschaft, die inzwischen etwa 2000 Häuser umfaßt. Der Ausbau erfolgte nach den Vorgaben von Moores ursprünglichem Konzept.

Vermietungen erfolgen über Sea Ranch Escape (Tel. 707-785-2426) und andere örtliche Agenturen. Gäste sind willkommen in der Sea Ranch Lodge (Tel. 707-785-2371), einem Hotel mit 20 Zimmern und Schwimmbecken, Tennisplätzen und Golfplatz. Die Siedlung Charles Moores ist allerdings von hier aus nicht zu sehen.

Whitney Museum of American Art, 1966
975 Madison Avenue, 75th Street
New York
Marcel Breuer

Das Whitney Museum of Art bringt – wie das nur wenige Blocks entfernte Guggenheim Museum – die Kunst in einem Gebäude unter, das selbst zu den wichtigsten Werken seiner Sammlung gehört. Tatsächlich stand die architektonische Qualität im Vordergrund, als das neue Gebäude im Kunstviertel Manhattans in Auftrag gegeben wurde.

Breuer fand für das relativ kleine Eckgrundstück eine kühne, aber strenge Lösung. Aus einem grauen Granitkasten schnitt er ein gezacktes Profil auskragender Volumina, die nach oben immer weiter vortreten. Die Seitenwand an der 75th Street wird nur von sechs trapezoiden schießschartenartigen Fenstern unterbrochen, die scheinbar willkürlich angeordnet sind. Über dem Haupteingang öffnet sich ein trapezförmiges »Auge auf die Kunst«.

Besucher betreten das Museum über eine überdeckte Betonbrücke, die den abgesenkten Skulpturengarten überspannt und in die zwei Geschosse hohe verglaste Eingangshalle führt. Über der Halle liegen drei Ausstellungsgeschosse. Sie entsprechen den äußeren Auskragungen, so daß jedes Geschoß größer ist als das darunterliegende. Unter den fünf öffentlichen Ebenen liegen in dem 6860 m² großen Museumsbereich noch vier Verwaltungsgeschosse. Ein Café im Untergeschoß gewährt Ausblick in den Skulpturengarten.

Als das Museum seine Tore öffnete, wurde es mit einem privaten Klub verglichen. Die Wände waren holzgetäfelt und die Böden mit Parkett, Teppichen und Tonsandstein ausgelegt. Die Ausstellungsräume waren mit Sofas, Stühlen und Tischen in Wohnraumqualität ausgestattet. Die meisten dieser Objekte sind inzwischen verschwunden. Auch das modulare Trennwandsystem, das Breuer entworfen hatte, wurde entfernt.

Seit 1981 wird immer wieder die geplante Erweiterung des Museums durch Michael Graves diskutiert. Zwischen 1981 und 1992 legte er drei Entwürfe vor; keiner von ihnen wurde gebilligt.

Das Museum ist mittwochs von 11.00 bis 18.00 Uhr geöffnet; donnerstags von 13.00 bis 20.00 Uhr; freitags bis sonntags von 11.00 bis 18.00 Uhr; montags geschlossen.

Information über Führungen und Ausstellungen: Tel. (212) 570-3641.

Ford Foundation, 1967
320 East 43rd Street
New York
*Kevin Roche, John Dinkeloo &
Associates*

Im Zentrum Manhattans, des am dichtesten bebauten Gebiets in Amerika, präsentierte die Hauptverwaltung der Ford Foundation zum erstenmal die Idee, Büros um ein üppig bepflanztes, von oben belichtetes Gartenatrium zu bauen. Der 14 Ar große Garten mit tropischen Pflanzen und Seerosenteichen ist von Glaswänden umgeben, die von vertikalen Betonstützen und horizontalen Stahlelementen gehalten werden, und einer der schönsten Innenräume der Stadt. Er ist um so eindrucksvoller, als er sich visuell zu einem angrenzenden Park ausweitet.

1968 pries die Architectural Record das Gebäude als »neue Form des städtischen Raums«. Zwölf L-förmige Bürogeschosse umgeben das 39 m hohe Atrium. Ihre deckenhohen Glasschiebetüren öffnen sich auf den Hof. Diese Offenheit (nur das Büro des Präsidenten ist nicht einzusehen) soll die Bedeutung des Teamworks für die Arbeit der Stiftung betonen. Die Trennung zwischen innen und außen scheint aufgehoben.

Das rosafarbene Granitgebäude hat zwei Haupteingänge mit zwei verschiedenen Fassaden. Die Front an der 43rd Street ist formeller, mit einer hohen porte-cochère, die aus dem Rücksprung der ersten vier Geschosse entstand. Von hier aus ist der Garten, der den Besucher erwartet, noch nicht zu sehen. Doch an der Fassade der 42nd Street ist er durch die Glaswände zu erkennen, und der Eingang führt direkt in das Atrium.

1995 erhielt die Ford Foundation eine Auszeichnung des American Institute of Architects, wobei die Jury vor allem die »hervorragende Verbindung von Landschaft und Architektur« lobte. Das Atrium ist ein öffentlicher Innenpark und montags bis freitags von 9.00 bis 17.00 Uhr geöffnet.

Information: Tel. (212) 573-5000.

Smith House, 1967
Darien, Connecticut
Richard Meier

Das Haus Smith sollte sich in seine natürliche Umgebung einfügen, aber es wächst keineswegs »aus dem Boden«, wie es Frank Lloyd Wright propagierte. Hier geht es nicht darum, die Charakteristika der Landschaft nachzuahmen, sondern sie zu respektieren.

Die Sonne scheint heller auf diese weißgestrichenen Holzwände und dringt durch große Glasfenster in das Haus ein. Im Laufe des Tages wechseln das Spiel des Lichts und die Schattenmuster der Bäume auf der Fassade. Auf jeder Ebene öffnet sich das Haus zu einem spektakulären Ausblick auf den Long Island Sound.

Das Haus liegt am höchsten Punkt eines sanften Abhangs, der nach unten zur felsigen Küste abfällt. Die Straßenfassade ist glatt und enthüllt wenig von dem aufsehenerregenden Inneren. An der Rückseite wird deutlicher, daß der vier-geschossige Aufbau zu dem komplizierten, abstrakten Entwurf geführt hat. In der vertikalen Gliederung sind öffentliche von privaten Räumen getrennt, und jeder Bewohner verfügt über einen individuellen Privatbereich. Die Ebenen und Räume sind horizontal und vertikal miteinander verzahnt. So entsteht eine Dynamik der Bewegung durch Licht und durch Raum.

Das Haus Smith ist das erste in Richard Meiers Reihe weißer Häuser, die in den späten sechziger und frühen siebziger Jahren entstanden. Sie griffen die Ideen früherer Avantgardisten der Moderne auf, darunter Richard Neutra und Rudolph Schindler in Kalifornien, Walter Gropius und Marcel Breuer im Nordosten der USA und natürlich Le Corbusier in Frankreich.

Meier ist Modernist geblieben. Für sein Werk erhielt er die Royal Gold Medal und 1984 den Pritzker-Preis.

Das Haus ist in Privatbesitz und nur vom Long Island Sound sichtbar.

Boston City Hall, 1968
One City Hall Square
Boston, Massachusetts
Kallman, McKinnell & Knowles

Das Rathaus der traditionsbewußten Stadt Boston ist ein aggressiv-modernes Gebäude aus rauhem Beton, das sich auf einem Platz aus rotem Backstein erhebt. Die horizontal gereihten und vertikal aufragenden Elemente verleihen dem Bau eine kühne Massivität. Doch vielleicht mußte das Gebäude so selbstbewußt erscheinen, weil es die Erneuerung eines heruntergekommenen Viertels der Altstadt einleiten sollte. Dieses Ziel wurde erreicht. Das Rathaus bildet heute den Mittelpunkt eines der kommerziell erfolgreichsten Einkaufszentren, des Faneuil Hall Marketplace, und der neubelebten Wasserfront.

Die Konstruktion ist kompliziert und enthält ein Labyrinth von Niveaus und Räumen, läßt sich aber in zwei Teile gliedern: einmal die Backsteinbasis mit den gestuften Terrassen der Plaza und zwei Untergeschossen, die die Hanglage ausgleichen, und zum anderen die Stützen-

konstruktion aus Beton und die oberen Geschosse.

Die Backsteinterrassen führen die städtischen Straßen fort und verbinden das Rathaus mit seiner Nachbarschaft. Die Menschen können sich frei in dem Gebäude bewegen, denn es ist auf vielen Ebenen zugänglich. Im Inneren der fünfgeschossigen, durch Oberlicht erhellten Lobby ist ein großer Teil des Gebäudes sichtbar. Die Konstruktion besteht aus in situ gegossenen Stützen, Kernen und Bindern aus Beton. Die Schalungsspuren wurden sichtbar belassen, ebenso wie die Verbindungen der vorgegossenen Elemente.

Wie Frank Lloyd Wrights Marin County Civic Center weicht das Rathaus in Boston von der klassischen Architektur ab, die so lange für öffentliche Bauten in Amerika charakteristisch war. Nach Ansicht der Architekten Kallman, McKinnell & Knowles waren auch moderne Architektur und Technologie in der Lage, die Autorität der Verwaltung angemessen würdevoll zum Ausdruck zu bringen.

Das Gebäude ist montags bis freitags von 8.00 bis 17.00 Uhr und gelegentlich samstags geöffnet.

Information: Tel. (617) 635-4000.

Lake Point Tower, 1968
505 North Lakeshore Drive
Chicago, Illinois
Schipporeit-Heinrich Associates

Lake Point Tower, der erste Wolkenkratzer mit gewellten Glaswänden, war bei seiner Fertigstellung das höchste Stahlbeton-gebäude der Welt. Die bronzefarbenen Glasscheiben sind in bronzeeloxierte Alu-miniumprofile eingelassen, so daß das Hoch-haus wie eine glatte Bronzeskulptur wirkt. Der Turm fällt besonders auf, weil er frei auf einem Vorsprung des Navy Pier steht, der in den Lake Michigan hineinreicht.

Die Appartements an der Außenseite haben gerundete Wände und einen pano-ramischen Ausblick. Diese Offenheit wird ermöglicht durch einen prismenförmigen Kern, der sich in voller Höhe durch das 194 m hohe Gebäude erstreckt. Dieser Kern, der Aufzugsschächte, Treppen, Ver-sorgungsleitungen und das elek-trische Verteilersystem enthält, widersteht allen horizontalen Be-wegungen — nur vertikaler Druck wird durch Stützen auf die Senk-kastengründung übertragen.

Die Architekten des Lake Point Tower waren Studenten und später Mitarbeiter Mies van der Rohes gewesen, der 1921 in Ber-lin ein ähnliches Konzept skizziert hatte. Häufig heißt es, Mies' Idee sei mit dem Lake Point Tower realisiert worden, aber es scheint realistischer, in diesem Bau die originelle Anwendung von Tech-nologie und Materialien aus den späten sechziger Jahren zu sehen.

Da die Appartements in Privat-besitz sind, gibt es keine Führungen durch das Gebäude. Allerdings kann man die Rotunde im Erdge-schoß betreten, die einen Blick bis zur Spitze gewährt. Ein Restaurant im 70. Geschoß serviert Lunch und Dinner und bietet einen atemberaubenden Ausblick auf die Stadt. Information zum Gebäude: Tel. (312) 621-4610. Die Chicago Architecture Founda-tion zeigt den Lake Point Tower bei ihren »Architectural Highlights by Bus« und den Wasserkreuzfahrten.

Information: CAF, Tel (312) 922-TOUR.

Tuskegee Chapel, 1969
Tuskegee University
Tuskegee, Alabama
Paul Rudolph

Die Symbolkraft von Paul Rudolphs über-
konfessioneller Kapelle an der Tuskegee
University wird häufig mit Le Corbusiers
berühmter Pilgerkapelle in Ronchamp verglichen. Mit seinen flächigen roten Backsteinwänden, die in einer Spirale angeordnet sind, erreicht Rudolph jene Intensität,

die Le Corbusier mit üppigen Betonkur-
ven hervorrief.

Die Kapelle war ursprünglich in Ort-
beton geplant. Wie in Ronchamps steigt
das Dach auf einer Seite kühn nach oben
und fällt auf der anderen Seite ab. Über
dem Eingang bildet es einen tiefen Über-
hang mit einer Kanzel im Freien.

Im Inneren umschließen die hohen
Wände einen großen, asymmetrischen
Raum, der durch seitliche Oberlichter
geradezu magisch belichtet wird.
Der mittlere Teil der Decke hat die
Form eines Akkordeons und scheint
wie ein Baldachin über der Gemeinde
zu schweben. Er ist in zwei Richtungen
gekurvt, so daß die gekrümmten
Flächen in einer Ebene mit dem einfallenden Licht liegen. Das Dach besteht aus enggesetzten Fachwerk-
bindern, von denen keiner parallel
zum anderen verläuft.

In diesem Hauptteil der Kapelle
kragt eine Empore aus. Die Kanzel
hat ihren eigenen abgeschrägten
Baldachin. Der berühmte Chor der
Tuskegee University ist hinter der
Kanzel mit Blick auf die Gemeinde
untergebracht. Eine separate An-
dachtskapelle, von der Spiralform
umschlossen, wird durch Oberlichter
und farbige Glasfenster erhellt.

Die Kapelle ist täglich von 8.00 bis
20.00 Uhr geöffnet. Der Sonntagsgottesdienst findet um 9.00 Uhr
statt. Die Kapelle dient außerdem als
Konzertsaal.

Information über Führungen und
Konzertprogramm: Public Information
Office, Tel. (334) 727-8349.

John Hancock Center,
1970
875 North Michigan Avenue
Chicago, Illinois
Skidmore, Owings & Merrill

Das 100geschossige John Hancock Center fällt auf durch seine markanten Diagonalverstrebungen, die dunkle Verglasung und die nach oben verjüngte monolithische Form. Es ist weithin bekannt – einer jener Bauten, bei denen die meisten an »Chicago« denken.

Visuell wirkt das Center wie ein ausgesägtes Modell im Originalmaßstab, das genau zeigt, wie die Architekten das Problem lösten, ein so hohes Gebäude gegen Windlasten und gegen sein eigenes Gewicht zu stabilisieren. Normalerweise werden die Diagonalstreben kaschiert, weil sie so demonstrativ wirken. Doch bei einem riesigen Gebäude wie diesem besitzen die langen diagonalen Linien eine neuartige und überraschende Anmut. Sie machen auch optisch deutlich, daß das Gebäude, ähnlich wie große Brücken, solide verankert ist.

Die Rigidität des John Hancock Center leitet sich von der Geometrie her – und Geometrie wiegt gar nichts. Man bedenke, daß die Stahlkonstruktion eines typischen mittleren Gebäudes in Chicago etwa 244 kg/m^2 wiegt. Doch bei diesem sehr hohen Gebäude beträgt das Verhältnis nur 145 kg/m^2 eine Berechnung, die fast so eindrucksvoll ist wie die Höhe des Gebäudes.

Die ersten 41 Geschosse sind Büros vorbehalten, darüber liegen Wohnungen, ein Observatorium und Sendeanlagen. Für diese unterschiedlichen Nutzungen ist die Außenverstrebung von großem Nutzen: Da innere Stützen fehlen, können die Mieter ihre Geschoßflächen flexibel aufteilen und den eigenen Bedürfnissen anpassen. Die Höhe hat natürlich merkwürdige Effekte: So kommt es vor, daß Kleinflugzeuge, die manchmal am mittleren Teil vorbeifliegen, nach oben hin die Leute grüßen, die von ihren Fenster hinunterschauen.

Die Aussichtsplattform auf dem John Hancock Center ist täglich außer an Feiertagen von 9.00 Uhr bis Mitternacht geöffnet. Information: Tel. (312) 787-3800. Information über das Gebäude: (312) 751-3680. Das John Hancock Center ist auch Bestandteil der Führungen der Chicago Architecture Foundation. Information: Tel. (312) 922-TOUR.

Mount Angel Library, 1970
Mount Angel Abbey
East End of College Street
St. Benedict, Oregon
Alvar Aalto

1963 schrieben die Mönche der Mount Angel Abbey einen bewegenden Brief an Alvar Aalto, den finnischen Architekten, der dafür bekannt war, daß er seine Architektur mit der Schönheit der Natur in Einklang brachte. »Wir brauchen Sie«, flehten sie. »Wir haben ein prachtvolles Klostergelände. Wir möchten es nicht verderben ... Schaffen Sie uns ein Gebäude, das unsere Bedürfnisse auf schöne und intelligente Weise erfüllt.« Fast zehn Jahre später erfüllte sich der Traum der Mönche. Ihre Bibliothek wurde zu einem der nur zwei Bauten, die Aalto in den Vereinigten Staaten realisierte.

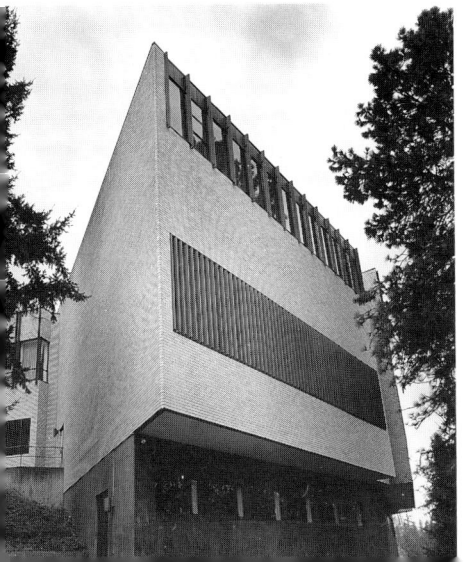

Wie die meisten Gebäude Aaltos wirkt die Mount Angel Library täuschend einfach – ein schlichter eingeschossiger Bau aus blaßgelbem Backstein, dessen Eingang auf der Höhe eines Hügels liegt. Den einzigen Schmuck bilden ein Vordach aus Redwood, Tannen- und Teakholz und schmale Redwood-Lamellen vor den Fenstern.

Doch im Inneren erlebt der Besucher geradezu eine Explosion von Licht und Raum, und die erstaunliche Komplexität des Entwurfs wird deutlich. In der Mitte liegt ein offener Schacht, umgeben von zwei Geschossen und einem Zwischengeschoß, die dem abfallenden Hang angepaßt sind. Die fächerförmige Rückseite gewährt einen guten Ausblick auf die Umgebung. Ein gekurvtes Oberlicht im Dach überflutet die Bibliothek tagsüber mit Licht. Nachts sorgen Aaltos charakteristische parabolische Leuchten für Helligkeit im Inneren.

Das Hauptniveau des 3960 m² großen Gebäudes ist ein offenes Geschoß mit einer niedrigen gekurvten Wand, die den Konturen der fächerförmigen Außenwand folgt. Auf dieser Ebene liegen die Eingangshalle, das Kontrollpult, der Zeitschriftenraum und die Sammlung seltener Bücher. Die Außenwände sind von Lesenischen gesäumt, und der niedrige Balkon ist von einem langen Lesetisch umgeben, der mit Leuchten und Hockern Alvar Aaltos ausgestattet ist. Zwischen- und Untergeschosse enthalten Regale, die wie Speichen eines Rades angeordnet sind. Alle Einrichtungsgegenstände bis hin zum Türgriff wurden von Aalto gestaltet. Sein Umgang mit Holz und anderen natürlichen Materialien ist legendär. Seine typischen Holzlattendecken sind im Auditorium und im Kontrollbereich der Bibliothek zu sehen.

Die Abtei liegt etwa 72 km südlich von Portland nach der Ausfahrt Woodburn der Interstate 5. Die Bibliothek ist montags bis freitags von 8.30 bis 17.00 Uhr und an Wochenenden geöffnet. An Feiertagen ist sie geschlossen, und im Sommer gelten kürzere Öffnungszeiten.

Information: Tel. (503) 845-3317.

Kimbell Art Museum, 1972
3333 Camp Bowie Boulevard
Fort Worth, Texas
Louis I. Kahn

Die Architektur Louis Kahns geht auf eine mysteriöse Quelle zurück, die er »das Reich der Sinne« nannte, und in diesem Territorium waren seine Bauten angesiedelt, wenn sie realisiert wurden. Das Kimbell Art Museum mit seiner schönen Sammlung appelliert an mehr als unsere sinnliche Wahrnehmung. Es erinnert an die mystischen Assoziationen, die wir mit Bauten verbinden, und greift zurück auf die kollektive Erinnerung an alte Formen, deren rhythmische Kraft wir als befriedigend empfinden.

Beim Kimbell Art Museum fand Kahn seine Lösung in der starken südwestlichen Sonne, denn Licht war für ihn das Wesen eines Museums, die gemeinsame Ebene zwischen dem Betrachter und der Kunst. Er gab dem Museum sein Licht und seine Form, indem er das Gewölbe zum Organisationsprinzip und zur Lichtquelle des Komplexes erhob.

Kahn stellte sechs Betongewölbe Seite an Seite: Eingang, Ausstellungsräume, Gartenhöfe und ein Wasserbecken. Er schuf eine überdeckte Terrasse, indem er zwei Gewölbe offen ließ, die den Eingang des Museums flankieren. Die Gewölbe wurden Bauelemente. Jedes Modul mit einer lichten Weite von 30 x 7 m hat einen Betonrahmen, Betonaußenwände, Innenwände aus Travertin und ein Bleidach. Dennoch ist das Gebäude zu komplex, um als modular gelten zu können.

Sanftes, silbriges Licht erfüllt das Museum tagsüber. Kahn erzielte diese Lichtqualität, indem er das Dach in einen »natürlichen Leuchtkörper« verwandelte, wie er es nannte. Er durchschnitt den Gewölbescheitel in voller Länge mit einem Oberlicht, das er mit perforierten, gekurvten Aluminiumreflektoren abschirmte. Die Kunst läßt sich bei natürlichem Licht betrachten, ohne Schaden zu nehmen.

Das Kimbell Art Museum ist die letzte Arbeit, die unter Kahns persönlicher Aufsicht fertiggestellt wurde. Der Plan, das Museum durch zusätzliche »Module« zu erweitern, wurde Ende der achtziger Jahre so vehement kritisiert, daß man ihn fallenließ. Das Museum wird so bleiben, wie Kahn es entwarf.

Das Museum ist dienstags bis freitags von 10.00 bis 17.00 Uhr, samstags von 12.00 bis 20.00 Uhr, sonntags von 12.00 bis 17.00 Uhr geöffnet. Geschlossen montags, Neujahr, 4. Juli, Thanksgiving und Weihnachten. Führungen dienstags bis freitags und sonntags um 14.00 Uhr, Einführungsspaziergang sonntags um 15.00 Uhr und spezielle Abendtour samstags um 18.30 Uhr.
Information und Anmeldung (für Gruppen zwei Wochen im voraus): Tel. (817) 332-8687.

Marin County Civic Center, 1972
3051 Civic Center Drive
San Rafael, Kalifornien
Frank Lloyd Wright

Das Marin County Civic Center ist Wrights Bekenntnis zur Demokratie, obwohl er des Kommunismus beschuldigt wurde, als er es entwarf.

Der Entwurf entstand 1958, doch fertiggestellt wurde das Gebäude erst 1972. Wie bei allen Bauten Wrights war die Landschaft der Ausgangspunkt. Er sah die schönen Berge nördlich von San Francisco und wußte sofort, daß er sie mit drei anmutigen Bögen überspannen würde.

So entstand ein riesiger Komplex von Bauten, der sich nahezu 400 m horizontal erstreckt und mit seinen Bögen wie ein römisches Aquädukt aussieht. Es besteht aus zwei Hauptflügeln – dem Verwaltungsgebäude und dem Justizgebäude mit den Gerichtshöfen, dem Büro des Sheriffs und dem Gefangnis. Die beiden Hügel treffen sich an der Kuppel, einem massiven, kunstvoll dekorierten Bau, der eine Bibliothek und ein Konferenzzentrum beherbergt. Ein durchgehendes Oberlicht verbindet die gekurvten Dächer des Komplexes. Nahe der Kuppel ist die technische Ausrüstung in einem totemartigen, 65 m hohen Turm untergebracht.

Wright erzielte mit einfachen Materialien eine phantastische Wirkung: eine Komposition aus gelb-rosafarbenem Putz, einem blauen, plastikbeschichteten Dach und goldeloxiertem Aluminium bei den Balkongeländern, dem Eingangstor und den Kugelreihen über den Erkern des Gebäudes. Das Betonschalendach ist mit dekorativen Kreisen, Bögen und Kugeln bedeckt.

Mit dem langen, durch Oberlicht erhellten Gang im Inneren führte Wright eine Idee ein, die in ganz Amerika zum Vorbild beim Entwurf von Einkaufszentren wurde. Doch bei Wright funktionierten die Oberlichter, wie er es beabsichtigt hatte: Sie brachten Licht und Offenheit in alle Ebenen des Inneren. Bögen brechen die Außenwände auf, und durchgehende Laubengänge sorgen für Mobilität. Die Büros haben deckenhohe Glaswände, die sich auf die Atrien in der Mitte öffnen, entsprechend Wrights Vorstellung, die Regierung eines Volkes müsse sichtbar und zugänglich sein.

Das Marin County Civic Center ist montags bis freitags von 7.00 bis 18.00 Uhr und dienstags bis 20.30 Uhr geöffnet. Besucher können durch die öffentlichen Bereiche gehen oder eine Führung vereinbaren: Human Resources Department, Tel. (415) 499-6104.

**Phillips Exeter
Academy Library,** 1972
Exeter, New Hampshire
Louis I. Kahn

Einer der letzten Bauten Louis
Kahns in Amerika ist die Bibliothek
für die Phillips Exeter Academy.
Auf dem Campus zeugen georgianische Backsteinbauten von
Tradition. Die Bibliothek koexi-
stiert friedlich mit den älteren
Bauten, demonstriert aber zugleich jene Klarheit und Integrität,
die für Kahn charakteristisch ist.

Kahns Sympathie für die Umgebung spiegelt sich im Äußeren
wider. Die Backsteinwände sind
flächig, rhythmisch und undekoriert – eine moderne Ergänzung
zu dem georgianischen Stil. Durch
eine umlaufende Arkade im Erdgeschoß bezeugt die Bibliothek
ihre Verbindung zum Campus.
Die Eingänge liegen, diagonal ab-
geschnitten, an den vier Ecken.
Kahn verglich sie mit den Esels-
ohren eines Buches, die wichtige
Stellen markieren.

Im Inneren zeigt sich die geradezu mystische Kraft von Kahns Architektur in den monumentalen Betonformen:
den gekurvten Treppen, den Querbalken
der Decke und vor allem in den riesigen
offenen Kreisformen vor den Regalen. Im
gesamten Innenbereich, der etwa 8 100 m²
umfaßt, ist teils rauh belassener, teils be-
arbeiter Beton verwendet. Es ist schwer
vorstellbar, daß irgend jemand außer Kahn
einen so großen, offenen Raum aus Beton
hätte schaffen können, in dem dennoch
die Lektüre eines guten Buches in aller
Intimität möglich ist.

Eine Mensa, ebenfalls von Louis Kahn
entworfen, grenzt an die Bibliothek an.
Sie ist ebenfalls mit Backstein verkleidet.
Alle vier Speisesäle haben große Fenster
und zwei davon überdimensionale Ka-

mine. Die klaren Linien und die hohen
Schornsteine der Mensa vervollständigen
die strenge Geometrie von Kahns Gesamt-
komposition.

Die meiste Zeit des Jahres ist die Bibliothek montags bis freitags von 7.45 bis
21.00 Uhr, samstags von 9.00 bis 16.00
Uhr und sonntags von 14.00 bis 21.00 Uhr
geöffnet. An Feiertagen ist sie geschlossen.
Beschränkt ist der Zugang auch während
der Semesterferien und durch andere
akademische Termine.

Information: Tel. (603) 772-4311.

Transamerica Building, 1972
600 Montgomery Street
San Francisco, Kalifornien
William L. Pereira & Associates

In den siebziger Jahren waren Kritiker und Bewohner von San Francisco davon überzeugt, daß die Pyramide des Transamerica Building das Stadtbild auf Dauer zerstören werde. Doch dem war nicht so, ganz im Gegenteil: das Transamerica Building ist heute so eng mit San Francisco verbunden, daß sein Bild häufig auf Stadtführern als Symbol der Stadt auftaucht.

Die Firma William L. Pereira & Associates aus Los Angeles, bekannt für ihr futuristisches Restaurant »pods« am Flughafen von Los Angeles, entschied sich für eine Pyramidenform. Die Basis des Gebäudes ist umgeben von mächtigen Betonpfeilern, die in ein aus Dreieckselementen bestehendes Fachwerk eingebunden sind. Die Diagonalen zeigen nach oben, zu den bronzefarbenen Fenstern und den Wänden aus Beton, die sich zur Spitze hin verjüngen. Und auf der Spitze ragt der einst umstrittene, heute symbolhafte Turm empor.

Der späte Erfolg des Transamerica Building als Wahrzeichen ist nicht zuletzt der Einsicht zu verdanken, daß der Entwurf durchaus sensibel ist: Die Pyramidenform läßt der Umgebung viel mehr Licht, Luft und Raum als ein massiver Kasten. Sie steigert die Vitalität einer bereits lebendigen Gegend, in der drei verschiedene Nachbarschaften aufeinandertreffen: das geschäftige Finanzviertel, das bunte Treiben des North Beach und das exotische Chinatown. Da San Francisco eine Stadt der Hügel ist, taucht das Transamerica Building immer wieder an unerwarteten Stellen auf. Vom Aussichtsdeck im 27. Geschoß genießt man faszinierende Ausblicke auf die Stadt. Es ist an Wochentagen (außer Feiertagen) von 9.00 bis 16.00 Uhr geöffnet.

Information: Tel. (415) 983-4000.

World Trade Center, 1972/73
Church bis West Street,
Liberty bis Vesey Street
New York
Minoru Yamasaki & Associates

Touristen nennen sie die »Zwillingstürme«, und Paul Goldberger, der Architekturkritiker der New York Times, bezeichnete sie als »die größten aller Kästen«. Die Türme des World Trade Center sind die höchsten Bauten New Yorks und die zweithöchsten der Welt. Doch als sie neu waren, wurden sie nicht gut aufgenommen. Dabei sind die Zahlen pro Turm höchst eindrucksvoll: 405 m Höhe, 110 Geschosse, 450 000 m^2 Bürofläche.

In der Theorie schien es, als würden die Türme die alten Bauten zu ihren Füßen trivialisieren. Doch die Praxis sieht anders aus. Auf dem Straßenniveau bewahrt die alte Nachbarschaft ihren menschlichen Maßstab: enge und belebte Straßen mit Imbißständen, Gerüchen und Scharen von Touristen, Maklern und Journalisten des nahen Wall Street Journal, während sich irgendwo oben die beiden Kolosse in den schimmernden Himmel zurückziehen.

Unter den Türmen findet ein zweites Straßenleben in der umschlossenen Halle statt, die von Läden und Restaurants gesäumt ist und auch Zugang zur Untergrundbahn gewährt.

Die Türme, die der Port Authority von New York und New Jersey gehören, haben tragende Außenwände. Sie sind nicht konventionell von Stahl gerahmt, sondern als Metallnetze mit vertikalen Stahlstützen konzipiert. (Ihre Statik widerstand im März 1993 einer verheerenden Explosion.) Da Glas nicht zur Aussteifung beiträgt, sind die Fenster der Türme sehr schmal.

Von der Aussichtsplattform im 107. Geschoß des Two World Trade Center sieht man an klaren Tagen bis zu 80 km weit (der Lift braucht weniger als 90 Sekunden).

Die Plattform ist von Oktober bis Mai täglich von 9.30 bis 21.30 Uhr und von Juni bis September von 9.30 bis 23.30 Uhr geöffnet. Karten sind im Zwischengeschoß erhältlich.

Reservierung (für Gruppen ab 10 Personen notwendig) und Information: Tel. (212) 435-7397.

Federal Reserve Bank of Minneapolis, 1973

250 Marquette
Minneapolis, Minnesota
Gunnar Birkerts & Associates

Die alten, festungsartigen Bankgebäude sind in den letzten Jahrzehnten durch offene, einladende Service-Center ersetzt worden. Doch die neue Offenheit stellt die Architekten vor ein Dilemma: Sie müssen für die absolute Sicherheit einer Bastion mit der freien Atmosphäre einer Loggia sorgen.

Bei der Federal Reserve Bank wurde das Problem durch eine Unterteilung in zwei Zonen gelöst. Sechzig Prozent der Geschäftsflächen sind unterirdisch unter einer abfallenden Plaza untergebracht. Darüber schwebt – zwischen zwei hohe vertikale Türme eingehängt – der »luftige« Teil der Bank, in dem die Verwaltungsbüros liegen.

Das Gebäude sieht aus wie eine Hängebrücke und funktioniert auch nach diesem Prinzip. Die Betongeschoßflächen werden von einem Paar versteifter Ketten getragen. Die Kettenglieder sind im Abstand von 18 m auf beiden Seiten des Gebäudes aufgehängt. Die gläsernen Vorhangfassaden tragen dazu bei, sie visuell zur Geltung zu bringen.

Die Geschosse brauchen also keine Stützen. Sie haben eine lichte Weite von 82,50 m, mehr, als je zuvor bei einem Bürogebäude erreicht wurde.

Bei einer richtigen Brücke werden die Ketten am Ufer tief verankert. Hier gibt es keine fernen Anker. Der Tendenz der beiden Türme, sich nach innen zu neigen, wirken zwei 8,40 m tiefe Querbalken an der Spitze des Gebäudes entgegen. So wird die Last der Geschosse in Druck auf diese Balken verwandelt, die zugleich die technischen Leitungen des Gebäudes aufnehmen.

Die Federal Reserve Bank hat dieses Gebäude 1997 aufgegeben und ist in neue, von Hellmuth Obata und Kassabaum entworfene Büros umgezogen. Der neue Besitzer des Gebäudes, eine Entwicklungsgesellschaft, plant, die Büroräume zu vermieten.

Information: Tel. (612) 332-6300.

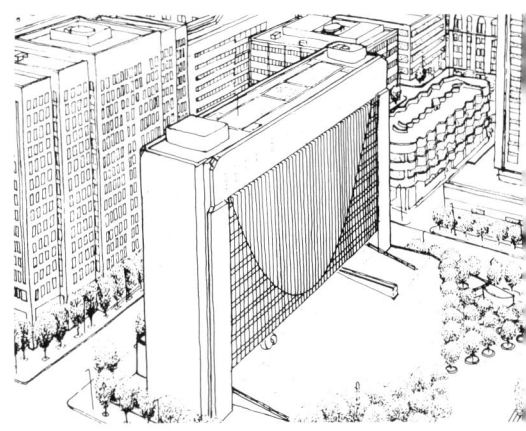

Kresge College, 1973
University of California
in Santa Cruz
Santa Cruz, Kalifornien
Moore, Lyndon, Turnbull & Whitaker

Die Idee eines italienischen Bergdorfes stand Pate beim Entwurf des Kresge College mit Studentenwohnheim, Mensa und Hörsälen. Die weißen Putzbauten mit ihren Farbakzenten in Primärfarben sind um eine 300 m lange, L-förmige »Hauptstraße« gruppiert, die sich dreht und windet, um eine Folge interessanter Perspektiven zu bieten und Begegnungen der studentischen Dorfbewohner zu fördern.

Ins Auge fallen vor allem die ausgeschnittenen kulissenartigen Wände, die Moore wie Schirme entlang des Weges anordnete. Häufig wirken sie wie freistehende Elemente, die entweder den Gebäudeeingang kennzeichnen oder in Form schmaler Stützen die Balkongeländer ersetzen. Die Außentreppen haben weiße Putzwangen. Ihre Abschrägungen binden sie in das Gesamtbild ein, sorgen aber auch für kühne Akzente.

Eine solche schichtweise Anordnung freistehender Bauteile findet sich in Moores Entwürfen häufig, am spektakulärsten bei seiner Piazza d'Italia in New Orleans. Moore greift den Geist der Zeit auf und schafft Modelle, die weithin imitiert werden. Wie die Sea Ranch in den sechziger Jahren zu einem Jahrzehnt holzverschalter Stadthäuser mit Steildächern führte, löste das Kresge College in den siebziger Jahren einen Trend zu weißen Putzbauten aus, die dem Original freilich oft kaum gerecht wurden.

Information: Tel. (408) 459-2071.

Sears Tower, 1974
Jackson Boulevard, zwischen
Franklin Street und Wacker Drive
Chicago, Illinois
Skidmore, Owings & Merrill

Der Sears Tower war zur Zeit seiner Entstehung das höchste Gebäude der Welt. Seine 110 Geschosse, 443 m hoch, sind vertikal in neun rechteckigen Rohren gebündelt. Jedes Rohr mißt 22,50 m im Quadrat, so daß man im Grunde von neun verschiedenen Wolkenkratzern sprechen kann, die zusammengespannt sind.

Immer wieder ist von »Megarohr« die Rede, doch nicht alle Rohre reichen bis zur Spitze des Gebäudes. Einige enden auf unterschiedlichen Höhen, so daß der Eindruck eines natürlichen Kristalls entsteht, vielleicht aus Calcit oder Quarz. William Marlin benutzte eine andere Metapher: »Stapelregale für Versandkataloge«.

Technisch gesehen nimmt die Rohrkonstruktion Windkräfte und Gebäudelast ohne zusätzliche Massenbildung auf. Die Stahlrohrbündel wiegen nur 161 kg/m², ähnlich dem schlanken anderen Koloß in Chicago, dem John Hancock Center, mit seinen 142 kg/m². Beide Gebäude sind sozusagen Luftgerüste im Vergleich zu den konventionellen Chicagoer Hochhäusern, die etwa 244 kg/m² für ihre Stabilitä benötigen.

Die statistischen Zahlen des Sears Tower bieten Anlaß zum Staunen. Das Gebäude verfügt über 102 Schnellaufzüge mit fast 13 km Kabeln; 76 000 Tonnen Stahl; 17 200 Tonnen Kühlmaterial; 16 000 bronzefarbene Fenster; 40 km Rohrleitungen, 2 400 km elektrische Leitungen und so weiter.

Kürzlich wurden das Sky Deck im 100. Geschoß und das Aussichtsdeck im 103. Geschoß des Sears Tower renoviert. Es gibt eine neue fünfminütige audiovisuelle Schau und eine Ausstellung mit den zehn bedeutendsten Bauten Chicagos. Das Sky Deck ist von April bis September täglich von 9.00 bis 23.00 Uhr und von Oktober bis März von 10.00 bis 22.00 Uhr geöffnet. Information: Tel. (312) 875-9696.

Best Products Showroom, 1975
Almeda Genoa Shopping Center
Kingspoint, Kleckley Street
Houston, Texas
Site

Der Best Products Showroom ließ sich in einer nichtssagenden, farblosen Gegend der Stadt nieder – als scheinbar ruinöses Gebäude. Die brandneue weiße Backsteinruine mit ihrer »unvollendeten Fassade« sieht aus, als verfiele sie rings um den Supermarkt, den sie beherbergt. Eine kunstvolle Kaskade aus Backstein ergießt sich auf das Eingangsdach über den Köpfen der Käufer.

Die »unvollendete Fassade« entstand dadurch, daß die Backsteinverkleidung willkürlich über den logischen Rand der Dachlinie verlängert wurde, so daß die Architektur irgendwo zwischen Konstruktion und Zerstörung steckenblieb. Wie ein Hollywood-Film machte der Showroom eine neue Idee publik – der Bau einer Ruine –, die überraschenden Widerhall fand. Sobald der anfängliche Schock überwunden war, ließen sich kommerzielle und künstlerische Erfolge verzeichnen. Best errichtete noch sieben weitere »unvollendete« Ausstellungshallen und wurde dadurch international bekannt.

Site ist eine Gruppe New Yorker Künstler, die ihre Entwürfe für Best als Konzeptkunst im städtischen Maßstab sahen. Obwohl die Bauten ursprünglich schockierend wirkten, sagte James Wines, dies sei nicht ihr Ziel gewesen. Ihr »unfertiger« Zustand war vielmehr als Reaktion auf das Streben nach Perfektion und die Überverpackung in unserer Konsumgesellschaft gedacht. Wines beschreibt den Entwurfsprozeß von Site als »Entarchitekturisierung«. Heute würde man von Dekonstruktivismus sprechen.

In den siebziger Jahren war Best die größte Versandfirma mit Ausstellungsräumen in Amerika. Site erhielt eine Reihe von Aufträgen für Showrooms: das Geschäft mit der ausgehöhlten Ecke in Baltimore, Maryland; das Gebäude mit »abgelösten Backsteinen« in Richmond, Virginia; die scheinbar verlassene, überwachsene Fassade in Henrico, Virginia; den Ghost Parking Lot in Hamden, Connecticut, und das Inside/Outside Building in Milwaukee, Wisconsin.

Mitte der neunziger Jahre bezog ein Fachmarkt für Unterhaltungselektronik das Gebäude und bewahrte es vor dem drohenden Abriß – eine pulsierende Neonbeleuchtung entlang der »bröckelnden« Fassadenkante verändert das Erscheinungsbild jedoch wesentlich.

Pacific Design Center,

1975
8687 Melrose Avenue
West Hollywood, Kalifornien
Cesar Pelli, Gruen Associates

Das Pacific Design Center ist sehr groß und sehr blau und trägt deshalb den Spitznamen »Blauer Wal«. Tatsächlich zerstörte das riesige Ausstellungsgebäude für Innenausstattung das bis dato hier existierende Wohngebiet, so daß die Los Angeles Times von einem Versuch sprach, »einen Wal in einem Schwimmbecken im Hinterhof zu halten«.

Dennoch ist das Bauwerk zu einem architektonischen Orientierungspunkt und zu einer wichtigen Institution in Designerkreisen geworden.

Cesar Pelli entwarf das Gebäude (heute Blue Center genannt) als gigantische sechsgeschossige Konstruktion aus Glas, Farbe und Form. Die blauen Glaswände erheben sich zu einer tonnengewölbten, teilweise verglasten Galerie über der Dachfläche, die außen die Massivität des Gebäudes mildert und innen für Orientierung sorgt. Auch der Rücksprung an der Rückseite sucht die schiere Baumasse zu reduzieren: 67 500 m² mit rund drei Millionen Kubikmetern an Volumen.

1988 wurde dem Blue Center das ebenfalls sehr große Green Center zugesellt, das die Ausstellungsfläche noch einmal beträchtlich erweiterte.

Das Pacific Design Center ist montags bis freitags von 9.00 bis 17.00 Uhr geöffnet. Am Wochenende und feiertags geschlossen. Gruppen können nach Voranmeldung (eine Woche) geführt werden. Das Zentrum bietet auch designorientierte Programme und Ausstellungen an, darunter die große Westweek Show, die alljährlich im März stattfindet.

Information: Tel. (310) 657-0800.

Arcosanti, 1976 ff.
Interstate 17, Ausfahrt 262
Cordes Junction, Arizona
Paolo Soleri

Der visionäre, in Italien geborene Architekt Paolo Soleri erkannte schon vor langem, daß es eine natürliche Grenze für ungezügeltes Wachstum gibt und daß die wuchernden Vorstädte nicht immer hübsch bleiben würden. Soleri glaubt, Architektur und Natur könnten sich harmonisch verbinden. Für diesen Prozeß prägte er die Bezeichnung »arcology«, die seine lebenslange Suche kennzeichnet.

1976 begann Soleri mit Studenten und Freiwilligen, Arcosanti als Prototyp für 5 000 Menschen zu errichten. Heute wirkt es wie eine geschäftige Architekturwerkstatt, in der Leben und Arbeit praktisch untrennbar sind. Inzwischen gibt es genug fertige Bauten, um Teilnehmer an Workshops und Gäste aufzunehmen und gemeinsame Aktivitäten zu organisieren. Zu den fertiggestellten Bauten zählen offene, hangarartige Gewölbe, die als Plätze dienen, das Handwerksgebäude, ein Café, eine Bäckerei und ein Museum.

Soleri, der bei Frank Lloyd Wright in Taliesin West lernte, hält sich abwechselnd in Arcosanti und Cosanti auf, einer kleinen Siedlung manuell gebauter Betonhäuser in Erdschalung, die er in den sechziger Jahren begann. Das Dome House – seine innovative Kuppel aus Glas und Aluminium aus den fünfziger Jahren mit rotierenden, wassergekühlten Abschnitten – liegt auf halbem Wege zwischen den beiden Orten (ist aber nicht öffentlich zugänglich).

Cosanti, ein historisches Denkmal des Staates Arizona, liegt an der Doubletree Ranch Road 6433 in Scottsdale. Es ist täglich von 9.00 bis 17.00 Uhr geöffnet. An höheren Feiertagen geschlossen. Tel. (602)948-6145.

Arcosanti liegt ca. 100 Meilen nördlich von Phoenix, nahe der Kreuzung von I-17 und Highway 69 (Cordes Junction, Ausfahrt 262). Arcosanti ist täglich von 9.00 bis 17.00 Uhr geöffnet; geschlossen Thanksgiving und Weihnachten. Café und Galerie sind angenehme Aufenthaltsorte, wenn Wartezeiten entstehen. Gruppen von zehn und mehr Personen müssen reservieren. Arcosanti hat auch einige preiswerte Gästezimmer zur Übernachtung. Bei den Workshops gibt es ein sechswöchiges Programm sowie neuerdings eine eintägige Veranstaltung.

Anmeldung und Information: Tel. (602) 632-7135.

John Hancock Tower, 1976
200 Clarendon Street
Boston, Massachusetts
I. M. Pei & Partners

Vor nicht allzu langer Zeit war der John Hancock Tower das vielleicht am meisten belächelte Gebäude Amerikas, ein nationales Symbol für architektonische Probleme. Heute gilt er als einer der letzten großen Wolkenkratzer der Moderne, ein verspiegeltes Parallelogramm, das intellektuell ehrlich und geometrisch rein ist.

Freilich hatte das Gebäude eine turbulente Geschichte. Der Beginn war noch normal – die Rivalität von Firmen, die auf dem Feld der Architektur ausgetragen wurde. Mitte der sechziger Jahre beschloß eine der großen Versicherungsgesellschaften der USA – die John Hancock Mutual Insurance Company –, ihre Konkurrenten baulich zu übertreffen. Der Plan von Hancock, ein 60geschossiges, 180 000 m² umfassendes Hochhaus an einem einzigen Block nahe Copley Square zu errichten, erregte heftigen Protest. Wie konnte ein solcher Monolith die architektonischen Schätze der Nachbarschaft und ihren menschlichen Maßstab respektieren: die Trinity Church von H.H. Richardson, die Public Library von McKim, Mead & White und das Copley Plaza Hotel?

Eine reflektierende Glashaut, die für eine visuelle Reduktion der Masse sorgen sollte, war der Anfang des Unheils. Während der Bauzeit war der Turm 1973 Stürmen ausgesetzt, die ein Drittel der 10 000 Fenster zerstörten. Sperrholzplatten füllten die Lücken, und das Hochhaus wurde zum Skandal und zum Witz: das höchste Holzgebäude der Welt.

Den prominenten Architekten und ihrem Designer Henry Cobb

gelang es, die Probleme zu lösen und unbeschadet aus der Affäre hervorzugehen. Heute stellt sich der John Hancock Tower als Monument des Minimalismus dar: ein glatter, reflektierender Turm mit vertikalem Einschnitt, der elegant proportioniert und würdevoll wirkt. Das Gebäude spiegelt die umgebenden Architekturdenkmäler, zu denen es mittlerweile selbst gehört.

Im 60. Geschoß liegt ein Aussichtsdeck mit einem phantastischen Ausblick auf Boston. Von hier sind viele wichtige Bauten der Stadt zu erkennen. Das Deck ist täglich von 10.00 bis 22.00 Uhr geöffnet, außer an höheren Feiertagen.

Information: Tel. (617) 572-6425.

National Air and Space Museum,
1976
Independence Avenue, Mall zwischen
Fourth und Seventh Street S.W.
Washington, D.C.
Hellmuth, Obata & Kassabaum

Jeden Tag besuchen
etwa 50 000 Men-
schen das National
Air and Space Mu-
seum, das beliebteste
Museum Amerikas.
Es ist ein riesiges
Gebäude von 205
x 68 m, dessen
Längsseite an der
Independence Ave-
nue liegt. Von der
Mall gesehen wirkt
es wie vier Einzel-
bauten, Monolithen
aus rosafarbenem

Tennessee-Marmor, die durch drei Glas-
galerien miteinander verbunden sind.
Diese Galerien sind durch granitver-
kleidete Blöcke betont, die zwischen den
Bauten zu schweben scheinen.

Das Museum hatte das Problem zu
lösen, Flugzeuge auszustellen, sie also von
allen Seiten, einschließlich oben und unten,
sichtbar zu machen. Außerdem haben
Flugzeuge komplizierte Formen, die sich
nicht in Kästen packen lassen. Keine zwei
Flugzeuge sind sich gleich – Flügel, Räder,
Heck und Verstrebungen kragen nach allen
Richtungen aus.

Die Lösung ist dieselbe, die Kinder
bei ihren Modellflugzeugen benutzen – sie
hängen sie mit Schnüren an die Decke.
Große Glaswände lassen den Himmel
als Hintergrund ein. Über Treppen, Gänge
und offene Zwischengeschosse kann der
Besucher sich in allen drei Dimensionen
frei bewegen und die Ausstellungsobjekte
betrachten.

Die offenen Galerien sind mit einem System röhrenförmiger Binder gerahmt, von
denen die Flugzeuge an Stahlkabeln abgehängt sind. Die Tetraeder, Holme und
Balken erwecken ihrerseits den Eindruck
eines Flugzeugrumpfs. Sie demonstrieren
die realen Probleme der Luftfahrtinge-
nieure: die statischen und dynamischen
Belastungen, die ein Flugkörper tragen
muß, und die Notwendigkeit, diese Lasten
konstruktiv aufzufangen, ohne zusätzliches
Gewicht hinzuzufügen. Als Bauelement ist
dieses Fachwerk aus Rohren nicht unbedingt eine Metapher für den Menschen,
der sich zum Flug erhebt, aber es ist eine
sehr elegante Metapher für die Ideen der
Ingenieure, die uns zum Fliegen verholfen
haben.

Das National Air and Space Museum ist
täglich von 10.00 bis 17.30 Uhr geöffnet.
Weihnachten geschlossen.

Information: Tel. (202) 357-2700.

Pennzoil Place, 1976
700 Milam Street
Houston, Texas
Philip Johnson & John Burgee

Die beiden bronzefarbenen Türme von Pennzoil Place berühren sich fast. Faszinierend ist vor allem der nur 3 m breite Luftschlitz zwischen ihnen: Mal ist er sichtbar, mal nicht.

Am besten erlebt man dieses »Ereignis«, wenn man auf dem erhöhten Freeway an den Bauten vorbeifährt – ein Prozessionsweg, den Philip Johnson »automobilistisch« nennt.

In der kommerziellen Architektur leitete das elegante Bild des Pennzoil Place einen Trend zu »Designer«-Bauten ein. Statt der üblichen Glaskästen entwarfen Johnson und Burgee zwei trapezförmige Türme, deren Dächer schräg angeschnitten sind. In den spitzen Ecken der Geschosse findet sich viel »verschwendeter« Raum. Doch obwohl die Bauten allen Regeln der Immobilienbranche widersprechen, gingen die 108 000 m² Bürofläche »weg wie warme Semmeln«.

Auch der spektakuläre Atrium-Eingang des Pennzoil fand große Resonanz. Der Raum zwischen den beiden Türmen ist ab Straßenniveau von einem dreieckigen, an seiner Spitze acht Geschosse hohen Glasdach umschlossen, das im Hof Läden und Restaurants beherbergt.

Acht Jahre lange beherrschte Pennzoil Place die Skyline von Houston. Doch 1984 wurde gegenüber der riesige Turm der Republic Bank errichtet, der das Gebäude in den Schatten stellte, obwohl die Architekten der neuen Bank – wiederum Philip Johnson & John Burgee – sicherlich ihr unverwechselbares Pennzoil Place respektierten.

Information: Tel. (713) 224-5930.

Yale Center for British Art, 1977
Yale University
1080 Chapel Street, High Street
New Haven, Connecticut
Louis I. Kahn

Das Yale Center war Louis Kahns letzter Auftrag. Ein einmaliger Zufall in der Architekturgeschichte will es, daß es gegenüber der Yale Art Gallery liegt, dem ersten größeren Werk in Kahns Laufbahn.

Beim Center for British Art wird Kahns lebenslanges Streben nach Vereinfachung innen wie außen sichtbar. Das rasterartige Äußere besteht aus einem viergeschossigen Betonskelett, das mit Paneelen aus dunklem Glas und rostfreiem Stahl ausgefacht ist. Im Inneren bestehen die Platten aus Eichenholz. Ein zurückgesetzter Eckeneinschnitt markiert den Eingang und führt den Besucher in einen Lichthof, der durch Oberlichter beleuchtet wird. Die Oberlichter erhellen auch die oberen Ausstellungsräume und den zweiten Innenhof der Bibliothek.

Kahn respektierte alle Elemente eines Gebäudes. Vielleicht nehmen deshalb die vertikalen Schächte der technischen Ausrüstung eine exponierte Stellung in der Mitte ein. Eine wichtige Rolle spielt auch die zylindrische Treppe mit Betonwangen und Travertinstufen. Die inneren Farben und Materialien – Travertin, weiße Eiche, naturfarbene Wollteppiche und Wandverkleidung aus Leinen – schaffen einen unaufdringlichen Hintergrund, vor dem die Kunstwerke zur Geltung kommen.

Laut Kahn sollte das Museum »an einem wolkigen Tag wie eine Motte und an einem Sonnentag wie ein Schmetterling aussehen«. Leider starb er vor der Fertigstellung. Seine früheren Mitarbeiter Anthony Pellechia und Marshall Meyers übernahmen die schwierige Aufgabe, die letzten Details auszuarbeiten – und taten dies mit Bravour. Nun spiegelt sich auf nahezu mystische Weise Kahns erstes großes Gebäude im dunklen Glas seines letzten.

Paul Mellon stiftete das Gebäude und den Kern der Sammlung. Heute beherbergt das Center die umfangreichste Kollektion von englischen Gemälden, Zeichnungen, Druckgraphik, seltenen Büchern und Plastik außerhalb Großbritanniens.

Das Center ist dienstags bis samstags von

10.00 bis 17.00 Uhr und sonntags von 12.00 bis 17.00 Uhr geöffnet. Montags und an Feiertagen geschlossen. Führungen finden donnerstags und samstags um 11.00 Uhr statt. An einem Samstag im Monat wird auch eine Architekturführung veranstaltet.
Information: Tel. (203) 432-2850.
Führungen: Tel. (203) 432-2858.

Bass House, 1978
Fort Worth, Texas
Paul Rudolph

In Paul Rudolphs komplexem Entwurf für das Haus Bass finden sich Anklänge an zwei der wichtigsten Wohnbauten der Moderne: die kühnen Auskragungen von Fallingwater (siehe S. 67) und die Transparenz des Hauses Farnsworth (siehe S. 88). Doch das Haus setzt auch Rudolphs eigene Themen fort – die Interaktion vertikaler und horizontaler Flächen und die Verbindung stark gegensätzlicher Kräfte zu einem harmonischen Ganzen.

Beim Art and Architecture Building an der Yale University (siehe S. 119) verwendet Rudolph das Windmühlenkonzept, um diese Kräfte in vertikalen Betontürmen solide zu verankern. Auch die Organisation von Haus Bass beruht auf diesem Konzept: ein zentraler Hof mit vortretenden horizontalen Flächen auf allen Seiten.

Das Haus ist, Schicht um Schicht, aus weiß emaillierten, stählernen Breitflanschträgern, Aluminiumummantelung, Glas und weißem Porzellan gebaut. Es besteht aus drei Hauptebenen, die Rudolph in zwölf Bodenniveaus, vierzehn Deckenhöhen und ein kleines Penthouse unterteilte. Der Kamin im Kern des Hauses erhebt sich frei durch alle Niveaus. Um ihn sind der zweigeschossige Wohnraum, das obere Studio, die Bibliothek und die Treppen angeordnet.

Mit der komplizierten Schichtstruktur verwirklichte Rudolph sein Hauptziel, Raum zu schaffen. Das Haus wird zu einer Folge miteinander verbundener Volumen, die helle und dunkle, hohe und niedrige Räume bilden.

Die Außenräume sind in den Entwurf einbezogen: Terrassen auf vielen Niveaus, Innenhof, Schwimmbecken und Autostellplatz. Die räumliche Dynamik innen und außen wird noch gesteigert durch die prachtvolle Sammlung zeitgenössischer Kunst und die von Robert Zion, Russell Page und Anne Bass gestaltete Gartenanlage.

Das Haus ist in Privatbesitz.

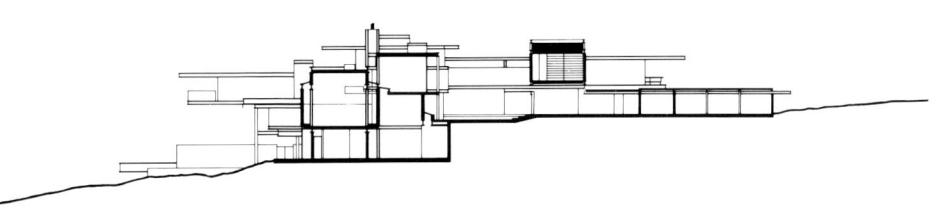

Gehry House,
1978
1002 22nd Street,
Washington Avenue
Santa Monica, Kalifornien
Frank O. Gehry

Der Schock des Neuen war nirgendwo so überraschend wie bei Frank Gehrys Haus in Santa Monica. Gehry begann mit einem traditionellen Haus in einer konventionellen Gegend von Los Angeles und riß es im wörtlichen Sinn auseinander. Als die Stücke wieder zusammenkamen, war die frühere Fassade hinter einer neuen verschwunden: einer gezackten, asymmetrischen Wand aus Wellblech und Holzplatten, bekrönt von Drahtgittern. Einige Pfosten des Altbaus blieben frei stehen, der Küchenboden wurde asphaltiert. Dies war eine irritierend neue Architektur, aber sie machte Eindruck und festigte Gehrys Ruf als großer Neuerer.

Mit seinem kühnen Haus leitete Gehry ein neues Interesse an der Verwendung industrieller Standardmaterialien in abstrakten Kombinationen ein, obwohl er sich keineswegs dem Trend der »Dekonstruktion« zurechnete. Als Reaktion auf die eher nüchternen Bauten des Internationalen Stils entwickelte Gehry neue, persönliche Visionen. Der in Toronto geborene Architekt erhielt 1989 den Pritzker-Preis. Er zeigte, daß auch ernsthafte Architektur Spaß machen kann.

Das Haus ist in Privatbesitz.

National Gallery of Art, East Building, 1978

Pennsylvania Avenue, Constitution
Avenue und Fourth Street
Washington, D.C.
I. M. Pei & Partners

Im Gegensatz zum Neoklassizismus der offiziellen Washingtoner Monumente – einschließlich der ursprünglichen National Gallery of Art von John Russell Pope auf der anderen Straßenseite – ist I.M. Peis East Building eine Studie in eleganter Einfachheit. Seine rosafarbenen Marmorwände sind flach und glatt, nur durch die klare Präzision der Konstruktion ornamentiert. Doch das Museum ist ein lebendiger Ort, der seine ständig wechselnden Ausstellungen einem großen Publikum vorstellen möchte.

Der scheinbaren Einfachheit des East Building liegt das Dreieck zugrunde, eine komplizierte Form, die in großem Maßstab gestalterische Kraft erfordert. Und das East Building ist mehr als nur ein einziges Gebäude. Es ist ein Komplex von ca. 27 000 m² einschließlich einer unterirdischen Verbindung zum alten Museum. Pei benutzte das Dreieckschema, um die Hauptfunktionen zu organisieren. Das größte Dreieck enthält das Museum mit seinen sieben Ebenen. Ein Studienzentrum daneben nimmt

ein kleineres Dreieck ein. Die beiden Bauten sind durch ein weiteres Dreieck verbunden, einen Lichthof, von dessen 18 m hoher Spitze ein riesiges rotes Calder-Mobile abgehängt ist. Da der Haupteingang bewußt niedrig gehalten ist, wirkt dieser spektakuläre lichterfüllte Raum als visuelle Überraschung. Er dient zugleich mit einer großen Treppe und erhöhten Korridoren als Zugang zu den Ausstellungsräumen.

Trotz aller Unterschiede zwischen dem alten neoklassizistischen Museum und dem neuen gibt es auch Gemeinsamkeiten. Beide Bauten verdanken ihre Existenz der Großzügigkeit der Familie Mellon. Und aus Sympathie für das alte Museum verkleidete Pei auch das moderne mit Marmor aus demselben Steinbruch in Tennessee.

I. M. Pei studierte bei Walter Gropius an der Harvard University. Den Prinzipien der Moderne, die ihm dort vermittelt wurden, blieb er während seiner ganzen Laufbahn treu. Doch anders als viele moderne Architekten besitzt Pei große Sensibilität gegenüber der Umgebung. Das East Building ist präzise an der National Gallery ausgerichtet, und die Eingänge an der Fourth Street liegen einander gegenüber.

Das Museum ist montags bis samstags von 10.00 bis 17.00 Uhr und sonntags von 12.00 bis 21.00 Uhr geöffnet. Weihnachten und Neujahr geschlossen.

Führungen montags bis samstags um 13.00 Uhr und sonntags um 14.30 Uhr.

Information: Tel. (202) 737-4215.

Piazza d'Italia, 1979
300 Block of Poydras Street
New Orleans, Louisiana
*Charles Moore mit August Perez &
Associates und Ron Filson*

Die strahlenden Farben sind inzwischen leicht verblaßt, doch die Piazza d'Italia bleibt eine der eindrucksvollsten Ikonen der Postmoderne. Die Piazza feiert die italienische Gemeinde von New Orleans, und ihr Stil paßt zur Umgebung. New Orleans, diese europäischste aller amerikanischen Städte, war lang jenen Idealen treu, die dann in den siebziger Jahren als »postmodern« bezeichnet wurden – eine lebendige historische Tradition, eine Vorliebe für Witz und Farbe und Toleranz für theatralischen Mutwillen.

Die Piazza ist eine Freiluftbühne mit einem Triumphbogen in der Mitte und einer Reihe gekurvter freistehender Kolonnaden mit antikisierenden Ordnungen davor.

Die Säulen (einige aus Stahl) umgeben einen Brunnen, der über verschiedene Stufen und Niveaus abwärtsplätschert.

Von oben ist zu erkennen, daß die Piazza aus konzentrischem Backsteinpflaster besteht und daß der Brunnen eine Landkarte Italiens mit den Flüssen Po, Tiber und Arno darstellt. Nachts wird der Platz durch Neonlicht erhellt.

Charles Moores Arbeit als »künstlerischer« Architekt und sein Mut zur Veränderung erhoben ihn in den Spitzenrang seiner Profession. 1991 erhielt er die Goldmedaille des American Institute of Architects. Er lehrte an der School of Architecture der University of Texas in Austin. »Wir versuchen sie fröhlich zu machen«, sagte er von seiner Architektur, die dabei stets auf hohem Standard blieb.

Bei der Piazza d'Italia sorgte er für humoristische Anspielungen, zum Glück ohne jene Scherze für Eingeweihte, die spätere Bauten der Postmoderne so peinlich machen. Das Gesicht des Architekten ist als wasserspeiende Maske in den Bogenzwickeln verewigt.

Moores Platz sieht immer noch frisch aus, obwohl die Stadt sich dieses postmodernen Meisterwerks nicht besonders angenommen hat.

Die Piazza ist Tag und Nacht zugänglich.

The Atheneum, 1980
North und Arthur Street
New Harmony, Indiana
Richard Meier & Associates

New Harmony zählt heute etwa 900 Einwohner (genau so viele wie bei der Gründung der utopischen Gemeinschaft 1814), doch diese kleine Zahl von Menschen hat eine faszinierende Geschichte. In New Harmony entstanden der erste Kindergarten, die erste Berufsschule, das erste freie öffentliche Schulsystem und die erste freie Bibliothek des Landes. Diese Geschichte wird hier im Visitors Center, das seinerseits eine Touristenattraktion ist, präsentiert und mit Objekten und Filmen dokumentiert.

Der strahlend weiße Baukörper des Atheneums mit seinen scharfen Winkeln, den geschwungenen Kurven und kühnen Rampen und Treppen bildet einen starken Kontrast zu den umgebenden grünen Feldern am Ufer des Wabash River. Die prominent hervortretenden Rampen und Treppen der Außenseite weisen den Besucher auf die Bedeutung des Prozessionsweges von außen nach innen und im Inneren selbst hin. Er kann sich über die zentrale Wendeltreppe oder das Rampensystem durch das Gebäude bewegen. In je-

dem Fall sind die Objekte der Vergangenheit mit Ausblicken auf die Gegenwart – die von Fenstern gerahmte Landschaft – kombiniert. Da die Innenrampe 5° vom Hauptraster abweicht, scheinen sich die Räume zu weiten und zu verengen, wenn man durch das vielschichtige Gebäude geht. Endstation dieses Weges ist die Dachterrasse mit Aussicht auf die Stadt. Hierhin führen auch die freiliegenden Außentreppen.

Der größte Raum des Gebäudes, das Auditorium, ist streng und eindrucksvoll. Weiße Wände, ein schwarzer Teppich, eine Decke aus Aluminiumlamellen und Holzbestuhlung erinnern an Themen der Moderne, an Alvar Aalto und die Shaker.

Meiers Bauten haben in Amerika und international großen Einfluß ausgeübt. Das Atheneum markiert den Übergang von den frühen Häusern zu den größeren Aufträgen wie dem High Museum in Atlanta.

Das Atheneum ist täglich von 9.00 bis 17.00 Uhr geöffnet. Bei größeren Gruppen sollte eine Voranmeldung erfolgen: Tel. (812) 682-4488.

156 Garden Grove Community Church, 1980 (Crystal Cathedral)

12141 Lewis Street
Garden Grove, Kalifornien
Philip Johnson & John Burgee

Einige Blocks von Disneyland entfernt erhebt sich der glitzernde geometrische Baukörper der Garden Grove Community Church (bekannt als Crystal Cathedral) in der flachen Landschaft von Orange County. Aus einigen Blickwinkeln könnte man diesen Bau aus Spiegelglas mit einem Bürogebäude der frühen achtziger Jahre verwechseln. Doch ein riesiges Kreuz über dem benachbarten Turm enthüllt seinen religiösen Charakter.

Im Inneren spielt die Architektur eine beherrschende Rolle. Die Kirchgänger werden geblendet durch Spezialeffekte, vor allem durch die riesige weiße Wabendecke, deren gedämpftes Licht aus dem Jenseits zu kommen scheint. Diese Wirkung entsteht durch ein räumliches Tragwerk aus gestrichenen Stahlrohren. Der ungewöhnliche Grundriß besteht aus einem vierzackigen Stern von 125 m Länge und 62 m Breite. Das Dach erreicht an seiner höchsten Stelle 38 m.

Die Crystal Cathedral wurde für den Fernsehprediger Reverend Robert M. Schuller errichtet und verfügt über eine sehr große Gemeinde. Die Kirche selbst hat nahezu 3000 Plätze im Hauptgeschoß und auf dreieckigen Emporen. Vor den Gottesdiensten öffnen sich 27 m hohe Glastüren für die Drive-in-Teilnehmer in ihren Autos.

Führungen finden montags bis samstags von 9.00 bis 15.30 Uhr jede halbe Stunde statt. Sonntagsgottesdienste um 9.00, 11.00 und 18.30 Uhr.

Information: Tel. (213) 971-4000.

Thorncrown Chapel,
1980
Highway 62 West
Eureka Springs, Arkansas
E. Fay Jones

lang und 14,40 m hoch. Sie selbst liegt im Wald verborgen, doch ihre Konstruktion ist deutlich sichtbar. Die sich kreuzenden Deckenbalken bilden ein offenes Fachwerk und lassen ein rhythmisches Muster entstehen, das durch die ganze Länge des Gebäudes führt. Alles trägt dazu bei, diesen wirkungsvollen Effekt zu steigern: Die Wände sind aus Glas und Holz, die Böden und Sockel der Seitenwände aus Feldstein. Die Natur sorgt für die Ornamente, und die Beleuchtung wirkt übernatürlich.

Jones sagte von der Kapelle, sie sei »im Einklang mit der Natur«. Diese naturbezogene Denkweise und das geometrische Holzwerk des Gebäudes lassen an Frank Lloyd Wright denken, bei dem Jones 1953 in Spring Green, Wisconsin, lernte. Im selben Jahr eröffnete er ein Büro in Fayetteville und begann seine 35jährige Lehrtätigkeit an der University of Arkansas. Jones' Wohnhausentwürfe greifen ebenfalls viele der hier angesprochenen Naturthemen auf. 1990 erhielt Jones für sein Lebenswerk die Goldmedaille des American Institute of Architects.

Die Kapelle liegt 1,6 km westlich von Eureka Springs am Highway 62 West. Geöffnet April bis Oktober 9.00 bis 18.00 Uhr; November 9.00 bis 17.00 Uhr; März und Dezember 11.00 bis 16.00 Uhr; Januar und Februar geschlossen. Auch die Sonntagsgottesdienste variieren je nach Jahreszeit. 1989 wurde ein von Jones entworfenes Worship Center in Thorncrown eröffnet.

Information: Tel. (501) 253-7401.

Diese kleine Kapelle in den Ozark-Wäldern macht an Grandeur wett, was ihr an Größe fehlt. Fay Jones benutzte nur wenige Materialien – was zwei Arbeiter den Berg hinauftragen konnten –, um eine abstrakte, überkonfessionelle Kirche zu schaffen, die so eindrucksvoll und zeitlos ist wie eine gotische Kathedrale. 1991 wurde die Kapelle vom American Institute of Architects zum besten Bauwerk Amerikas seit 1980 gewählt. Sie zählt zu den wenigen Bauten, die sowohl dem Publikum als auch der Architekturkritik gefallen.

Die Kapelle ist nur 7,20 m breit, 18 m

M. D. Anderson Hall, 1981
Rice University School of Architecture
Houston, Texas
James Stirling, Michael Wilford & Associates

James Stirling erhielt
1981 den Pritzker-
Preis. Anderson Hall,
das erste amerikani-
sche Projekt des
Londoner Architek-
ten, wurde später
im selben Jahr er-
öffnet und stand
natürlich im Schein-
werferlicht. Wie hatte
Stirling seinen phan-
tasievollen High-Tech-
Stil bei der Renovie-
rung und Erweite-
rung eines Gebäudes
aus den vierziger
Jahren angewendet, auf einem Campus,
der dem Kontext verpflichtet war?

Die einfache Antwort ist, daß Stirling
und Wilford sich außen dem Umfeld an-
glichen und im Inneren ihren modernen
Stil entfalteten. Die Architekten übernahmen den »Rice«-Stil, eine mediterrane
Mischung aus gestreiftem Terrakotta-Back-
stein mit Fassungen aus Kalkstein, roten
Ziegeldächern und Bogenarkaden. So ist
es schwierig zu erkennen, wo das alte
Gebäude aufhört und das neue beginnt.
Doch es gibt Hinweise auf die Arbeit
Stirlings und Wilfords: die Giebelwand der
Westfassade mit ihrem hohen, zurückgesetzten Bogen und einem Rundfenster
im oberen Teil des Bogens, eine Stütze in
der Mitte des Eingangs und zwei konische
Laternen auf dem Dach.

Durch den neuen Flügel der Anderson
Hall entsteht ein schöner Gartenhof. Eine
Kolonnade stellt die Verbindung zwischen
dem Gebäude und dem Campus her.
Die beiden Laternen markieren die Haupteingänge. Die Ausstellungs- und Jury-
räume, Studios und Büros im Inneren
mit ihren weißen Wänden wirken kühl und
funktional.

Stirling starb 1992 im Alter von 66 Jahren.
Mit seiner Neuen Staatsgalerie in Stuttgart
von 1984, die als eines der wichtigsten
neuen Museen der Welt gilt, hatte er internationale Anerkennung geerntet. In Amerika gibt es freilich nur eine Handvoll Bauten Stirlings: die Anderson Hall an der Rice
University; das Arthur M. Sackler Museum
an der Harvard University (siehe S. 175),
1985 fertiggestellt; und das Performing
Arts Center an der Cornell University, das
1989 eröffnet wurde.

Information zur Anderson Hall:
Tel. (713) 527-8101.

Columbus City Hall, 1981
123 Washington Street
Columbus, Indiana
Skidmore, Owings & Merrill

Die Stadt Columbus ist stolz auf ihre Architektur, und das mit Recht. Diese Kleinstadt mit etwa 30 000 Einwohnern besitzt mehr als 50 architektonisch bedeutsame Bauten, darunter Kirchen von Eliel und Eero Saarinen, eine Schule von Richard Meier und eine Bibliothek von I.M. Pei. Dieses architektonische Erbe ist kein Zufall. Es geht auf die Unterstützung der Cummins Engine Foundation zurück, die zum Honorar prominenter Architekten beiträgt, um qualitätvolle Architektur zu gewährleisten.

Das Büro von Skidmore, Owings & Merrill in San Francisco erhielt den Auftrag, das wichtigste öffentliche Gebäude von Columbus zu errichten. Edward Charles Bassett, der es entwarf, schuf ein dreieckiges Gebäude mit symbolhaft offenem Eingang. Eine breite Treppe führt die Besucher in einen halb umschlossenen Vorhof. Der Weg in den Hof wird durch ein Paar auskragender, mit Backstein verkleideter Stahlbinder markiert, die in der Luft zu hängen scheinen und sich nicht ganz berühren. Diese Binder rahmen visuell eine gekurvte Glaswand, die den Zugang zum Gebäude enthält.

Das dreigeschossige Gebäude ist an der Basis mit Indiana-Kalkstein und in den oberen Geschossen mit Backstein verkleidet. Hinter der gekurvten Glasfassade erhebt sich eine zweigeschossige Halle zu einer Galerie im oberen Geschoß, die durch zwei Treppen erschlossen wird. Hier sind Büros der Stadtverwaltung, Konferenzräume und der Ratssaal untergebracht. Auf der Eingangsebene des 5 400 m² großen Gebäudes liegt ein Sitzungssaal.

Im Inneren wird die Geschichte der Stadt Columbus dargestellt: Quilts der Amish People, Fotos und Zeichnungen lokaler Bauten sowie Bilder von Robert Indiana und William T. Wiley.

Das Visitors' Center bietet eine Diaschau, Touren, Karten und andere Informationen über die lokale Architektur. Tourenreservierung: Tel. (802) 372-1954. Das Center ist montags bis samstags von 9.00 bis 17.00 Uhr geöffnet, vom 1. April bis 31. Oktober auch sonntags von 10.00 bis 14.00 Uhr.

Information über Öffnungszeiten, Unterkunft und andere Aktivitäten: Tel. (800) 468-6564.

Seaside, Florida, 1981 ff.
County Road 30-A
Nahe Panama City, Florida
Andres Duany und Elizabeth Plater-Zyberk,
Master Planners

Bauunternehmer Robert Davis entwarfen Duany und Plater-Zyberk den Masterplan für Seaside auf einem 33 ha großen Grundstück mit einer 690 m langen Front entlang des Golfs von Mexico. Der Plan sieht etwa 450 Häuser vor, ein Stadtzentrum mit Hotels, Büros und Läden und einen Bezirk mit Werkstätten und Lagerhäusern. Öffentliche Bauten wie Postämter sind in den Nachbarschaften verteilt, wo sie Mittelpunkte bilden. Die zentrale Rolle des Strandes in diesem Seebad wird durch den Strandpavillon, einen Aussichtsturm und einen kleinen Park betont. Die Hauptelemente des Masterplans wurden in einen städtischen Bebauungsplan übernommen, der Kontinuität sichert, aber auch Individualität erlaubt.

Seaside stellt ein radikal neues Konzept der amerikanischen Stadt vor – überraschend ist nur, wie sehr es den Kleinstädten vor fünfzig oder hundert Jahren ähnelt. Damals waren schmale, gepflasterte Straßen von hübschen Häusern in Pastellfarben aus vertrauten Materialien und in erkennbaren Formen gesäumt. Frontveranden, Schindelwände und Blechdächer zählten zum architektonischen Repertoire. Die Straßen führten zum Stadtzentrum oder zum Strand.

Statt dessen entstanden in den letzten Jahrzehnten ausufernde Vororte mit breiten Straßen und starkem Autoverkehr. Sie sehen alle gleich aus. Verloren gingen dabei der Sinn für den Ort und ein Gefühl der Gemeinschaft.

Um dieser Entwicklung entgegenzuwirken, kehrten Andres Duany und seine Frau Elizabeth Plater-Zyberk zu den Ursprüngen zurück: dem authentischen Prototyp der Kleinstadt, der für Amerika der Inbegriff des Heims war.

Zusammen mit dem aufgeschlossenen

Die neue Stadt Seaside hat sich nur langsam entwickelt. Nach zehn Jahren war nur etwa die Hälfte der geplanten Bauten errichtet. Außer den pittoresken Häusern entstanden auch architektonisch interessante Neubauten: Steven Holls Büro-/Hotel-/Geschäftskomplex am Hauptplatz; Walter Chathams Appartementhaus am Ozean; und am Tupelo Circle das Haus des berühmten britischen Architekten und Theoretikers Leon Krier.

Seaside liegt zwischen Panama City und Destin an der County Road 30-A zwischen Grayton State Park und Seagrove Beach.

Information: Tel. (904) 231-4224.

YWCA Masterson Branch and Metropolitan Offices, 1981

3615 Willa
Houston, Texas
Taft Architects

Der Memorial Drive ist der schönste Parkway Houstons. Er führt entlang Buffalo Bayou westlich der Stadt und durch die Wälder des Memorial Park. Zum Glück zerstört das YWCA diese Landschaft nicht, sondern fügt eher etwas hinzu.

Das YWCA ist wie sein Grundstück lang und schmal. Seine beiden Hauptfassaden unterscheiden sich deutlich. Die meisten Besucher kommen vom Memorial Drive und sehen zuerst die Rückseite: eine Reihe vortretender, mehrfarbiger Kästen und einen weiten offenen Bereich – eine genaue Widerspiegelung der Anordnung von Sporträumen, Schwimmbecken, Büros und Hof im Inneren.

Die Eingangsfassade, eine 105 m lange Wand, ist dagegen flächig und glatt und sagt weniger über die dahinterliegenden 1800 m² aus. Die Fläche ist mit graphischen Bogen- und Giebelformen dekoriert, deren Terrakottafliesen sich von beigefarbenem und blaugrauem Putz und dem kräftigen Blau der Beschriftung abheben. Dieser farbenfrohe Dekor erfüllt auch den Zweck, die Eingänge in die drei getrennten, aber miteinander verbundenen Teile des Gebäudes zu markieren:

Büroflügel, umschlossener Garten und Pavillon.

Im Inneren ist die spartanische Atmosphäre einer Sportstätte kombiniert mit dem freundlichen Eindruck eines guten Fitneßklubs. Der Grundriß ist weit und offen mit großen Fenstern und farbigen Betonböden. Das große Atrium im Herzen des Pavillons ist beherrscht von einer schlangenförmigen Rampe, die Blicke ins Innere, auf das Schwimmbecken und in den Park bietet. Besonders interessant sind die großen Türen (Garagentüren mit Fenstern), die phantasievoll als bewegliche Wände eingesetzt sind.

DAs YWCA ist täglich geöffnet: montags bis donnerstags von 5.45 bis 20.45 Uhr, freitags bis 18.00 Uhr, samstags 8.30 bis bis 12.30 Uhr und sonntags 14.00 bis 18.00 Uhr.

Die Benutzung der Einrichtungen ist gegen eine geringe Gebühr möglich.

Information: Tel. (713) 868-6075.

National Aquarium, 1981
Pier 3, 501 E. Pratt Street
Baltimore, Maryland
Cambridge Seven

Baltimore erlebte in den achtziger Jahren eine erstaunliche Wiederbelebung, als der Innere Hafen in eine große touristische Sehenswürdigkeit verwandelt wurde. Bei der Sanierung der Hafengegend erwies sich besonders das neu geschaffene National Aquarium als Anziehungspunkt. Das Aquarium ist eine Mischung zwischen Zoo und Naturkundemuseum und lockte vom ersten Tag große Menschenmengen an.

Trotz seiner Einzigartigkeit erinnert das Aquarium an Charles Moores Sea Ranch: Die Glasdächer haben eine ähnliche Schrägung, der rauhe Beton läßt an die verwitterten Holzwände von Sea Ranch denken, und eine bunte Supergraphik akzentuiert den Hafenblick. Doch im Inneren wird das Aquarium sogleich zu einer ganz eigenen farbenreichen, wenn auch schattigen Unterseewelt.

Diese Wasserwelt zeigt das Wasser als Grundlage allen Lebens. Ausgestellt sind nicht nur Fische, sondern auch Säugetiere, Vögel, Amphibien und Pflanzen. Das Museum hat Lebensräume aus aller Welt rekonstruiert und beherbergt mehr als 5 000 Tiere in fast 9 Millionen Liter Wasser.

Die Hauptausstellung ist in einem fünfgeschossigen Atrium mit einem gläsernen Pyramidendach untergebracht, das einen simulierten Regenwald überdeckt. Mit dem Atrium ist ein vier Ebenen umfassender ovaler Ringtank verbunden. Ein separater Bau beherbergt den Marine Mammal Pavilion und das Auditorium des Sound Theater mit 1300 Plätzen. Wichtig ist, wie die Besucher von der erhöhten Eingangsplattform durch das komplizierte Gebäude geführt werden. »Die Zirkulation spielt die Hauptrolle«, erklärte Peter Chermayeff von Cambridge Seven. Rolltreppen fahren kreuz und quer durch das Atrium nach oben und enden im Regenwald. Die Besucher gehen auf Rampen durch die Mitte des großen Tanks zurück nach unten. Eine glasgedeckte Brücke führt sie dann zum Marine Mammal Pavilion.

Die Kontrolle der großen Wassermengen wurde durch die Lage des Aquariums am Hafenpier erschwert. Da die technische Ausrüstung nicht unterirdisch untergebracht werden konnte, wurde sie auf dem Niveau der Plaza und in Teilen des Zwischengeschosses installiert.

Das Aquarium ist im Juli und August sonntags bis donnerstags von 9.00 bis 18.00 Uhr geöffnet; freitags und samstags 9.00 bis 20.00 Uhr. Von September bis Juni sonntags bis donnerstags 10.00 bis 17.00 Uhr; freitags 10.00 bis 20.00 Uhr (außer März bis Oktober, wenn es um 9.00 Uhr öffnet).

Information: Tel. (410) 576-3800.

Vietnam Veterans Memorial, 1982

Constitution Avenue NW, 21st Street
Washington, D. C.
Maya Lin

Der Besuch des Vietnam Veterans Memorial ist nicht in erster Linie ein architektonisches, sondern ein tiefes emotionales Erlebnis.

Der Zugang zu dem Monument erinnert an den Marsch der Infanterie, die in den Krieg zieht. In Gesellschaft freundlicher Fremder gehen die Besucher über einen leicht ansteigenden Hügel, bevor sie langsam in ein Tal der Dunkelheit und des Todes hinuntersteigen. Es ist, als schritte man in ein offenes Grab. Das Schicksal der Soldaten ist dem Monument abzulesen, einer tief in die Erde eingelassenen schwarzen Granitwand. Der Grabstein scheint endlos, Tafel nach Tafel aus poliertem schwarzem Granit mit den Namen von mehr als 58 000 Amerikanern, die ihr Leben in Vietnam verloren. Je weiter die »Wand« nach unten führt, desto höher wird sie, ein Zeichen dafür, wie die Todesfälle zunahmen, als die Konflikte sich verschärften. Wer die Namen der Kriegstoten liest, bekannt oder unbekannt, empfindet ein Gefühl des Erkennens und der Verantwortlichkeit: Das Gesicht, das er in der reflektierenden Wand sieht, ist sein eigenes.

»Ich wußte, man würde weinen, wenn man das sah«, sagt Maya Lin. Sie ist Architektin und Bildhauerin und entwarf das Denkmal, als sie 21 Jahre alt und Architekturstudentin in Yale war. Aus architektonischer Sicht beschreibt sie es als Studie in Oberfläche und Dimension, die durch Bearbeitung zu reiner Fläche ohne Dimension wird. Materiell gesehen ist das Memorial tatsächlich nur das: eine Wand, ein Weg, Textreihen – die Beschränkung auf das reine Minimum. Dennoch wirkt diese Architektur wie ein Kunstwerk.

Das Vietnam Veterans Memorial liegt in der Nähe des Lincoln Memorial und ist immer zugänglich. Parkplätze sind schwer zu finden, deshalb ist die Metro empfehlenswert.

Von 8.00 Uhr bis Mitternacht sind die National Parks Service Rangers in Dienst. Die Beamten helfen, Namen zu finden, und sorgen für Papier und Hinweise beim Nachzeichnen eines Schriftzugs.

Information: Tel. (202) 426-6841 oder (202) 619-7302.

Atlantis on Brickell,
1982
2025 Brickell Avenue
Miami, Florida
Arquitectonica

len unter einem Vordach markiert; direkt hinter den Eingangstüren findet sich der gleiche Satz von Säulen noch einmal.

Die Rückseite erregt Aufmerksamkeit durch einen riesigen, strahlend blau gestrichenen Putzraster über einem kleineren, hellgrauen Raster aus Balkonen und Gittern. Auf dieser Seite erfährt auch die Frage nach dem Verbleib des »fehlenden Lochs« ihre Auflösung: Es ist offenbar an den Tennisplätzen gelandet, ein 11 m großer Kubus mit Squashcourts und einem Gymnastikraum.

Das Atlantis an der Brickell Avenue sieht so aus, als hätte Arquitectonica die gesamte Architekturgeschichte überblickt und entschieden, daß nun die Zeit für ein wenig Spaß gekommen sei. Die Überraschung ihres ungewöhnlichen, farbenfrohen Entwurfs ist ein Loch von 11 m im Quadrat, das aus der Spiegelwand gestanzt ist. Der kühne Ausschnitt rahmt eine exotische hellrote Wendeltreppe mit gelben Wänden und eine gigantische Palme, die mehrere Geschosse hochragt.

Die Fassaden des Gebäudes sind unterschiedlich gestaltet, haben aber eine starke Farbigkeit und graphische Akzente gemeinsam. An der Brickell Avenue wird das Loch in der Mitte visuell durch ein großes rotes Dreieck rechts auf dem Dach und durch vier hellgelbe dreieckige Balkone in der linken unteren Hälfte ausgeglichen. Der Haupteingang ist durch vier rote Säu-

Das Atlantis hat zwanzig Wohngeschosse, 90 Appartements und sechs Maisonettewohnungen. Vier Geschosse öffnen sich auf den surrealen »Himmelshof« – mit einem Whirlpool, einem Türkischen Bad und einem spektakulären Ausblick.

Das unbekümmerte Raffinement des Atlantis setzte in Miami Beach neue Maßstäbe. Als das Gebäude eröffnet wurde, waren die Chefs von Arquitectonica – Laurinda Spear, Bernardo Fort-Brescia und Hervin Romney – in den Dreißigern. Ihr relativ früher Erfolg machte ebenso viele Schlagzeilen wie das Gebäude. Bei ihren folgenden Aufträgen entlang der Brickell Avenue führte Arquitectonica die farbenfrohen Themen des Atlantis weiter.

Portland Building, 1982
Fourth und Fifth Avenue,
Madison und Main
Portland, Oregon
Michael Graves

Das Portland Building markiert einen dramatischen Wandel in der öffentlichen Architektur Amerikas. Es war das Gebäude, das Michael Graves – einen modernen Architekten, Künstler und Professor in Princeton – zum prominentesten Vertreter der »Postmoderne« machte. Und es war das erste Monument der Postmoderne, ein Bauwerk, das die Kunst wieder in die Architektur einführte.

Im Gegensatz zu den kühlen, undekorierten Glastürmen der letzten fünfzig Jahre greift das Portland Building auf klassische Ideen zurück und verwendet sogar Ornamente in einer breiten Skala von Naturfarben. Der 15geschossige Turm erhebt sich über einem Sockel aus grünen Keramikfliesen, und der Eingang ist durch hohe Stützen markiert. Der cremefarbene Kubus darüber wird durch gelbbraune Pilaster belebt, die in schräg vorstehenden »Kapitellen« enden. Kleine quadratische Punktfenster legen den Fassaden, die seitlich mit blauen Girlanden dekoriert sind, ein strenges graphisches Muster auf. Die Dachzone tritt zurück, so daß ein umlaufender Balkon entsteht, der Ausblick auf den fernen Mount Hood gewährt. Die drei Geschosse hohe Statue der »Portlandia«, einer allegorischen Figur des Stadtsiegels, markiert als Symbol des Bürgersinns den Haupteingang.

Graves gilt als der originellste Architekt der frühen Postmoderne. In den späten siebziger Jahren hauchte er den alten klassischen Idealen

neues Leben ein. Er tritt ein für visuelle Stimulierung, für Farbe und Dekoration, Symbolismus, Romantik und Humor – alles, was die Modernisten so lange verbannt hatten.

Graves' Design umfaßt alle Bereiche: Außer der Architektur entwirft er Geschirr für Swid Powell, Teekannen und Uhren für Alessi, Firmenlogos für Klienten wie Lenox und Möbel und Textilien für SunarHauserman. Seine schönen Zeichnungen und Aquarelle erzielen auf dem Kunstmarkt hohe Preise.

Das Portland Building ist an Wochentagen während der Geschäftsstunden geöffnet. An Feiertagen geschlossen. Führungen finden mittwochs um 9.00 und 13.30 Uhr und donnerstags um 13.30 Uhr statt. Reservierung zwei Wochen im voraus erforderlich. Tel. (503) 823-4572.

166　**General Foods Headquarters,** 1983
(Philip Morris International/
Kraft General Foods International)
800 Westchester Avenue
Rye Brook, New York
Kevin Roche, John Dinkeloo & Associates

gang. Sie ist 28 m hoch und dank Spiegeln und verspiegelter Elemente von oben bis unten mit Glanz erfüllt; selbst die innere Kuppel des Atriums reflektiert. Dennoch ist im Inneren die klassische formale Disziplin des Äußeren fortgeführt. Der luxuriöseste Bürobereich wird »Tiara« genannt – eine Galerie im 7. Geschoß, die um die Rotunde führt und auf das Atrium blickt.

Joel Garreaus Buch Edge Cities (1991) skizziert die große Migration in Amerika nach dem Krieg: Stadtbewohner zogen in die Vororte, und bald folgten ihnen die Geschäftsleute nach. Dem Entwurf der Hauptverwaltung von General Foods lag die Idee eines »Hauses« in einer natürlichen Umgebung zugrunde. Als sollte der Charakter einer Residenz betont werden, ist das Gebäude mit weißem Aluminium verkleidet. Doch mit 50 400 m² ist es zweifellos ein sehr großes »Haus«.

Das Gebäude ist eine klassische Komposition mit einer zentralen Rotunde, die von zwei symmetrischen Flügeln flankiert wird. Die Symmetrie wird vollendet durch das Bild des Gebäudes, das sich in dem vor der Rotunde gelegenen künstlichen Teich spiegelt. Die Hauptanfahrt durchschneidet den Teich und führt hinauf und durch das Zentrum des Gebäudes, bevor sie in der Parkgarage verschwindet.

Die Rotunde, die mit dem Wohnraum der Firma verglichen wird, bildet mit ihren sieben Geschossen einen eindrucksvollen Ein-

Die Idee des »Hauses« tritt auch in den Büros in Erscheinung, die mit sanften Farben und Einbaumöbeln in Wohnraumqualität ausgestattet sind. Hochliegende Fenster sorgen für natürliche Belichtung.

Kevin Roche und John Dinkeloo, deren Büro sich in Hamden, Connecticut, befindet, sind seit den sechziger Jahren Partner, als sie bei Eero Saarinen arbeiteten. Zu ihren Verwaltungsbauten zählen die Ford Foundation, John Deere und Union Carbide. Ende der achtziger Jahre erwarb Philip Morris das General Foods Building als Hauptverwaltung für Kraft Foods International und Philip Morris International.

Information: Philip Morris Management Corporation, Tel. (914) 335-5000.

High Museum of Art, 1983
1280 Peachtree Street N.E.
Atlanta, Georgia
Richard Meier & Partners

Das High Museum zählt zu den wenigen Bauten, die gleichzeitig eindrucksvoll und einladend wirken – vielleicht, weil Meiers Entwurf die bestorchestrierte »Prozession« seit dem Guggenheim Museum bietet.

Von Anfang bis Ende sind Menschen in Bewegung Teil des Konzepts. Der Hauptzugang führt über eine zeremonielle ansteigende Eingangsrampe, die nahe der Tür abknickt. Von hier geht man durch einen niedrigen, dunklen Eingang, der die Ankunft in der Lobby, einem strahlend hellen Atrium mit Oberlicht, vorbereitet. Von diesem lebendigen, fächerförmigen zentralen Atrium führt eine Reihe von Rampen entlang der Glaswände zu den drei Ausstellungsgeschossen. Schließlich teilen sich die die Sammlungen verlassenden Besucher die lange zentrale Rampe mit den Neuan-

kömmlingen. Faszinierend wirken beim Gang über die Rampe große weiße Paneele – wie leere Leinwände –, die Meier entlang des Weges plazierte. Sonnenlicht und Schatten aus dem Oberlicht des Atriums zeichnen ständig wechselnde Muster auf die Paneele.

Weiß in allen Schattierungen ist die Farbe der Innenräume. In den Galerien werden vor allem Künstler des Südens gezeigt. Das Museum baut aber auch Sammlungen für Fotografie und Angewandte Kunst auf.

Im Jahr nach der Eröffnung des High Museum erhielt Richard Meier den renommierten Pritzker-Preis. Nach dem erfolgreichen High Museum begann Meier mit seinen Entwürfen für das neue J. Paul Getty Museum.

Das Museum ist dienstags bis samstags von 10.00 bis 17.00 Uhr, freitags bis 21.00 Uhr, sonntags 12.00 bis 17.00 Uhr geöffnet. Montags geschlossen.

Information: Tel. (404) 898-9540.
Sonderführungen: Tel. (404) 898-1145.

168 **333 Wacker Drive,** 1983
Wacker Drive, Lake und Franklin Street
Chicago, Illinois
Kohn Pedersen Fox

Ausgangspunkt für 333 Wacker Drive war das schwierige dreieckige Grundstück an einer Biegung des Chicago River, der das lineare Bebauungsraster der Stadt durchschneidet. Der Wacker Drive verläuft am Fluß entlang, so daß das Gelände von Fluß und Straße begrenzt wird. So entstand ein kleiner dreieckiger Halbblock, dessen Hypotenuse zum Fluß zeigt.

Auffälligstes Kennzeichen des 35geschossigen Bürogebäudes, das Kohn Pedersen Fox hier errichteten, ist der zum Fluß hin orientierte gekurvte Curtain Wall aus grünem Glas. In ihm spiegelt sich die Farbe des Flusses, und flache Wände zu beiden Seiten rahmen das Gebäude gegen den Himmel.

Gegenüber 333 Wacker Drive auf der anderen Seite des Flusses liegt der Merchandise Mart, ein betont vertikales Gebäude. KPF entschieden sich dagegen für horizontale Linien. Die gekurvte Fassade besitzt horizontale Streifen aus Stahlprofilen, die im Abstand von 1.80 m plaziert sind. Die anderen Seiten sind dagegen flächig, mit Ausnahme einer vertikalen Kerbe in der gesamten Höhe des Gebäudes an der Stadtseite und eines Sägezahnmusters an der Spitze.

Optische Effekte werden auf überraschende Weise genutzt. Da das Grundstück dreieckig ist, treten die Seitenwände völlig hinter der gekurvten Front zurück. Von bestimmten Blickpunkten aus entsteht so die Illusion, das Gebäude sei atemberaubend dünn – eine Glasscheibe, die aus der Stadt-

landschaft ragt. An der Basis schaffen Streifen von farbigem Granit und Marmor den Eindruck massiver Schichten. Die zweigeschossige Lobby im Inneren wirkt wie poliert – mit Decken aus rostfreiem Stahl, die den Marmorboden spiegeln, und theatralischen konzentrischen Treppen. Auch das benachbarte Gebäude 225 West Wacker stammt von KPF.

Das Gebäude ist während der Geschäftszeiten geöffnet. Es gehört auch zu zwei Touren der Chicago Architecture Foundation (West Loop und Architecture River Cruise).

Information: CAF, Tel. (312) 922-TOUR.

Transco Tower, 1983

2800 Post Oak Boulevard, Westheimer
Houston, Texas
Philip Johnson & John Burgee

achten; bei Sturm wirkt der Turm düster und unheimlich.

Eine Pyramide bekrönt das 144 000 m² große Gebäude. Der bogenförmige zeremonielle Eingang ist mit rosa Granit verkleidet. Allerdings kommen die meisten Besucher mit dem Auto und gehen von der Garage gegenüber durch einen glasgedeckten Gang ins Gebäude.

Südlich des Turms liegt ein Park mit der populären Transco Fountain, einer 18 m hohen Fontäne, die ebenfalls von Johnson und Burgee entworfen wurde. Das Wasser strömt über die Innen- und Außenseiten des Bogens nach unten, so daß ein hypnotisierendes Gefühl vertikaler Bewegung entsteht. Ein freistehendes Portal rahmt den Blick auf das Wasser.

Das Gebäude ist während der normalen Geschäftszeiten geöffnet. An der Spitze liegt ein Aussichtsdeck.

Information: Gerald Hines Interests, Tel. (713) 850-8841.

Der Transco Tower ähnelt einem klassischen Kalksteinbau der zwanziger Jahre, der mit steinfarbenem Spiegelglas verkleidet ist. Doch hier spiegeln sich die zurückgesetzten Pfeiler wider. Sie stehen sich an den Ecken gegenüber und verleihen dem Gebäude eine kristalline Erscheinung. Die visuellen Effekte sind vielfältig: An bewölkten Tagen ist es faszinierend, auf dem nahen Freeway um das Gebäude zu fahren, um die wechselnden Reflexionen zu beob-

Gordon Wu Hall, 1983
Princeton University Campus
College Walk, Butler Walk
Princeton, New Jersey
Venturi, Rauch & Scott Brown

Die Gordon Wu Hall ist wie Frank Lloyd
Wrights Fallingwater in ein Grundstück
gezwängt, das nicht einmal zu existieren
schien, bevor Venturi, Rauch & Scott
Brown darauf ein Gebäude errichteten.
Deshalb ist sie lang und schmal und von
vorhandenen Bauten eingeengt – »ein Bin-
destrich«, wie Robert Venturi sie nannte.
Diese Charakterisierung ist besonders
passend, denn Venturi sieht die Architektur
als Literatur, als spezielle Sprache der
Zeichen und Symbole.

Zweck der Gordon Wu Hall war es, die
umliegenden Bauten um ein neues Wohn-
heim zu ergänzen. Obwohl eines der vorhandenen Studentenheime sehr modern
ist, ließ sich Venturi von dem gotischen Stil
inspirieren, der auf dem 250 Jahre alten
Campus von Princeton vorherrscht und
der seinerseits auf Oxford und Cambridge
zurückgeht. Venturi wies darauf hin, daß
wir zwar keine klassischen Bauten mehr
errichten, sie aber auf unsere Weise in
unserer Zeit darstellen können.

Das dreige-
schossige Ge-
bäude in »mo-
derner Gotik«
aus orangefar-
benem Back-
stein mit Kalk-
steinelementen
paßt sich den
älteren Nach-
barbauten in
Größe, Farbe
und Gliederung
hervorragend
an. Zugleich
wirkt seine
Individualität
stimulierend,

vor allem die Eingangsfassade mit grauen
Granit- und weißen Marmoreinsätzen, die
von den Studenten als Katzengesicht mit
Schnurrbart bezeichnet wird.

Im Gegensatz zu dem lebendigen
Äußeren macht das Innere einen ruhigen
Eindruck, aber auch einen außerordentlich
geräumigen, denn die gerundeten Erker-
fenster gewähren einen offenen Blick von
einem Ende zum anderen. Das erste Geschoß beherbergt die Mensa, die zugleich
als »großer Saal« dient. Eine breite Treppe,
»große Bleiche« genannt, bildet ein Amphitheater und ist zugleich Zugang zu einer
Lounge, Büros und einer Bibliothek im
zweiten Obergeschoß.

Die Firma Venturi, Rauch & Scott Brown
aus Philadelphia ist durch ihre Architektur
und ihre Schriften weltweit bekannt, und
ihre Aphorismen (»Main Street is almost
alright«) sind legendär.

Robert Venturi, der Chefentwerfer, ist
Absolvent der Princeton University. Er
erhielt 1991 den Pritzker-Preis. Nach dem
Erfolg der Gordon Wu Hall errichtete
die Firma zwei weitere Bauten an der
Princeton University: das Lewis Thomas
Molecular Biology Laboratory Building
(nur Außengestaltung) und das Fuller
Building.

Information: Tel. (609) 258-3000.

AT & T Building, 1984
550 Madison Avenue
New York
Philip Johnson & John Burgee

Philip Johnson sagte, man könne Geschichte nicht nicht kennen. Wie zum Beweis dieser These erinnert die 36geschossige Hauptverwaltung von AT & T sofort an eine Chippendale-Kommode, die im kollektiven Gedächtnis der Amerikaner bewahrt zu sein scheint. Der architektonische Witz für Eingeweihte wurde bald zu einer Ikone.

Die Wiederbelebung eines historischen Stils in einem so großen Maßstab markierte einen Wendepunkt in der Architektur – die Abkehr von dem kalten, anonymen Glaskasten zugunsten von Wärme, visueller Faszination und einer starken Identität für ein prominentes amerikanisches Unternehmen.

Es ist durchaus passend, daß Philip Johnson, der erste amerikanische Architekt, der in den dreißiger Jahren den Internationalen Stil verfocht, zu den ersten zählte, die ihn vierzig Jahre später verwarfen.

Die überdimensionale Kommode ist mit rosa Granit verkleidet. Im Sockelgeschoß liegen eine Plaza und ein 20 m hohes Rundbogenportal, das den Haupteingang bildet. An der Rückseite ist eine Ladenpassage untergebracht.

Als das AT & T Building eröffnet wurde, galt es als paradox, daß ein High-Tech-Unternehmen in einem »altmodischen« Gebäude residierte. Doch das Innere, so wurde stets betont, war nach dem neuesten Stand ausgerüstet. 1992 erwarb eine andere High-Tech-Firma, die Sony Corporation, das Gebäude von AT & T. Heute sind hier die Büros von Sony Music untergebracht.

Das Gebäude ist während der normalen Geschäftszeiten geöffnet.

Information: Tel. (212) 833-8000.

California Aerospace Hall, 1984
California Museum of Science & Industry
700 State Drive, Exposition Park
Los Angeles, Kalifornien
Frank O. Gehry

Die heroischen kaliforni-
schen Testpiloten sind stolz
darauf, »die Grenzen zu
überschreiten« – was
Frank Gehrys Architektur
auf ihre Weise tut. Sie
weist neue Wege im Mu-
seumsbau, indem sie die
»Sammlung« für alle sichtbar außen präsentiert.

Das Gebäude ist auf
harmonische Weise dis-
harmonisch. Es besteht
aus zwei Teilen, von denen
der größere Bau ein sieben-
seitiger, mit genietetem
Blech verkleideter Hangar
ist, der schräg auskragt.
Daran schließt der recht-
eckige weiße Museums-
flügel an, der durch einen
vor die Wand montierten
Starfighter F 104 Aufsehen
erregt.

Das Museum öffnet
sich nach außen, lockt die
Menschen aber auch in die Innenräume,
in denen die Flugzeuge und Weltraum-
objekte präsentiert werden. Die Flugzeuge
sind von der Decke abgehängt, so daß
man sie von allen Seiten betrachten kann.
Das Licht dringt durch riesige Fenster ein,
die die Sonne von Los Angeles dämpfen.

Gehry hat sein Büro in Santa Monica.
In dieser Gegend sind viele seiner Bauten
zu besichtigen: sein eigenes berühmtes
Wohnhaus in Santa Monica, das frühe
Danziger Studio, die Loyola Law School
und das Chiat / Day Building in Venice,
um nur einige Objekte zu nennen. Inzwischen ist Gehry international berühmt.
1987 erhielt er den Pritzker-Preis, sein

American Center in Paris wurde 1992
eröffnet.

Die California Aerospace Hall liegt im
Exposition Park East nahe der University
of Southern California. Sie ist täglich von
10.00 bis 17.00 Uhr geöffnet, außer Thanksgiving, Weihnachten, und Neujahr.

Information: Tel. (213) 744-7400.

Loyola Law School, 1984
1440 Olympic Boulevard
Los Angeles, Kalifornien
Frank O. Gehry & Associates

Mit einer Ausnahme stammen alle Bauten auf dem Campus der Loyola Law School von Frank Gehry. Er entwarf sogar die Parkgarage. Fünf Bauten des Architekten aus Santa Monica sind hier versammelt: drei Vorlesungsgebäude, eine Kapelle und ein höheres Gebäude mit Seminarräumen, Büros und einer Buchhandlung. Mit ihren gelb, orange und blaugrau gestrichenen Wänden bilden sie eine farbenfrohe Komposition. Das höhere Gebäude beherrscht das Gelände. Die kleineren – zum Teil fast miniaturhaften – Bauten sind so angeordnet, daß sie den Blick auf dieses Gebäude lenken – eine Art Akropolis, ohne daß ein Berg vorhanden wäre.

Gehrys Erfindungskraft ist überall spürbar. Ein treibhausartiger Tempel scheint aus der Spitze des Seminargebäudes herauszuwachsen, und eine auskragende, blitzförmige Treppe führt das Auge nach oben zum Tempel, als habe sie die Schale des Gebäudes durchbrochen.

Die Logik, die hier am Werk ist, besteht darin, den Betrachter zu verblüffen. Einige der visuellen Schockeffekte gehen auf starke Linien zurück, die im Nichts zu enden scheinen oder dort verlaufen, wo sie es nicht sollten. Überraschend sind auch die für Gehry typischen billigen Baumaterialien in ungewöhnlichem oder bewußt unpassendem Kontext. Zudem läßt Gehry gern Teile der Konstruktion offen oder gibt einem Gebäude von vornherein ein permanent unfertiges Aussehen. Doch er macht deutlich, daß es ihm ernst ist: Das Holz mag Sperrholz sein, aber es ist poliertes Sperrholz.

Die Loyola Law School liegt nahe des Harbor Freeway im Zentrum von Los Angeles und ist im Vorbeifahren zu sehen. Doch da der Campus nicht öffentlich zugänglich (und von Weihnachten bis Neujahr ganz geschlossen) ist, muß ein Besuch telefonisch angemeldet werden.

Information: Tel. (213) 736-1000.

Herring Hall, 1985
Rice University
Houston, Texas
Cesar Pelli & Associates

Dem Import von Architekten
verdankt die Rice University
ihren Beaux-Arts-Stil, aber
auch ihre neuen, »klassisch-
modernen« Bauten hoch-
profilierter Architekten: Cesar
Pelli von der Ostküste, James
Stirling aus England und
Ricardo Bofill aus Spanien.
Die New Yorker Architekten
Cram, Goodhue & Ferguson
hatten 1910 den Masterplan
entwickelt, mit mediterranen
Bauten aus rotbraunem Backstein und
Kalkstein und roten Ziegeldächern, die um
offene Höfe und Rasenflächen mit alten
Eichen angeordnet sind.

Cesar Pellis Entwurf für die Herring
Hall, die Wirtschaftsfakultät der Rice University, nimmt den Stil des Campus auf,
führt aber eine neue Lebendigkeit und
dekorative Backsteinmuster ein. Pelli teilte
das Gebäude in zwei lange, voneinander
abgesetzte Rechtecke mit unterschiedlichen Dachlinien – ein Schrägdach und ein
Pultdach –, die durch einen glasüberdeck-
ten zentralen Korridor und eine Arkade
miteinander verbunden sind. Alle Außen-
fronten sind mit Backstein verkleidet.
Der rotbraune St.-Joe-Backstein ist Hintergrund für horizontale Streifen wie die
burgunderroten glasierten Backsteine, die
an den Längsseiten die Geschoßhöhen
markieren. Die kurzen Querseiten sind mit
einem rautenförmigen Muster dekoriert,
das die Studenten zu der Bezeichnung
»Herringbone Hall« (Fischgräten-Halle)
inspirierte.

Das dreigeschossige Pultdachgebäude,
das Seminarräume und Vorlesungssäle
enthält, liegt nahe der Straße. Der Haupteingang ist durch ein großes Dreieck aus
grünem Glas akzentuiert. Im flach gedeck-

ten Atrium des Gebäudes ist die Bibliothek
untergebracht. Die Arkade im Erdgeschoß
hat eine gewölbte Decke und Stützen, die
teils mit Backstein und Kalkstein, teils mit
Stahl verkleidet sind. Vor dem Gebäude
liegt eine weite Rasenfläche, die von alten
Eichen überschattet ist.

Daß die Herring Hall im Inneren so hell
und licht erscheint, liegt an ihren vielen
großen Fenstern und den Balkonen und
Terrassen, die den Entwurf bestimmten.
Spektakulär ist vor allem die Bibliothek, ein
zweigeschossiger überwölbter Raum mit
Pelli-Dekor an der Decke und verfliesten
Wänden.

Pelli, der aus Argentinien stammt, ist
Absolvent der University of Illinois. Als
Dekan der Yale School of Architecture
von 1977 bis 1984 war er auch mit der
Campus-Planung betraut, was sicherlich
zum Erfolg der Herring Hall beitrug.

Information: Tel. (713) 527-8101.

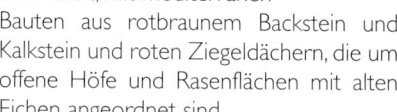

Humana Building, 1985
500 West Main
Louisville, Kentucky
Michael Graves

Nach Jahrzehnten der Monochromie brachte Michael Graves' Portland Building von 1982 (vgl. S. 165) wieder Farbe in die Architektur. Während das Portland Building noch im großen und ganzen kastenförmig ist, bietet das Humana Building eine extravagante dreidimensionale Mischung aus Formen, Materialien und Texturen. Doch auch die Farbgestaltung ist ungewöhnlich. Graves' Palette zeigt sich in den Materialien, die er auswählte, darunter rosa finnischer und grüner brasilianischer Stein. Farbe akzentuiert auch wichtige Teile des Gebäudes und verbindet den Bau mit der natürlichen Welt: Braun läßt an Erde denken, Blau an den Himmel.

Die 26 Geschosse des Humana Building sind in drei Bereiche unterteilt – Basis, Mittelteil und Spitze – und zeigen viele historisch inspirierte Motive. Die sechsgeschossige Basis nimmt das ganze Grundstück ein, mit rechteckigen Stützen an der Außenseite, die eine Arkade bilden. Über dem Abschluß dieses Unterbaus kragt eine abgeschrägte Brüstung aus, die von einem dreieckigen Oberlicht aus Glas bekrönt ist.

Der 47 500 m² große Turm tritt von der Basis zurück und nimmt nur etwa die Hälfte der Fläche ein. Der Mittelteil, der Büros enthält, wirkt mit seinen Reihen quadratischer Fenster streng und einfach. Das gigantische Dach erinnert an alte äyptische und Maya-Formen. Im 25. Geschoß an der Vorderseite liegt ein gebogener Balkon, der von dunkelbraun gestrichenem Stahlfachwerk gestützt wird.

Die Lobby des Humana Building ist an Wochentagen von 8.30 bis 21.00 Uhr zugänglich. Private Führungen können arrangiert werden.

Information: Tel. (502) 580-3610.

PA Consulting Group,
1985
279 Princeton Road
Hightstown, New Jersey
Richard Rogers

Beim ersten Anblick wirkt das High-Tech-Flaggschiff der PA Consulting Group überwältigend. Neun riesige Stahlrahmen – 18 m hohe Stahlrohrmasten – sind entlang der Hauptachse des Gebäudes aufgereiht. Die offene Stahlkonstruktion ist mit Kabeln verspannt, die scheinbar in riesigen Ringen verankert sind. Die Versorgungseinrichtungen sind frei auf dem Dach installiert. Die unterschiedliche Farbfassung der technischen Elemente – Silber für die Klimaanlage, Grün für Sprinkler, Orange für elektrische Leitungen – verleiht dem Komplex ein festliches Aussehen. Bei Sonnenuntergang ist das Gebäude in einen überirdischen orangefarbenen Schimmer gehüllt.

Der britische Architekt Richard Rogers hat zusammen mit Renzo Piano beim Pariser Centre Pompidou in den siebziger Jahren »High Tech« praktisch erfunden. Dort lenkten die freiliegenden Bauelemente und die kühne Farbgebung die

Aufmerksamkeit auf das Museum und die Position der Stadt als Kulturkapitale. Bei PA soll die Architektur die innovative Technologie einer Firma von Managementberatern und Spezialisten für Produktentwicklung mit internationaler Klientel zum Ausdruck bringen.

Die High-Tech-Ästhetik des eingeschossigen, 3 840 m² großen Rechtecks, des ersten Gebäudes von Rogers in den Vereinigten Staaten, verlangte die Verwendung standardisierter Bauteile. Auch im Inneren verliert man die faszinierende Konstruktion nicht aus den Augen: Ein Oberlicht entlang der Gebäudeachse erlaubt einen Blick auf die Unterseite. Große Raumzonen sind stützenfrei und dadurch flexibel zu nutzen.

Alle Elemente der komplizierten Konstruktion stammen sozusagen direkt aus dem Regal. Dennoch ist die industrielle Ästhetik eines High-Tech-Gebäudes nicht billig. Die allgemeine Begeisterung für High-Tech wurde im Gegenteil durch hohe Kosten gedämpft.

Im Vorbeifahren ist das Gebäude gut zu sehen. Wegen des besonderen Charakters des Unternehmens müssen aber Besichtigungen vorher vereinbart werden.

Information: Tel. (609) 426-4700.

Arthur M. Sackler Museum,
1985
Harvard University
Broadway, Quincy Street
Cambridge, Massachusetts
James Stirling und Michael Wilford

Der international bekannte britische Architekt James Stirling, der 1992 im Alter von 66 Jahren starb, hinterließ brillante Bauten in England und Deutschland, aber nur drei Werke in Amerika, und die alle auf Collegegelände. Bei allen dreien ist die größte Überraschung, wie wenig sie auf den ersten Blick nach Stirling aussehen.

Das Sackler Museum, eine Erweiterung des Fogg Museum der Harvard University auf der anderen Straßenseite, ist vor allem durch die Hauptfassade und die Gestaltung des Inneren interessant.

Wer von Nordwesten kommt, trifft auf geschlossene, beinahe abweisende Wände: zwei Seiten und eine abgerundete Ecke mit zweifarbigen Ziegelstreifen und unregelmäßig plazierten Fenstern. Dieser Teil des Gebäudes enthält die fünf Geschosse des L-förmigen Verwaltungsbereichs, der die drei Galerieniveaus im Herzen des Museums umschließt.

Sehr viel lebendiger ist die Hauptfassade – fast ein Gesicht mit einem großen Glasquadrat auf der Stirn, einem langen, dreieckigen Fenster darunter und drei Glastüren an der Basis. Die zwei flankierenden Säulen haben Lüftungsschlitze, die wie Ohren aus-

sehen. Diese Fassade soll später möglicherweise den Hintergrund für einen überdeckten Gang im dritten Geschoß bilden, der das Sackler Museum mit dem Fogg Museum verbinden würde.

Die Eingangsfassade ist nur Prolog für die große Geste gleich nach der Eingangstür: eine steile, hohe, schmale Treppe mit Oberlicht und hellen Farbstreifen an den Wänden. Die Treppe führt zu den zwei Geschosse hohen Galerien, die 990 m² Fläche einnehmen. Im unteren Niveau liegt ein Saal mit 250 Plätzen.

Das Sackler Museum zeigt die Orientalischen und Islamischen Kunstsammlungen der Universität und beherbergt auch Wechselausstellungen. Es ist dienstags bis samstags von 10.00 bis 17.00 Uhr geöffnet und an Feiertagen geschlossen. Führungen finden dienstags bis freitags um 12.00 Uhr statt.

Information: Tel. (617) 495-9400.

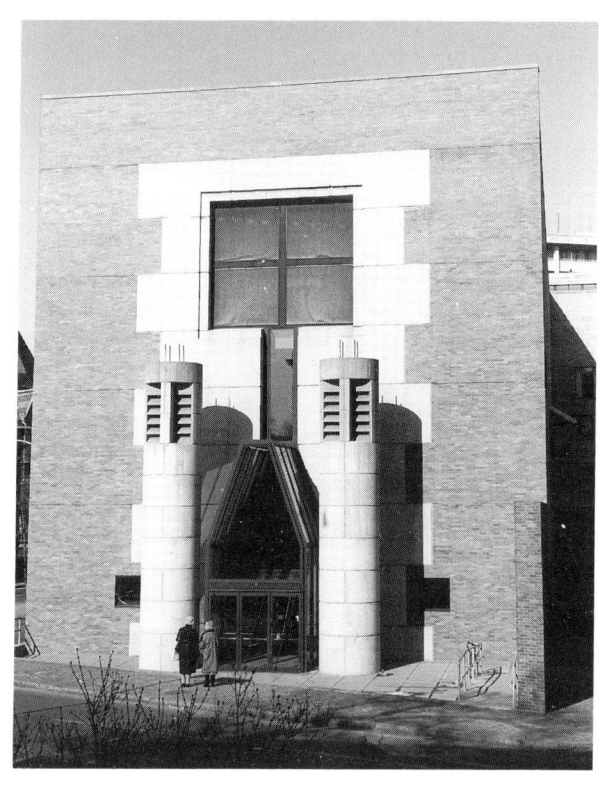

State of Illinois Center, 1985
Clark, La Salle, Randolph
und Lake Street
Chicago, Illinois
Helmut Jahn

Dieses Gebäude bildet einen neuen Mittelpunkt des West Loop in Chicago. Allerdings ist es umstritten. Die Steuerzahler von Illinois, die für den Bau bezahlten, behaupten, dieses relativ niedrige Gebäude habe mit 172 Millionen Dollar mehr gekostet als der sehr viel höhere Sears Tower (eine nicht unbedingt überzeugende Rechnung). Paul Goldberger sprach von »Architektur auf Amphetaminbasis«. Andererseits wird es gepriesen wegen seiner futuristischen Form, seines atemberaubenden Atriums und der Vermischung der Regierungsbürokratie mit Läden und Büros.

Die komplexe Gebäudestruktur sieht von jedem Winkel anders aus. Doch die Grundidee ist einfach: Man nehme einen Eisblock und richte eine Höhensonne auf eine Ecke. Die Ecke schmilzt weg und rundet dadurch den Kubus. (Tatsächlich entstand das Terrain von Illinois in der Vorzeit durch Gletscherschmelze.)

Die Hauptfassade bildet eine dreifach gestaffelte Kurve, bekrönt von einem verwegen abgeschrägten Zylinder. Diese komplizierte Konstruktion ist mit farbigem Glas und Klarglas verkleidet. Die Farben sind der Höhe entsprechend abgestuft: von Dunkelblau an der Basis bis zu Weiß an der Spitze, mit lachsfarbenen Zwischentönen. Mit seinen geschwungenen und abgewinkelten Wänden, seiner Vielfarbigkeit und seinen vielen Sprossen wirkt das 108 000 m² große Gebäude wie ein kostbar facettierter Koloß.

Natürlich ist auch das Innere keine Einheitslösung. Man be-

tritt ein zylindrisches Atrium mit 48 m Durchmesser, das die ganzen 17 Geschosse einnimmt und über dem Dach in ein abgeschrägtes Silo übergeht (eine weitere Anspielung auf die Vergangenheit von Illinois). Hellrote Verstrebungen bedecken das »Oberlicht« und führen an den blau- und lachsfarbenen Wänden entlang hinunter. Die große Rotunde ist von kreisförmigen Bürogeschossen umringt, und die Aufzugreihen sind freistehende Türme, die in das Atrium auskragen und einen unvergeßlichen räumlichen Eindruck vermitteln.

Der aus Deutschland stammende Helmut Jahn, einer der aufsehenerregenden Praktiker seiner Profession, entwarf das Gebäude mit seiner Firma Murphy/Jahn aus Chicago. Er zog hier alle Register, so daß sein United Terminal des O'Hare Airport dagegen geradezu ruhig wirkt.

Das State of Illinois Center ist schon am Tag sehenswert, aber bei Nacht ist die Beleuchtung spektakulär. Das Gebäude ist täglich während der Geschäftsstunden zugänglich. Es gehört auch zum Programm der täglichen Besichtigungen der Architecture Foundation »Modern and Beyond«.

Information: CAF, Tel. (312) 922-TOUR.

Architecture College, 1986
University of Houston
4800 Calhoun
Houston, Texas
Philip Johnson & John Burgee

Wie so viele Houstoner Institutionen in den siebziger und achtziger Jahren wählte die University of Houston prominente Architekten für ihren Neubau: Philip Johnson und John Burgee. Doch der Entwurf des Gebäudes geht letztlich auf Claude-Nicolas Ledoux zurück, einen französischen Architekten, der von 1763 bis 1826 lebte und als der erste große Baumeister des Romantischen Klassizismus gilt.

Das Architecture College ist praktisch ein wörtliches »Zitat« von Ledoux' Entwurf für das Haus der Erziehung in seiner imaginären Idealstadt Chaux. Hier wurde das 200 Jahre alte Projekt mit modernen Baumethoden realisiert. Die formale, symmetrische Komposition besteht aus einer massiven kreuzförmigen Basis aus beigefarbenem Backstein, aus der eine zentrale rechteckige Attika hervortritt, die von einem Tempel mit weißen Säulen bekrönt ist. Die Fenster sind regelmäßig angeord-

net: eine rechteckige Reihe im Erdgeschoß, darüber eine Reihe quadratischer Fenster und schließlich ein Band hoher Bogenfenster mit einem Okulus an der Spitze. Alle Fassaden folgen demselben Muster, einschließlich palladianischem Eingangsbogen. Auf allen Seiten kragen auch die Dächer aus und lassen Schattenspiele auf den flächigen, glatten Wänden entstehen.

Das Innere wirkt offener und reicher als das Äußere. Das viergeschossige zentrale Atrium mit fünf Ebenen zeigt mit seinen ornamentierten Treppenläufen, Balkons und Säulen und dem Oberlicht viktorianische Anklänge. Um den Lichthof sind Seminarräume, Studios, Büros, eine Bibliothek und eine Galerie angeordnet.

Das College of Architecture soll einen neuen Eingang zum Campus markieren. Es ist vom South Freeway I-45 sichtbar. Die Schule ist montags bis freitags von 8.00 bis 17.00 Uhr geöffnet. Häufig werden Sonderausstellungen gezeigt. Studenten der Universität veranstalten Führungen.

Information: Tel. (713) 743-1000.

Los Angeles Museum of Contemporary Art, 1986
250 South Grand Avenue
Los Angeles, Kalifornien
Arata Isozaki

mit seinen sieben Niveaus liegen unter der Erde. Der Besucher gelangt zuerst in einen niedrigeren Eingangshof, bevor er das Gebäude betritt.

Zu beiden Seiten des Eingangshofs präsentiert sich das Museum als zweiteiliger Bau. An der Nordseite liegt die höhere Partie, dominiert von dem überwölbten Bibliotheksflügel mit seinen großen Onyxfenstern und dem Kubus des Kartenschalters an der Eingangstür. Große pyramidenförmige Oberlichter markieren die Südseite. Diese Pyramiden sorgen zusammen mit bandförmigen Oberlichtern für die Belichtung der oberen Ausstellungsräume.

Architektonisch gesehen ist das Museum of Contemporary Art (MOCA) eine Oase im Zentrum Manhattans. Dieses erste amerikanische Gebäude des japanischen Architekten ist eine brillante Kombination westlicher Geometrie und östlicher Gelassenheit. Es hatte sofort großen Erfolg. Doch für Isozaki kam dieser Erfolg zu schnell. Er glaubt, das Museum habe gerade erst den langsamen Prozeß begonnen, sich selbst zu behaupten.

Im Laufe der Zeit wird das MOCA mehr und mehr von den Türmen der California Plaza umgeben werden, eines geplanten Mischnutzungsgebiets, dessen Mittelpunkt das Museum bilden soll. Isozaki sah sein Gebäude als Dorf zwischen den Wolkenkratzern. Es sollte durch sein Design eine Präsenz erhalten, die es von den hohen Nachbarbauten abhob.

Das MOCA nimmt ein enges Grundstück ein, und große Teile des Gebäudes

Außen herrscht ein Luxus von Materialien, Farben und Details. Große Teile des Gebäudes sind mit rotem Sandstein verkleidet, der mit rustiziertem Stein kontrastiert und sich gegen die dunkelgrünen Aluminiumpaneele abhebt. Das Innere ist dagegen kühl und kontemplativ. Die weißen Räume haben Ahornböden und sind äußerst sparsam ausgestattet, um nicht von der ausgestellten Kunst abzulenken. Der Hauptsaal, ein 18 m hoher überwölbter Raum unter dem größten Oberlicht, zählt zu Isozakis faszinierendsten Innenräumen.

MOCA ist dienstags bis sonntags von 11.00 bis 17.00 Uhr und donnerstags bis 20.00 Uhr geöffnet. Geschlossen montags, Thanksgiving, Weihnachten und Neujahr. Führungen donnerstags bis sonntags um 13.00 und 14.00 Uhr.

Information: Tel. (213) 621-2766.

Kate Mantilini Restaurant, 1986

9109 Wilshire Boulevard, Doheny Drive
Beverly Hills, Kalifornien
Morphosis/Thom Mayne und
Michael Rotundi

Dieses dekonstruktivistische »Rasthaus für das Jahr 2000« begann mit der tatsächlichen Dekonstruktion eines Bankgebäudes aus den fünfziger Jahren, in dessen alten Konstruktionsrahmen ein Restaurant von industrieller Eleganz eingefügt wurde. Die neuen Wände aus weißen Keramikfliesen, Glasbausteinen und verputztem Zement wirken alt, während das Stahlgerüst der Bank neu aussieht.

Doch das Gebäude ist höchst aktuell. Der Stahlzeiger einer Sonnenuhr ragt auf dem Dach empor, und die Blockbuchstaben über Kate Mantilinis Eingang sind nachts in farbiges Neonlicht getaucht.

Das Restaurant zählt zu den aufregendsten Räumen der Stadt. Mittelpunkt des 30 m langen Raums ist eine komplizierte Stahlskulptur – ein Planetarium –, die die Fortsetzung der durch das Oberlicht sichtbaren Sonnenuhr auf dem Dach zu sein scheint. In alten Zeiten benutzten Astronomen den Uhrwerkmechanismus des Planetariums, um die Bewegung der Planeten darzustellen. Die Mechanismen konnten erd- oder sonnenzentriert sein. Das moderne Gerät des Restaurants ist selbstzentriert. Es endet in einem Zeiger, der den Grundriß des Gebäudes in eine Stahlplatte auf dem Boden »eingeschrieben« hat.

Kate Mantilini, die Namensgeberin des Restaurants, war in den vierziger Jahren Boxpromoterin, was die Wandbilder mit Boxern erklärt. Das größte Bild, gemalt von John Wehrle, überspannt die gekurvte Nordwand über der Theke; ein kleineres bildet den Hintergrund für die Planetariumsskulptur.

Unter den Dekonstruktivisten nimmt die Gruppe Morphosis dank ihres architektonischen Raffinements eine besondere Stellung ein. Peter Cook bemerkte, daß Morphosis die Fähigkeit besitze, ihre Bauten sowohl zu verankern wie explodieren zu lassen.

In einer Stadt der anspruchsvollen Restaurants ist Kate Mantilini zu einer besonderen Attraktion geworden. Und da Thom Mayne und Michael Rotundi ihre Partnerschaft 1991 auflösten, ist das Gebäude eine der letzten gemeinsamen Arbeiten des einflußreichen Teams.

Kate Mantilini ist montags bis freitags von 7.30 bis 3.00 Uhr geöffnet, samstags 12.00 bis 3.00 Uhr, sonntags 10.00 Uhr bis Mitternacht. Tel. (310) 278-3699.

Charles Moore House, 1986
2102 Quarry Road
Austin, Texas
Charles Moore und Arthur Andersson

Charles Moore schien immer ein Zwinkern im Auge zu haben. Seine Liebe zum Leben übertrug sich auf die Liebe seines Lebens, die Architektur, und er wollte alle ihre vielen Möglichkeiten ausprobieren. Entwerfen, bauen, lehren, schreiben – er arbeitete ständig und war stets auf der Suche nach neuen aufregenden Dingen. Besonders liebte er Häuser (sein Buch The Place of Houses ist ein Klassiker). Wo er sich niederließ, baute sich der Preisträger der AIA-Goldmedaille von 1991 Häuser, insgesamt sieben. Moore zog 1984 als Architekturprofessor der University of Texas nach Austin. Dieses Doppelhaus mit Studios wurde sein letztes Heim, denn er starb 1993 unerwartet im Alter von 68 Jahren.

Moore war begeistert von Disneyland, aber er besaß nie einen Barcelona-Sessel. Als junger Praktiker wehrte er sich gegen modernistische Zwänge. Farbe, Geschichte, Ornament waren keine Sünden für ihn, sondern Ausdrucksformen des modernen Lebens. In seiner Architektur war Raum für alles, und er wies einer ganzen Generation von Architekten den Weg.

Der Wohnhaus/Studio-Komplex in Austin ähnelt einer von Moores beliebten Metaphern, der Druse: außen langweilig, aber innen farbenfroh. Die grauen Außenwände umgeben rosa Innenräume, die mit erstaunlichen Sammlungen gefüllt sind – Spielzeug, Szenen des Abendmahls, 85 000 Dias, was auch immer sein Interesse erregte. Der Wohnraum sieht aus wie das Bühnenbild eines exotischen Theaterstücks. Die gekurvte rosafarbene Wand bildet einen Ring totemartiger Pilaster, die wie Rüstungen geformt und mit Entwürfen von Studenten bemalt sind. Für Moores Assistenten Kevin Keim ist das Haus »der

stärkste Ausdruck seines Versuchs, seine räumlichen Motive und die überquellenden Sammlungen in Einklang zu bringen«.

Den ursprünglichen Bungalow aus den dreißiger Jahren empfand Moore als »ziemlich düster«. Doch mit seinem Partner Arthur Andersson schuf er daraus einen 372 m² großen Komplex mit einem Haus für sich selbst, einem kleineren für Andersson und zwei Studios.

Ein hoher Turm markiert den Eingang und führt zu einem Wasserbecken in einem zentralen Hof, das in der Querachse von einer Pergola überspannt ist. Der Hof ist an drei Seiten von dem Haus/Studio-Komplex umgeben, dessen große Glasfenster auf den Gartenblick orientiert sind. Der texanischen Umgebung entsprechend, ist das Haus in einheimischen Materialien errichtet: Stein, Holzlattenverkleidung und verzinktes Metalldach. Im Inneren umgibt eine Ellipsenform die öffentlichen Bereiche, während die Privatzonen außerhalb liegen.

Dieser Komplex war Moores architektonisches Laboratorium. Nun ist er sein Vermächtnis. Die ganze chaotische Pracht ist als Studienzentrum für Architekturstudenten und -historiker erhalten geblieben. Besuch nur nach Voranmeldung. Information: Tel. (512) 477-6660.

United Airlines Terminal, 1987
O'Hare International Airport
Chicago, Illinois
Murphy/Jahn

Alle Architekturtouristen kommen irgendwann am United Airlines Terminal in Chicago an. Dank des Systems, das Passagiere auf dem Weg zu ihrem Bestimmungsort über größere Flughäfen leitet, landet man häufig in diesem wichtigen Gebäude, ob man es sehen will oder nicht.

Aus der Luft wird deutlich, daß es eine große Fläche einnimmt. Zwei parallele Bauten, jeder 480 m lang, liegen 240 m voneinander entfernt und sind durch einen unterirdischen Tunnel verbunden.

Für jeden eiligen Passagier sind dies erschreckend große Entfernungen. Doch für die Flughafenbehörde besteht das Problem eher in der schwierigen Aufgabe, eilige Menschenmassen in geordneter Form über weite Distanzen zu verteilen.

Die Lösung des Architekten Helmut Jahn besteht darin, den Flughafen als inte-

ressanten Teil der Reise zu behandeln – als Ort der Farbe, der Musik, der Dynamik, der Läden. Der Schaltersaal ist offen wie eine zentrale Plaza, mit Oberlichtern entlang des gebrochenen Dachgewölbes und gemusterten Terrazzoböden. Von hier geht es zu Concourse B, einer luftigen, überwölbten Halle mit gekrümmten Stahlbögen auf 20 cm dicken Stahlrohren. Die Gewölbe sind mit einem System isolierter Sandwichplatten aus Aluminium und Isolierglas verkleidet.

Concourse C, der Satellitenterminal, ist in Grundriß und kühler Gestaltung dem Concourse B verwandt. Doch in dem 240 m langen Tunnel zwischen den beiden Empfangshallen setzt Helmut Jahn das ganze Feuerwerk seines »wonderland tech design« in Gang. Die Passagiere werden auf einem Laufband befördert, das von gewellten, indirekt beleuchteten Wänden flankiert ist und durch ein ganzes Spektrum von Farben führt. Darüber verdoppelt eine Spiegeldecke die kinetische Neonskulptur von Michael Hayden, die in der gesamten Länge des Tunnels verläuft und bunte Lichtblitze aussendet.

Die Farben verändern sich im Vorbeifahren ebenso wie die Musik, deren Computerprogramm auf die Lichtschau abgestimmt ist. Die endlos pulsierende Lichtskulptur verstärkt das Gefühl, in Bewegung und auf Reisen zu sein.

Der O'Hare Terminal ist das Flaggschiff der United Airlines in ihrer Heimatstadt. Als »Terminal von morgen« geplant, setzte Jahns Gebäude einen neuen Standard für Flughäfen in aller Welt. Der Terminal ist rund um die Uhr geöffnet. Führungen montags bis freitags um 10.00 und 11.30 Uhr.
Information: (312) 686-2300.

Clos Pegase Winery, 1987
1060 Dunaweal Lane
Calistoga, Kalifornien
Michael Graves

Die klassischen Formen und die Farben eines alten toskanischen Bauernhauses inspirierten Michael Graves bei seinem Entwurf für dieses Weingut im Herzen des Napa Valley etwa neunzig Minuten nördlich von San Francisco. Clos Pegase ist eine Art Dorf aus Putzbauten mit Ziegeldächern auf einem mehr als 20 ha großen Gelände. Es umfaßt Einrichtungen für die Weinherstellung, öffentliche Probierstuben und das Privathaus des Besitzers Jan Shrem auf dem Hügel.

Mit Clos Pegase verwirklichte Shrem seinen Traum, seine Liebe zu Wein, Kunst und Architektur auf »epochemachende« Weise zu vereinen. Der Besucher nähert sich dem Komplex prozessionsartig über eine lange Straße, an dem langgestreckten Kellereigebäude vorbei, bis er am Besucherflügel anlangt. Dieser Flügel wirkt geschlossen wie ein altes Kloster oder eine Festung. Den Eingang markiert eine einzige monumentale braunrote toskanische Säule in der Mitte des hohen Portikus. Nach ein paar Schritten erkennt der Besucher jedoch, daß das Gebäude warm und einladend ist. Geradeaus öffnet es sich zu dem Skulpturengarten, und links liegt die schönste Probierstube des Napa Valley, in der Kunstwerke aus der Privatsammlung des Besitzers ausgestellt sind.

Der Produktionstrakt östlich des Besucherflügels wird wegen seiner riesigen Laderampe – einem Portikus mit vier üppigen, 7,20 m hohen Säulen – häufig für den Haupteingang gehalten. Doch hier findet die Weinproduktion statt. Trauben werden von den Feldern gebracht, verarbeitet und dann in riesigen unterirdischen Kellern fermentiert.

Heute wirkt Clos Pegase, als sei das Programm speziell für Michael Graves entwickelt, denn der renommierte Architekt aus Princeton hatte sich schon immer für die klassischen Formen italienischer Dörfer interessiert. Doch Shrem ermittelte den Architekten durch einen Wettbewerb mit Unterstützung des Museum of Modern Art in San Francisco. Ungewöhnlich war die Forderung des Wettbewerbs, daß die Architekten bei ihren Entwürfen mit Künstlern zusammenarbeiten sollten. Michael Graves schloß sich mit Edwin Schmidt zusammen, der Wandbilder zum Thema Weinherstellung für die äußere Rotunde schuf. Die Rotunde wurde allerdings noch nicht gebaut.

Weinproben und Führungen finden an sieben Tagen der Woche statt. Reservierung einige Zeit im voraus erforderlich (gilt besonders für die Erntezeit September und Oktober).

Information: Tel. (707) 942-4981.

Fire Station No. 5, 1987

100 Goeller Court
Columbus, Indiana
Susanna Torre mit
Wank Adams Slavin Associates

Viele amerikanische Städte sind durch ihre großen öffentlichen Bauten bekannt – Museen, Bibliotheken und Rathäuser. Doch auch »funktionale« Bauten verdienen Aufmerksamkeit. Columbus ist berühmt wegen seiner hervorragenden privaten und öffentlichen Bauten weltbekannter Architekten, und zu letzteren zählen auch Feuerwachen.

Hier wurde 1941 das heute allgemeingültige Konzept entwickelt, Wohnquartiere um den technischen Kern anzuordnen. Susanna Torres Fire Station No. 5 ist die letzte einer bemerkenswerten Reihe, zu der auch Robert Venturis Fire Station No. 4 von 1967 gehört.

Die Feuerwache liegt in einer Gegend, die noch ländlich, aber auf dem Weg zur Vorstadt ist. Torre hat bei ihrem Entwurf die lokalen Besonderheiten berücksichtigt. Das zweigeschossige Gebäude hat Wohnhauscharakter, mit gelbem Backstein, einem scheunenartigen Dach aus Metall und einem Schlauchturm, der einem Silo ähnelt.

Torre, die in New York praktiziert, organisierte die Feuerwache in zwei Teilen: der funktionalen »Garage« und dem »Wohnhaus«. Das Erdgeschoß nehmen öffentliche Räume ein, das obere Geschoß die Wohnräume der männlichen und weiblichen Feuerwehrleute. Die beiden Zonen sind durch einen runden Kern mit Treppen und einer Rutschstange verbunden. Außerdem ist das Gebäude in zwei Flügel geteilt, so daß ein rückwärtiger Hof entsteht. Hier sind die Wände und der zylindrische Treppenturm mit Metall verkleidet. Auch die freiliegenden Stützen des zweiten Obergeschosses bestehen aus Stahl.

Columbus nennt sich »Architekturschauplatz Amerikas«. Heute steht die Stadt, was die Zahl von Bauten berühmter Architekten in den Vereinigten Staaten angeht, nach New York, Chicago und Los Angeles an vierter Stelle.

Das Visitors' Center bietet eine Diaschau über die architektonische Entwicklung von Columbus sowie Führungen, Karten und andere Informationen. Es ist vom 1. April bis 31. Oktober montags bis samstags von 9.00 bis 17.00 Uhr und sonntags von 10.00 bis 14.00 Uhr geöffnet.

Information: Tel. (812) 372-1954 oder (800) 468-6564.

Hollywood Duplex, 1987
6947 Camrose Drive
Hollywood, Kalifornien
Koning-Eizenberg Architects

Die aus Australien stammenden Architekten Hank Koning und Julie Eizenberg wurden in Los Angeles in den frühen achtziger Jahren bekannt, als sie kleinere Häuser zu erschwinglichen Kosten entwarfen. Aus dieser Erfahrung entwickelten sie ungewöhnliche neue Ideen für sehr kleine Grundstücke und für die Verwendung preiswerter Materialien. Dieses Doppelhaus ist freilich ein größeres Projekt und hat ein weniger karges Budget. Das Grundstück liegt in einer beliebten Gegend der Hollywood Hills und hat einen herrlichen Ausblick nach Osten.

Allerdings ist das Grundstück geographisch eingeschränkt: Es besteht aus einem schmalen Dreieck und liegt am Hang. So sind die »Zwillingstürme« typisch kalifornisch: eher hoch als tief und Seite an Seite mit dem Nachbarn. Um so erstaunlicher, daß keines der beiden Häuser, zwischen denen ein terrassierter Garten mit Treppe liegt, die Privatsphäre des anderen einschränkt.

Jeder Turm mißt 6 m im Quadrat und ist vier Geschosse hoch, mit einem Raum pro Geschoß: Garage im Erdgeschoß, Studio im ersten, Wohnraum im zweiten Obergeschoß und darüber das Schlafzimmer. Küche und Badezimmer liegen hinter den obersten Geschossen und sind durch eine Innentreppe mit dem Turm verbunden. Durch ihre intelligente Organisation schufen Koning und Eizenberg ein Gefühl der Weite und bezogen die schöne Umgebung in die Wohnungen ein.

Das Farbenschema wirkt freundlich: Die Betonwände des einen Turms sind hellgrün gestrichen, die Fenster gelb, das andere ist rosa mit weißen Profilen. Die Wände des Innenhofs sind mit Stahlblech verkleidet. Im Inneren sind die Häuser überwiegend weiß und eher europäisch als amerikanisch

ausgestattet. Die Decken bestehen aus Sichtbeton, und die Böden waren als polierte Holzfaserplatten geplant (wurden aber in einem Haus aufgrund falscher Behandlung durch Holzböden ersetzt).

Die hellen Farben, die Offenheit und die sparsam möblierten Innenräume lassen die Häuser wie Ferienwohnungen erscheinen. Und wegen der Hügel und der schlanken Zypressen neben den Häusern könnten sie hoch über dem Comer See oder dem Gardasee in Italien liegen.

Die Häuser sind in Hollywood nördlich der Kreuzung Highland/Franklin nahe Hollywood Bowl zu finden. Sie sind in Privatbesitz, von der Straße aber gut sichtbar.

Menil Museum, 1987
1515 Sul Ross
Houston, Texas
Renzo Piano mit Richard Fitzgerald

Das Menil Museum bietet eine Atmosphäre der Ruhe, des Raffinements und des Respekts in einer Zeit, in der viele Museen große Mengen anzulocken versuchen, die Kontemplation oder auch nur das Betrachten der ausgestellten Kunst aber unmöglich machen.

Dieses Museum wirkt in jeder Hinsicht persönlich, wie sich schon an der Eingangstür zeigt, wo die Signaturen der Hauptstifter in Stein gemeißelt sind. Auch die Sammlung ist sehr persönlich geprägt. Sie wurde von Dominique de Menil und ihrem verstorbenen Ehemann John de Menil zusammengetragen und besteht aus 10 000 Kunstwerken, die von der Antike über afrikanische Kunst bis hin zum Surrealismus und zur amerikanischen Kunst des späten 20. Jahrhunderts reichen. Das Museum liegt in einem Wohngebiet und ist im Maßstab den Strukturen der Nachbarschaft angepaßt. Wie die umgebenden Häuser (die den de Menils gehören) ist es grau mit weißen Profilen. Die Innenräume haben Zimmergröße und sind gut überschaubar. Das Museum befriedigt sogar den menschlichen Impuls, hinter die Kulissen zu sehen: Bilderrahmer und Konservatoren arbeiten in einem offenen Bereich des Hauptgeschosses.

Verglichen mit der farbenfrohen High-Tech-Extravaganz des italienischen Architekten Renzo Piano beim Centre Pompidou in Paris (mit Richard Rogers) wirkt das Menil Museum kühl und sehr formal. Das 121 × 43 m große Rechteck ist mit graugebeizter Zeder verkleidet. Interessant ist vor allem das neuartige Beleuchtungssystem, das Piano zusammen mit Peter Rice von Ove Arup entwarf: Dünne Betonprofile, durch ein Gittertragwerk aus Stahl gehalten, decken die Ausstellungsräume ab. Diese anmutig geschwungenen »Blätter« treten auch über das Dach hinaus, um den äußeren Umgang zu beschatten.

In der eingeschossigen Längsachse sind die Ausstellungsräume untergebracht, teils mit Fenstern und Ausblick auf Gartenhöfe. Hohe Decken, weiße Wände und Fußböden aus schwarz gebeiztem Kiefernholz schaffen eine kontemplative Atmosphäre. Büros nehmen das Zwischengeschoß ein, und im zweiten Obergeschoß liegt das »Schatzhaus«, zu dem nur Wissenschaftler Zugang haben.

1995 eröffnete das Menil auf der anderen Straßenseite ein weiteres Museum, die Cy Twombly Gallery. Sie ist ebenfalls ein Werk Pianos, aber völlig anders: gerasterte Betonwände mit einem geschwungenen auskragenden Dach. Doch auch hier zeigt sich Pianos Meisterschaft im Umgang mit dem intensiven Licht Houstons. Ein kompliziertes System von Gittern, Lamellen und eingefärbten Oberlichtern kontrolliert das Licht in den acht kubischen Ausstellungsräumen.

Das Menil Museum ist mittwochs bis sonntags von 11.00 bis 19.00 Uhr geöffnet. Montags, dienstags und an Feiertagen geschlossen.

Information: Tel. (713) 525-9400.

Berkowitz-Odgis House, 1988
Lighthouse Road
Martha's Vineyard Island,
Massachusetts
Steven Holl

Steven Holls Strandhaus auf der Insel Martha's Vineyard paßt sich der kargen Landschaft ebenso überzeugend an, wie es die Sea Ranch an der nordkalifornischen Küste in den sechziger Jahren tat. Das Haus Berkowitz-Odgis nimmt mehr als 1 ha Land auf einem Steilufer mit Blick auf den Vineyard Sound ein.

Beim Entwurf des Hauses ließ Holl sich ebenso von den Seefahrergeschichten aus Herman Melvilles Moby Dick inspirieren wie von den alten Sitten der einheimischen Indianer, die ihre Häuser bauten, indem sie Häute über die Skelette gestrandeter Wale spannten. Holl legte einen traditionellen hölzernen »balloon frame« nach außen und hängte das 145 m² große Haus mit drei Schlafzimmern darin ab. Die »Knochen« des Hauses ermöglichen auch Veranden an der Süd- und Westseite und eine Eingangsterrasse im Norden. Die Holzglieder sollen die natürlichen Weinreben der Insel aufnehmen und damit die strengen Linien der Architektur mildern. Holls Entwurf widerspricht der Konven-

tion, daß ein Haus am Meer mit der Front zum Wasser ausgerichtet sein muß. Hier ist das Haus lang und schmal, aber senkrecht zur Küste angeordnet. So öffnen sich viele seitliche Ausblicke und nicht nur ein einziger frontaler. Die Räume folgen dem sanft ansteigenden Gelände: Wohnraum, Eßzimmer (in einem dreieckigen Glaserker), Küche, zwei Schlafzimmer und Gymnastikraum. Der Turm am Ende enthält das Elternschlafzimmer, ein Sonnendeck und eine Aussichtsterrasse.

Die Baugesetze der Insel verlangten als Baumaterial Holz in natürlicher, grauverwitterter Farbe. Holl machte daraus eines der schönsten Charakteristika des Hauses. Die Holzgeländer und -balustraden, durch Messingstäbe verbunden, sind vertikal, horizontal und manchmal diagonal geführt.

Das Haus Berkowitz-Odgis ist in Privatbesitz und hat keine Hausnummer. Es liegt an der Wasserseite der Lighthouse Road nahe Lobsterville Road und ist von der Straße aus zu sehen.

Lucile Halsell Conservatory, 1988
San Antonio Botanical Center
555 Funston Place
San Antonio, Texas
Emilio Ambasz

Den Architekten Emilio Ambasz fasziniert die Verbindung von Natur und Technologie, und er löst das Problem oft, indem er seine Bauten in die Erde eingräbt. Bei diesem botanischen Gewächshaus liegen große Teile unter dem Bodenniveau an einem abgesenkten Hof mit Wassergärten. Die Technologie zeigt sich in den Glaspyramiden und kegelförmigen Türmen, die sich aus den unteren Räumen erheben. Eine Fläche von mehr als 20 Ar ist von Glas umschlossen, so daß der Komplex das größte Gewächshaus des Südwestens ist.

Die Pflanzen wachsen in computergesteuerten Simulationen ihres heimatlichen Klimas, wobei die Skala vom Wüsten-Pavillon bis zum alpinen Raum reicht. Da das Gebäude weitgehend unter der Erde liegt, sind die Glasaufbauten überwiegend Oberlichter. Die visuell eindrucksvollen geometrischen Linien von Glas und Stahl an der Oberfläche sind natürlich künstlerische Akzente, die den Gegensatz von Natur und Technik betonen.

Doch die Glasaufbauten überlisten auch die Sonne von Texas. Ein Flachdach würde hier die Wirkung eines Solarofens erzeugen und die zarten grünen lebendigen Organismen in große Gefahr bringen. Ambaszs Schutzraum für die Pflanzen hat an der Spitze keine flachen Flächen, sondern bietet der Sonne nur die kleinstmöglichen Angriffsflächen: dünne Linien und spitze Punkte. Die abgeschrägten Glasflächen der Oberlichter lassen die Sonne regelrecht vom Gebäude abprallen.

Das Gewächshaus ist Ambasz' erstes größeres realisiertes Gebäude. Der Architekt stammt aus Argentinien und arbeitet in Bologna und New York, wo er von 1970 bis 1976 Kurator für Design am Museum of Modern Art war. 1989 zeigte das Museum eine Ausstellung über Ambasz und Steven Holl.

Das Lucile Halsell Conservatory ist dienstags bis sonntags von 9.00 bis 18.00 Uhr geöffnet. Geschlossen montags, Weihnachten und Neujahr. Führungen finden für Gruppen von 15 oder mehr Personen statt, müssen aber drei Wochen vorher angemeldet werden.

Information: Tel. (512) 821-5143.

**Morton H. Meyerson
Symphony Center,** 1989
2301 Flora
Dallas, Texas
Pei, Cobb, Freed & Partners

Das Meyerson Symphony Center ist ein Haus im Haus: eine separate Konzerthalle innerhalb des Gebäudes des Symphony Center. Die äußere Konstruktion, von I.M. Pei entworfen, sieht aus wie eine von Mauerwerk gespaltene Glaskugel. Pei überzog die Kugel mit einem kartesianischen Raster, das stark an Mercator-Projektionen erinnert. Doch die Wand ist aufgeschlitzt und geschichtet, so daß die Halbkugel visuell unterbrochen wirkt. Die gekurvte Glaswand umschließt die Eingangshalle des Symphony Center, die den Saal umgibt. Eine breite, geschwungene Treppe führt zum Konzertsaal und bietet faszinierende räumliche Erfahrungen.

Innerhalb von Peis dynamischem Bau liegt die McDermott Concert Hall mit 1800 Plätzen, die von Artec Consultants wegen ihrer besonderen Akustik als eigener Bauteil entworfen wurde. Um die Klangqualität zu sichern, gestaltete Artec den Saal im Schuhschachtelstil: 28,20 m lang, 25,20 m breit und 25,50 m hoch. Um genügend Sitzplätze unterzubringen, nutzte Artec den vorhandenen vertikalen Raum mit drei Balkonreihen.

Drei flexible Elemente können für die Akustik des Saals eingesetzt werden: ein vierteiliger Baldachin, eine große Echokammer und zwei Sätze schallschluckender Vorhänge. Der monumentale Baldachin, der über die Bühne auskragt, wiegt 42 Tonnen. Er kann zwischen seiner untersten Position 12 m über der Bühne und der höchsten von 22,50 m darüber justiert werden. Die unterste Position ist für Kammermusik bestimmt, die oberste für die große Orgel hinter der Bühne.

Die Holzvertäfelung bildet nur ein Furnier auf den Betonwänden. Sie verbirgt keine Löcher, die den Klang dämpfen könnten.

Das Meyerson Symphony Center ist Heimstätte des Dallas Symphony Orchestra. Programminformation: Tel. (214) 871-4000. Karten: Tel. 692-0203. Das Gebäude ist nur für Veranstaltungen und Führungen geöffnet. Führungen montags, mittwochs, freitags und samstags um 13.00 Uhr. Gruppen von 15 Personen können einen Monat im voraus Sonderführungen buchen.

Information: Tel. (214) 670-3600.

Nelson Fine Arts Center, 1989
Arizona State University
Mill Avenue, zwischen 10th Street
und Gammage Parkway
Tempe, Arizona
Antoine Predock

Wüstenlandschaften sind besonders empfänglich für interessante Architektur – die Bauten werden zum einzigen Anziehungspunkt auf dem flachen, offenen Terrain. Obwohl das Nelson Fine Arts Center im Südwesten auf einem Universitätscampus errichtet wurde, hat Antoine Predock eine Architektur geschaffen, die sich auch in der Wüste behaupten würde.

Auf dem Campus wirkt das Kunstzentrum wie ein Pueblo in der Stadt. Seine lavendelfarbenen Putzwände scheinen Schicht um Schicht gewachsen. Sie erheben sich zu einem sphinxartigen »Berg« in der Mitte und sind teilweise von einer äußeren Arkade aus rotem Backstein umgeben. Labyrinthische Wege und tiefgelegte Passagen erinnern an uralte Pfade. Der kumulative Effekt dieser Schichten und der scheinbar indirekten Zirkulation ist keineswegs zufällig. Predock führt den Betrachter bewußt in ein Abenteuer, bei dem es viel zu entdecken gibt.

Sein Entwurf für das 10 700 m² große Zentrum ist ungeheuer komplex. Auf drei Ebenen über und unter dem Bodenniveau sind fünf Einrichtungen untergebracht: das Kunstmuseum der Universität, der Schauspiel-Flügel, das Tanzstudio und das Gavin Playhouse mit 496 Plätzen sowie Skulpturengärten. Die zentrale Plaza wird durch einen Brückenturm definiert. Nachts projizieren Scheinwerfer von der Brücke Bilder auf die gegenüberliegende Wand.

Der Haupteingang an der Mill Avenue führt zum Museum. Der Übergang von strahlendem Sonnenlicht zur kühlen Strenge der abgesenkten Innenräume zeigt Predocks Meisterschaft: Er plazierte am Eingang eine Reihe von Gittern, die für Schatten sorgen und geometrische Muster werfen. Vom Museum aus kann man nicht in die anderen Bereiche gelangen, sie haben separate Eingänge.

Laut Predock ist das Zentrum ein Beispiel für »nackte Architektur«. Die massiven glatten Wände trotzen der starken Sonne, die jedes feine Detail auslöschen würde. Doch die Lavendelfarbe des Komplexes nimmt zu verschiedenen Tageszeiten und nach einem Regen unzählige verschiedene Schattierungen an. Die Innenräume haben etwas Geheimnisvolles, selbst für jene, die sie gut kennen.

Das Nelson Fine Arts Center ist dienstags von 11.30 bis 19.30 Uhr, mittwochs bis freitags von 8.30 bis 16.30 Uhr, samstags von 10.00 bis 17.00 Uhr und sonntags von 13.00 bis 17.00 Uhr geöffnet. Spezielle Architekturführungen können nach zweiwöchiger Voranmeldung für Gruppen von sechs oder mehr Personen arrangiert werden.

Information: Tel. (602) 965-2787.

Wexner Center for the Visual Arts,
1989
Ohio State University
Columbus, Ohio
Peter Eisenman

Wer auf einem Plan von Columbus eine rote Linie von der 15th Avenue zum Football-Stadium des Campus zieht, erkennt die Grundlage von Peter Eisenmans Konzept für das Wexner Center. Die rote Linie markiert das Zusammentreffen (oder den Zusammenstoß) des städtischen Rasters und des Campusrasters, ein guter Ausgangspunkt für ein Kunstzentrum, dessen erklärtes Ziel es ist, avantgardistische Kunst in die Stadt zu bringen. Das erste Avantgarde-Objekt des Museums ist eindeutig das Gebäude selbst, das prominenteste Beispiel dekonstruktivistischer Architektur in Amerika. Wie sein berühmter Architekt spricht das Wexner Center seine eigene Sprache und folgt seinen eigenen Regeln.

Das Museum ist zwischen zwei bestehenden Bauten eingefügt. Obwohl die meisten Räume unterirdisch liegen, ist die Achse auf Straßenniveau deutlich durch offenes weißes Stahlfachwerk markiert, das Eisenman »Gerüst« nennt. Es bildet eine fast einen Block lange gerasterte Promenade.

Eisenman akzentuierte den Eingang mit dunklen Backsteintürmen – das »Arsenal« – anstelle eines alten Arsenals an dieser Stelle, das 1958 nach einem Brand abgerissen wurde. Diese architektonische Wiederauferstehung ist nicht ganz wörtlich zu nehmen: Eisenmans Türme sind gespalten, abgewinkelt und völlig neu angeordnet. In der zwei Geschosse hohen Eingangshalle kollidieren der Campus- und der Stadtraster in einem Fachwerk. Das Innere überrascht mit unkonventionellen

Effekten: Treppen mit Säulen, Gitter, die in die Decke gerammt sind, Gitter, die im Raum hängen, Fenster auf dem Boden. Eine große Treppe führt nach unten zu einer langen Rampe, neben der die Ausstellungsräume auf Terrassen aufgereiht sind. Die unteren Räume werden durch Fenster und Oberlichter erhellt.

Das Wexner Center ist sehr groß – 9900 m^2 plus 11800 m^2 bestehende Bauten – und umfaßt viele Einrichtungen: Ausstellungsräume, Experimentaltheater, Seminarräume, Büros, Kunstbibliothek, Café, Buchhandlung und Amphitheater. Bevor Eisenman den Wettbewerb gewann, hatte er hauptsächlich Häuser gebaut. Der Erfolg des Wexner Center brachte Eisenman mehrere große Aufträge ein, darunter ein neues Konferenzzentrum in Columbus.

Das Museum ist dienstags und mittwochs von 10.00 bis 18.00 Uhr, donnerstags bis samstags von 10.00 bis 20.00 Uhr, sonntags von 12.00 bis 17.00 Uhr geöffnet. Montags geschlossen. Führungen dienstags, samstags und sonntags um 13.00 Uhr. Die Führungen sind kostenlos.

Information: Tel. (614) 292-0330.

World Financial Center und Wintergarten, 1989
Battery Park City
West Street zwischen
Chambers Street und Battery Park
New York
Cesar Pelli

Battery Park City ist der neueste Stadtteil New Yorks. Er nimmt einen fast 38 ha großen Streifen mit brandneuen Bauten in Manhattan ein. Das Gebiet entstand am Ufer des Hudson River durch die systematische Verfüllung des Aushubs, der beim Bau der 110geschossigen Zwillingstürme des World Trade Center ein paar Blocks weiter westlich anfiel. Der Masterplan von Alexander Cooper und Stanton Eckstut mischt Büros, Wohnungen und Geschäfte mit großen öffentlichen Plätzen und einer Promenade am Fluß. So entstand ein städtischer Bereich, wie man ihn überall erwarten würde – nur nicht hier.

Viele Architekten sind hier repräsentiert, doch am bekanntesten sind die vier Bauten des World Financial Center und der Wintergarten, alle von Cesar Pelli entworfen. Einige Zahlen: 5 400 000 m² Bürofläche, 27 000 m² Verkaufsfläche und 18 000 m² Lobby- und Verkehrsfläche. Die vier oktogonalen Bürotürme variieren in der Höhe

von 34 bis 51 Geschossen und bilden eine Gruppe, in der bekannte Finanzunternehmen wie Merrill Lynch und Dow Jones untergebracht sind. Der Wintergarten im Mittelpunkt ist ein prachtvoller, von Glas umschlossener Palmengarten mit Läden und Restaurants, in dem auch Konzerte und andere Veranstaltungen stattfinden. Für das 36 m hohe gewölbte Dach wurde die Verglasung über ein Tonnengewölbe montiert, dessen Verstrebungen stark an einen Zeppelinrahmen erinnern. Die schöne Plaza vor dem Wintergarten wurde von Pelli, Siah Armanjani, Scott Burton und M. Paul Friedbert gestaltet.

Die Wohnbauten in Battery Park City bestehen aus Mauerwerk mit Steinsockeln und scheinen von den beliebten Appartementhäusern der zwanziger Jahre entlang des Central Park West beeinflußt zu sein. Die Wahl des Materials bringt ein wenig des alten New York in dieses neue New Yorker Stadtviertel.

Die Bürobauten des World Financial Center sind während der Geschäftsstunden zugänglich. Der Wintergarten ist sieben Tage die Woche geöffnet: montags bis freitags von 10.00 bis 19.00 Uhr und samstags und sonntags von 12.00 bis 17.00 Uhr. Die Restaurants haben unterschiedliche Öffnungszeiten.

Information: (212) 945-0505.

194 **Astronauts Memorial,** 1989
»Space Mirror«
Kennedy Space Center
Kennedy Space Center, Florida
Holt, Hinshaw, Pfau, Jones

Nichts macht den Triumph der modernen Technologie deutlicher als der Start eines Raumschiffs. Raketen von der Höhe eines vielgeschossigen Gebäudes schießen mit Megatonnenkraft in den Himmel und umkreisen die Erde. Geht alles gut, wird es der »Technologie« zugeschrieben. Leider mußten bei dem Unglück der Challenger 1986 Menschen den Fortschritt der Technik mit ihrem Leben bezahlen. Das Astronauten-Denkmal soll in Erinnerung an diese Tragödie die amerikanischen Weltraumfahrer ehren, die im Dienst sterben.

Die Basis des Denkmals erinnert an eine Abschußrampe, doch statt eines Raumschiffs hält es einen Spiegel in den Himmel. Vier Geschosse hoch und 15 m breit, besteht der Spiegel aus schwarzen Granitplatten, die auf Hochglanz poliert sind. Die Namen der Astronauten sind durch den Granit geschnitten und in die Reflexion des Himmels geschrieben. Die Leerräume der Buchstaben sind mit kristallklarem Acryl gefüllt, das an der Vorderseite zur Streuung des Lichts präzise gezahnt ist. Die Namen glühen unaufhörlich, wie eine ewige Flamme. Spiegel hinter den Gravu-ren fangen tagsüber das Sonnenlicht ein; nachts beleuchten Lichter auf diesen Spiegeln die Namen der Astronauten.

Die Spiegelscheibe ruht auf einem weiß gestrichenen Stahlfachwerk, das computergesteuert dem Sonnengang folgt. Diese Konstruktion kippt und dreht die polierte Scheibe, damit der Granit nur leeren Himmel reflektiert und die Sonne im richtigen Winkel auf die Spiegel trifft, um die Namen zu beleuchten.

Die Entwerfer des Himmelsspiegels, Holt Hinshaw Pfau Jones, tendieren zum High-Tech. Bei dem Denkmal sind Konstruktion und Mechanik Teil der Architektur und voll sichtbar: der Schwenkring von 5,40 m Durchmesser; die beiden Schraubenwinden zum Kippen der Wand; das Gegengewicht, das für Stabilität sorgt; die Licht- und Spiegelelemente, die auf weißgestrichene Stahlträger montiert sind. Eine Rampe hinter der Wand kragt über einen See aus und ermöglicht den Besuchern einen genaueren Blick auf die komplexe Technologie.

Der Space Mirror steht am Eingang von Spaceport USA, einem Ausstellungsgelände im Kennedy Space Center. Das Denkmal ist täglich von 9.00 bis 18.00 Uhr und gelegentlich länger geöffnet.

Information: Tel. (407) 452-2887.

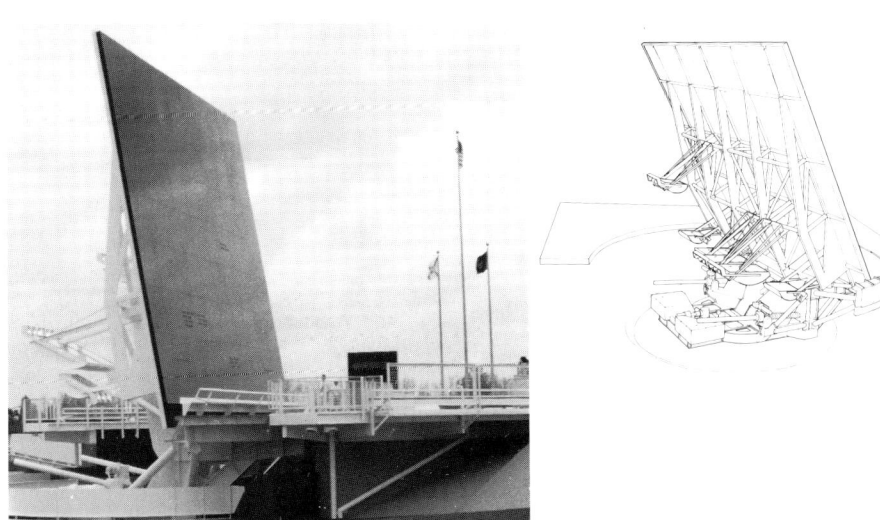

Venice House, 1990

2315 Ocean Front Walk
(zwischen 23rd und 24th Avenue)
Venice, Kalifornien
Antoine Predock

Antoine Predock hat sich inzwischen weit von seiner Heimat in der Wüste von New Mexico entfernt, doch wo immer er baut, bezieht er sich auf die Umgebung. Darunter versteht er nicht nur das eigentliche Grundstück, sondern auch die Landschaft seiner Phantasie. Das Grundstück dieses Strandhauses über dem Pazifik grenzt auf einer Seite an eine lebendige Strandpromenade und auf der anderen Seite an eine schmale Straße. Selten ist ein solches Haus an einem solchen Ort zu finden.

Die meisten Architekten bauen keine Häuser mehr, wenn sie prominent werden, oder sie bauen nur im Verborgenen für die Reichen – aber nicht Predock. Das Venice House beweist, daß selbst ein kleines Haus von Predock sehenswert ist.

Tatsächlich ist es fürs Sehen und Gesehenwerden gedacht. Die zwei inneren Ebenen und die Dachterrasse gewähren vielfältige Ausblicke. Das ingeniöse Drehkippfenster mit rotem Stahlrahmen im Wohnraum läßt den Ozean näher erscheinen, als er ist. Dazu verhilft ein perspektivischer Trick: Eine lange »Rampe« aus schwarzem Granit auf dem Fußboden verbreitert sich zum Fenster hin, so daß die Blickachse verkürzt wird. Neben das Fenster plazierte Predock einen schmalen, vertikalen Streifen aus grünem Glas. Wenn das Sonnenlicht durch den Glasstreifen fälllt, blickt man wie durch ein Kaleidoskop auf den Ozean. An der Straßenseite herrschen opake Fenster vor, doch zwei kleine auskragende Balkone sorgen für Ausblick. Die Garagentür ist verspiegelt, so daß die Straßenszene reflektiert wird. Eine angrenzende »Wasserwand« aus schwarzem Granit bildet eine visuelle Brücke zum Ozean. Dünne Wasserschichten rieseln über den Granitblock und reflektieren Meer, Sand und Himmel. Der Block ersetzt die an sich erforderlichen Geländer, die die Aussicht behindert hätten. Inzwischen ist das kleine schwarze Wasserbecken zur Quelle der Faszination für Strandbesucher geworden.

Das Venice House ist in Privatbesitz.

**The Dolphin Hotel and
the Swan Hotel,** 1990
Walt Disney World/EPCOT Center
Nahe Orlando, Florida
Michael Graves

Die Hotels der Walt Disney World, Dolphin und Swan, wirken wie übergroße farbenfrohe Cartoons. Schon aus der Ferne ist die spielerische Atmosphäre dieser Architektur zu erkennen: Zwei riesige Delphine vollbringen Kopfstände auf ihrem Hotel gleichen Namens, und zwei 14 m hohe Schwäne zeigen ihr Gefieder auf dem kleineren Hotel. Zudem sind beide Hotels durch »Supergraphik«-Themen markiert – grüne Bananenblätter auf der sandfarbenen Fassade des Dolphin Hotel und wogende blaue Wellen auf der Fassade des Swan.

Diese Architektur ist Showbusineß oder »Entertainment-Architektur«, wie Walt Disney sie nannte. Zeltüberdachte Eingänge, Säulen in der Form von Bananenstauden oder Stämmen mit Palmenblättern, Wandbilder mit Strandszenen und Teppiche, die an Plankenwege am Strand oder Seerosenblätter erinnern, sind nur einige der Attribute, die zu dem tropischen Ambiente beitragen.

Michael Graves entwarf die beiden Hotels als Teil seines Masterplans für das neue Kongreßzentrum von Walt Disney World zwischen dem EPCOT World Showcase und dem Themenpark des Disney MGM Studio. Die Hotels liegen an einem halbmondförmigen See einander gegenüber; ein Damm verbindet die beiden Eingangshallen. Das größere ist das Dolphin Hotel mit 126 000 m², dessen 27geschossiger Turm den Mittelpunkt des Gebäudes und des ganzen Komplexes bildet. Vier neungeschossige Flügel mit Gästezimmern kragen aus diesem Zentrum aus. Der überwölbte Eingang ist von Muschelfontänen flankiert. The Swan, ein zwölfgeschossiges Hotel mit 55 400 m², hat ein Hauptgebäude mit sanft gekurvter Dachlinie und zwei Gästeflügel, die zum Wasser orientiert sind. Bunt gestreifte Markisen über dem Eingang beschatten den Verbindungsweg zwischen den beiden Hotels.

Graves' Design ist praktisch überall sichtbar. Im Restaurant tragen die Teller Orangenmuster, und die Tischplatten sind mit Orangen- und Zitronenscheiben bemalt. Für die Gästezimmer entwarf Graves Leuchten mit Ananasfuß und Möbel mit Wellen-, Obst- und Blumenmustern.

Reservierung in beiden Hotels:
Tel. (407) 934-7639.

Las Vegas Library/ Discovery Museum, 1990

833 Las Vegas Boulevard North
Las Vegas, Nevada
Antoine Predock

Keiner sieht die Wüste so wie Antoine Predock oder benutzt deren intensives Licht und die ausgebleichten natürlichen Farben ähnlich überzeugend. Sein Entwurf für die Bibliothek von Las Vegas und das Discovery Museum schafft einen Komplex kraftvoller Volumina in subtilen Farben, die faszinierende Schatten werfen.

In einer Stadt, in der nahezu jedes Gebäude durch schrille Reklame um Aufmerksamkeit wirbt, ist Predocks Komplex eine wahre Oase des architektonischen Raffinements.

Zum Eingang führt eine wohlbedachte Folge graphischer Elemente – Kuben, Kegel, Türme und strategisch gepflanzte Palmen. Die bleichen, knochenfarbenen Betonformen heben sich ab von terrakottafarben gestrichenen Sandsteinwänden, eine Kombination, die an die Wüste erinnert. Wasser, in der Wüste das kostbarste Gut, fließt an einer der Außenwände hinunter bis in die Lobby und weiter in einen Außenhof.

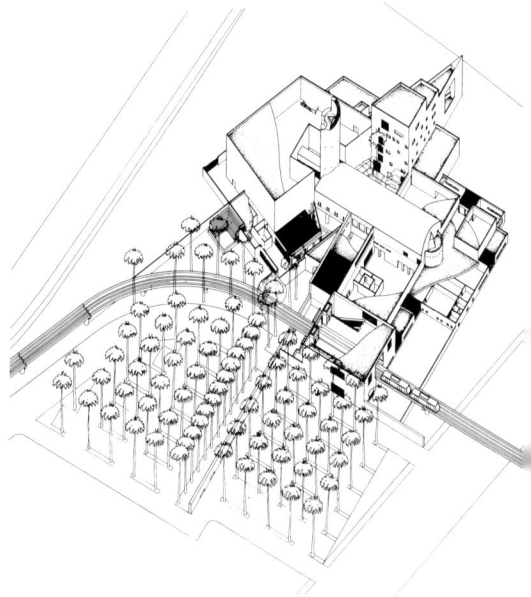

Wie der Name sagt, umfaßt der Komplex zwei Gebäude. Predock plazierte die Bibliothek in den Ostflügel und das Kindermuseum in den Westflügel, der leicht abgewinkelt ist. In allen drei Geschossen des 9900 m² großen Komplexes treffen die Flügel in einem abgestuften dreieckigen Turm zusammen, der an der Nordseite hervortritt und die gemeinsamen Verwaltungsräume enthält. Im zweiten und dritten Obergeschoß sind die Flügel von einem tonnengewölbten Lesesaal für Kinder überspannt.

Die Kegel und Türme sind für Spiel- und Lernabenteuer der Kinder bestimmt. Der wie ein Partyhut geformte Außenraum am Eingang dient als Raum für Geburtstagsfeiern. In dem 34 m hohen Turm, der auch als Aussichtsposten dient, finden Experimente zur Schwerkraft statt. In den Galerien reichen die Fenster bis zum Boden, so daß die Kinder Besucher in anderen Räumen beobachten können.

Angesichts des Wüstenklimas sorgte Predock für eine Reihe von Kühlvorrichtungen. Einige Fenster sind mit Metall-Lamellen gegen die Sonne abgeschirmt und einige Höfe mit textilen Dächern überspannt. Frei liegen nur die äußeren Wiesen, die an ein früheres Baseballfeld erinnern.

Die Bibliothek ist montags bis donnerstags von 9.00 bis 21.00 Uhr, freitags und samstags von 9.00 bis 17.00 Uhr und sonntags von 12.00 bis 17.00 Uhr geöffnet. Führungen können über die Zentrale der Bibliothek vereinbart werden: Tel. (702) 382-3493.

Mandell Futures Center, 1990
The Franklin Institute
Benjamin Franklin Parkway, 20th Street
Philadelphia, Pennsylvania
Robert Geddes und Michael Kihn
Geddes, Brecher, Qualls und Cunningham

Seit 1933 ist das Franklin Institute bekannt
für seine Methode des »learning by doing«
bei der Vermittlung von Wissen an Kinder
und Erwachsene. Der neue Erweiterungsbau grenzt an das tempelartige Hauptgebäude und verleiht dem formellen Boulevard einen dynamischen Akzent.

Das Mandell Futures Center könnte der
Spielplatz eines Riesenkindes sein, dessen
übergroße Bauklötze, darunter ein Zylin-
der aus Kalkstein, eine Pyramide und ein
Glaskubus, zwischen farbig gestrichenen
Stahlträgern zur Ruhe gekommen sind.
Doch in Wirklichkeit ist der Zylinder ein
riesiges Kino, das auf Panoramaleinwänden
70 mm-Filme zeigt, die Pyramide ist das
Dach des Theaters, und der Glaskubus,

der im zweiten Obergeschoß auskragt, ist
der Aussichtspunkt »Science Overlook«
für den Wissenschaftsgarten.

Die Architekten Robert Geddes und
Michael Kihn von GBQC in Philadelphia
respektierten den bestehenden Bau, mo-
dernisierten ihn aber mit viel Licht und
starken Primärfarben – ein Ort, an dem das
Lernen Spaß macht.

Der Erweiterungsbau hat mehr als
8000 m² Fläche auf zwei Ebenen und eine
Tiefgarage. In den Ausstellungsräumen
zeigt sich die Vorliebe des Instituts für
interaktive Objekte, die hier noch stärker
von High-Tech bestimmt sind. Mittelpunkt
des neuen Museums ist die »Great Hall«,
ein Atrium mit einer hellroten Rampe, die
als Verteiler fungiert. Neu entstanden sind
auch ein Vortragssaal, ein Restaurant und
eine Buchhandlung.

Das Franklin Institute, das Planetarium
und das Mandell Futures Center sind täglich geöffnet.

Information und Öffnungszeiten: Tel.
(215) 448-1200.

Bright & Associates, 1991
901 Hampton Drive, Washington Blvd.
Venice, Kalifornien
Frank D. Israel Design Associates

In eine geradezu historische Hülle – das berühmte Studio »901«, das Charles und Ray Eames vierzig Jahre lang benutzten – setzte Frank Israel ein modernes Büro für eine Designfirma. Sein Entwurf ist lebendig, farbig, mysteriös und raffiniert.

Ein leuchtend gelbes Vordach markiert den Eingang des Komplexes, der aus drei alten Industriebauten besteht. Nach der rechteckigen, zweigeschossigen Außenfassade wirkt das Innere überraschend: ein hoher Turm mit schrägen Wänden, ein Dach mit Oberlicht und Gadenfenstern. Das einfallende Licht erhellt senfgelbe Putzwände mit steingrauen Türrahmen und erzeugt eine zeitlose Wirkung zwischen Mittelalter und Moderne.

Vom Eingang wird der Besucher durch einen dunklen Tunnel zum Nachbargebäude geführt. Er gelangt in einen offenen, ebenfalls senfgelben und mittelalterlich/modern wirkenden Hof. Links liegt das dreieckige Büro des Direktors und geradeaus die konische Wand des Konferenzraums. Eine innere Arkade rechts beherbergt die Büros der Firma. Jenseits der Arkade ist eine weitere Reihe von Büros durch gekurvte purpurrote Wände definiert.

Die Beziehung der neuen Struktur zur alten wird überall deutlich. So wurde die Originalfassade von »901« mit einer neuen Wellblech-Markise aufgeputzt, die zwar modern wirkt, aber auch die industrielle Herkunft des alten Gebäudes berücksichtigt. Im Inneren entwickelt sich die Raumfolge innerhalb des L-förmigen Grundrisses unter dem offenen Fachwerk des alten Lagerhauses der Eames.

Frank Israel ist führend in einer Generation südkalifornischer Architekten, die von den phantasievollen Erfindungen Frank Gehrys beeinflußt wurden. Israel wurde in New York geboren, absolvierte die Columbia University, studierte an der American Academy in Rom und arbeitete kurz als Art Director beim Film, bevor er 1983 in Los Angeles sein eigenes Büro eröffnete.

Man kann Israels Arbeit für Bright & Associates mit Gehrys Gebäude für Chiat/Day vergleichen, das in der Nachbarschaft liegt. Das Innere ist nicht zugänglich.

200 **Chiat/Day Building,** 1991
340 Main Street
Venice, Kalifornien
Frank O. Gehry & Associates mit
Claes Oldenburg und Coosje van Bruggen

Ist es Kunst oder Architektur? Frank Gehry hat immer beides vereint und häufig Bauten geschaffen, die traditionelle Grenzen überschreiten.

Hier arbeitete der Architekt Gehry mit den Künstlern Claes Oldenburg und Coosje van Bruggen zusammen. Sie entwarfen das inzwischen berühmte Riesenfernglas, das den Eingang zur Hauptverwaltung dieser Werbeagentur an der Westküste markiert. Es ist kaum zu verfehlen.

Das schwarze Fernglas, 13 m hoch, bildet den Mittelpunkt eines Komplexes, der viele visuelle Überraschungen bietet. Außen treten zwei Gebäudeteile mit dem Fernglas in Konkurrenz: das Tree Building an einer Seite, dessen kräftige, mit Kupfer verkleidete Streben – wie Zweige – von gemauerten Stützen auskragen und einen metallischen Wald über den Fenstern bilden. Die Fassade auf der anderen Seite wirkt kühl und weiß und läßt hinter ihren Öffnungen übereinander liegende Gänge erkennen.

Das Innere der dreigeschossigen, 6800 m² umfassenden Werbeagentur ist als Folge weiter, offener Räume mit wechselnder Deckenhöhe organisiert, die alle durch die großen Fenster und Oberlichter natürliches Licht erhalten. Gehry benutzte für die Innenräume und die speziell entworfenen Möbel wiederum seine charakteristischen Billigmaterialien wie Sperrholz und galvanisiertes Metall. Doch hier kontrastieren sie mit reicheren Materialien wie Kupferverkleidung, Ahornpaneelen und Stein. Das Pult am Haupteingang besteht aus knorrigen Baumstümpfen – eine Weiterführung des Baumthemas.

Das Fernglas enthält im zweiten Obergeschoß zwei kleine kreisförmige »Denkräume«. Durch die Okulare des Fernglases, die zugleich Oberlichter sind, strömt Sonnenlicht in die Räume. Das Gebäude bietet einen schönen Blick auf den Pazifischen Ozean.

Der Komplex ist nicht öffentlich zugänglich.

Gary Group Offices, 1991
9046 Lindblade Street
Culver City, Kalifornien
Eric Owen Moss

Die Verwandlung Culver Citys von der Industriestadt zum Soho von Los Angeles verdankt der Architektur von Eric Owen Moss viel. Sein Morganstern Warehouse von 1978 (inzwischen abgerissen) war die erste Neunutzung dieses architektonisch vernachlässigten Bautyps. Ihm folgte eine Serie immer kühnerer Umbauten von Lagerhäusern für kreative Zwecke. Sie scharen sich um die Culver City Studios, die einstige Filmhochburg Amerikas, in der Orson Wells Citizen Cane drehte.

Für Gary Group, eine Public-Relations-Firma, verwandelte Moss eine frühere Stahlgießerei in lichte Büroräume. An der westlichen Außenwand präsentiert sich eine Collage aus industriellen Elementen. Die alte Wand aus Betonblockstein ist theatralisch drapiert mit Ketten und Stahlleitern, die nautische Assoziationen hervorrufen.

Der Haupteingang ist hinter eine neue, abgeschrägte Wand zurückgesetzt. Diese falsche Front setzt sich über die Dachlinie fort und zeigt ihre Stützkonstruktion: drei C-förmige Metallrippen, die an drei Stahlstützen hinter der Fassade befestigt sind. Dagegen ist ein weißer Stahlraster gesetzt, in dessen Mitte eine Uhr montiert wurde. Vom Parkplatz aus entsteht der Eindruck, ein Glockenturm sei verrückt geworden.

Auch das Innere ist alles andere als konventionell. Die Büros im ersten Obergeschoß sind um ein Marmorbecken gruppiert, in das Wasser aus normalen Duschköpfen fließt. Doch besonders provokativ ist der Konferenzraum. Die Schichten geometrischer Formen machen aus einem quadratischen Raum einen oktogonalen. Über dem Oktogon stützt ein runder Stahlring Schrägbalken, die sich 7,50 m hoch durch eine Pyramide aus Glas und Aluminium erheben, von einem kegelförmigen Oberlicht bekrönt. Die industrielle Strenge der Innenräume wird durch kleine Bambusgärten gemildert.

Ein neues Bürogebäude von Moss, The Samitaur, zwischen Corbett Street und Jefferson Boulevard erhebt sich 6,30 m über den Boden. Es demonstriert Moss' Projekt, eine Stadt über aufgegebenen Eisenbahngleisen zu errichten. Damit wird hoffentlich eine neue ökonomische Entwicklung im Süden von Los Angeles eingeleitet.

Die Gary Group Offices sind nicht öffentlich zugänglich.

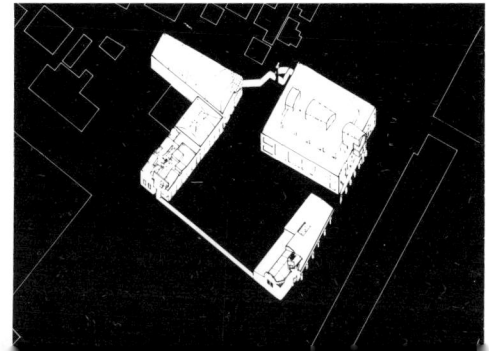

Seattle Art Museum, 1991
100 University Avenue, First Avenue
Seattle, Washington
Venturi, Scott Brown & Associates

Die Idee, daß ein Museums-
bau zu seinen eigenen besten
Kunstwerken zählt, ist minde-
stens so alt wie das Guggenheim Museum und hat viel-
leicht auch Robert Venturi in
Seattle inspiriert. Als das Gebäude eröffnet wurde, war
klar, daß Venturi sowohl einen
architektonischen Triumph als
auch Erfolg beim Publikum er-
rungen hatte. Besonders gut
sind die wertvollen nordwest-
indischen und afrikanischen
Sammlungen untergebracht,
die lange Jahre im Magazin
lagerten.

Das Museum liegt an einer
Ecke im Stadtzentrum auf
einem leicht ansteigenden Grundstück.
Das fünfgeschossige Gebäude ist mit
kanneliertem grauem Kalkstein verkleidet,
wirkt aber nicht langweilig. Entlang der
Straßenfront wandert eine Folge von
Bögen aus rotem Sandstein, rosa Granit
und Terrakotta den Hügel hinauf. Diese
Arkade – und die großen Fenster – lassen
den Besucher wissen, daß er hier willkommen ist. Das Gebäude dient zudem als seine
eigene Anzeigentafel, denn sein Name wird
hoch oben in Großbuchstaben verkündet.

Die Fenster an der Front und das
durchgehende Fenstergeschoß im Penthouse erfüllen das Innere mit natürlichem
Licht. Gleich hinter der Eingangstür wird
eine große Geste zelebriert: Eine prachtvolle Treppe aus Marmor und Travertin
steigt die gesamte Straßenseite des Gebäudes empor und zeigt in Abständen
monumentale Figuren der Ming-Dynastie
(darunter Kamele und Tiger). Die Decke
darüber ist mit einer Serie farbiger mauri-
scher Bögen dekoriert, die für rhythmische

Akzentuierung sorgen. Die großen Fenster
öffnen die Treppe zur Straße. In den Ausstellungsräumen setzt Venturi die natürliche Beleuchtung mit Glaswänden an der
Ost- und Westseite fort.

Als das Seattle Art Museum eröffnet
wurde, waren Venturi und seine Ehefrau
und Partnerin, Denise Scott Brown, auf
dem Höhepunkt ihrer Prominenz. Ihr Anbau an die National Gallery in London
näherte sich der Vollendung, und Venturi
erhielt im selben Jahr den Pritzker-Preis.
Beide waren schon seit langem einfluß-
reiche Theoretiker und Verfechter einer
populären Architektur, und das einladende
Seattle Art Museum trug ihnen weitere allgemeine und professionelle Zustimmung
ein.

Das Museum ist dienstags bis samstags
von 11.00 bis 17.00 Uhr und donnerstags bis
21.00 Uhr geöffnet; sonntags von 12.00 bis
17.00 Uhr. Montags und an Feiertagen geschlossen. Führungen täglich um 14.00 Uhr.
Information: Tel. (206) 654-3123.

1375 Buena Vista Drive
Lake Buena Vista, Florida
Arata Isozaki

Animation ist die Kunst der visuellen Überraschung. In einem Cartoon kann alles passieren. Elefanten können fliegen. Aus einem falschen Tunnel, der auf einen Berg gemalt ist, könnte ein Zug herauskommen. Enten sind blau, und Katzen werden grün. Arata Isozakis Entwurf für die Verwaltung der Walt Disney Company nahe Orlando schafft eine Fülle von Illusionen, die des weltweit größten Produzenten von Zelluloid-Phantasien durchaus würdig sind.

Mickey Mouse, Disneys bekannteste Figur, wird in den »Mäuse«-Ohren des Eingangs verewigt. Das schwarzweiße Schottenmuster der beiden langen Büroflügel ist ein besonderer Effekt, der durch die Kombination von dunklem Glas und hellen Platten entstand. Durch dieses starke Muster wird der Kontrast zu dem ausgefallenen Hauptgebäude betont. Über dem Haupteingang erregt eine Gruppe geometrischer Formen in kräftigen Farben die Aufmerksamkeit des Besuchers. Ein kegelförmiger Turm in Grün und Rosa ist mit einer gelben Scheibe und einem Zeiger bekrönt. Seine 36 m hohe Rundung

scheint von blauen Wänden »durchschnitten« zu werden. Eine Täuschung folgt der anderen.

Der riesige Turm ist innen hohl und oben offen. Es ist eine der größten Sonnenuhren der Welt. Der außen sichtbare gelbe Zeiger entpuppt sich innen als Teil der Uhr im Kreis der offenen Decke. Sein Schatten markiert die Sonnenzeit auf roten Fliesen an den Wänden. Der Boden der Sonnenuhr ist mit schwarzem glattem Felsstein belegt. Eine Brücke an einer Seite führt zu den Büros und einem Konferenzbereich. Über der Tür der Sonnenuhr tauchen wieder die Mickeymausohren auf, diesmal in Form eines elegant geschwungenen Stahlbaldachins.

Dieser Komplex ist Isozakis erstes Gebäude für Disney. Der aus Tokio stammende Architekt (der auch ein Büro in New York hat) ist international bekannt und hat die Fachwelt im Osten und im Westen seit den sechziger Jahren mit seinen phantasievollen Entwürfen immer wieder in Erstaunen versetzt. So ist im Museum of Modern Art in Los Angeles eine gekurvte Wand nach der Figur Marilyn Monroes modelliert.

Team Disney ist montags bis freitags von 8.00 bis 18.00 Uhr geöffnet, an Wochenenden und Feiertagen geschlossen. Es gibt keine Führungen, doch das Atrium mit der Sonnenuhr ist dem Publikum zugänglich.

Information: Tel. (407) 824-4500.

Islamic Cultural Center, 1992
1711 Third Avenue, 96th Street
New York
Skidmore, Owings & Merrill

Diese erste Moschee New Yorks wurde von zwanzig islamischen Nationen errichtet und dient der gesamten muslimischen Gemeinde. Trotz unterschiedlicher Traditionen der einzelnen Länder zählt das gemeinsame Erbe. Die Moschee sollte den alten Werten zeitgenössischen Ausdruck verleihen.

Da der Islam figurative Darstellungen verbietet, ist die Moschee strikt geometrisch. Grundlage ist ein quadratisches Raster. Die Moschee hat einen quadratischen Grundriß und ist von einer Kuppel bekrönt. Wegen der vorgeschriebenen östlichen Orientierung ist das Gebäude um 28° vom Straßenraster Manhattans abgekehrt, so daß ein großer offener Vorhof entstand, in dem sich die Gläubigen vor dem Gebet versammeln.

Den Sockel der Moschee bilden quadratische Granitplatten. Sie sind von schmalen Glasstreifen umgeben, die Tageslicht einlassen und ein Gefühl der Transparenz schaffen. Im Mittelteil sind große verglaste Platten mit Keramikdekor in Gittermustern verziert – eine moderne, technologische Behandlung eines uralten Materials. Die vergoldete Kupferkuppel ist durch ein Klarglasband vom Gebäude getrennt und scheint auf einem Lichtring zu schweben.

Auch beim Portal erweckt die Geometrie Assoziationen an islamische Traditionen. Flache, rechteckige Glasschichten überlappen sich, um einem Bogen zu ähneln, doch dieser ist symbolisch, abstrakt und modern.

Im Inneren besteht die Moschee praktisch nur aus Raum und Licht. Anders als in christlichen Kirchen oder jüdischen Synagogen gibt es keine Bänke; die Gläubigen sitzen auf Teppichen. Für die Beleuchtung sorgen die Verglasungen und ein an Messingketten aufgehängter Lichterkreis.

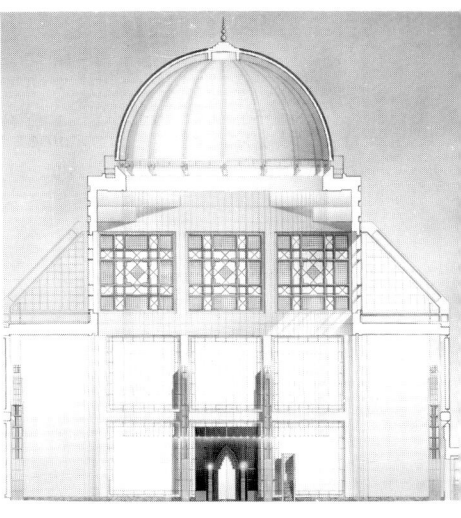

Führungen können sonntags bis freitags von 10.00 bis 12.00 Uhr und sonntags bis donnerstags von 14.00 bis 16.00 Uhr vereinbart werden. Samstags ist die Moschee geschlossen. Freitagnachmittags ist sie nur für Gläubige zugänglich.

Information: Tel. (212) 722-5234.

Shepherd School of Music, 1992
Rice University
Houston, Texas
Ricardo Bofill/Taller de Arquitectura

Die Shepherd School of Music an der Rice University ist für viele Amerikaner die erste Gelegenheit, das Werk des aus Barcelona stammenden Architekten Ricardo Bofill zu sehen, der für seinen monumentalen neoklassizistischen Stil international bekannt ist.

Die neue Musikschule setzt Bofills Tradition der gekurvten Kolonnaden fort. Die geschwungene Fassade am Hauptcampus gegenüber einer riesigen Rasenfläche scheint sich in die Unendlichkeit zu erstrecken – sie ist 140 m lang und zwei Geschosse hoch. Massive weiße Betonstützen sind gegen blaßroten Backstein gesetzt, das vorherrschende Material auf dem Campus. Die Stützen alternieren mit hohen, schmalen Fenstern, hinter denen die Lehr- und Übungsräume liegen. Bofills große Geste sollte sich in einem Wasserbecken spiegeln, das aber noch nicht gebaut wurde.

Zwei innere Höfe trennen die gekurvte Fassade von der öffentlichen Seite mit dem Haupteingang. Diese Westfassade ist flächiger und weniger rhythmisch und macht die asymmetrische Gliederung und die Umrisse der vier Säle deutlicher: ein Konzertsaal mit 1000 Plätzen, ein Vortragssaal mit 236 Plätzen, ein Opernstudio und ein Orgelstudio, die alle akustisch ihrem jeweiligen Zweck angepaßt sind.

Bei der Erweiterung ihres 1910 von Ralph Adams Cram entworfenen Campus beauftragte die Rice University eine Reihe international renommierter Architekten, darunter Cesar Pelli (Herring Hall) und James Stirling und Michael Wilford (Anderson Hall). Wie sie fügte Bofill sein Gebäude in die traditionellen Ziegel- und Kalksteinbauten ein, ohne seine Individualität zu verlieren.

Die Schule ist während des Semesters von 7.00 bis 19.00 Uhr geöffnet. Von Mitte Mai bis Mitte August ist der Zugang eingeschränkt. Konzerte von Studenten finden in der Schulzeit statt. Programm: Tel. (713) 527-4933. Nach Voranmeldung können Führungen arrangiert werden.

Information: Tel. (713) 527-4837.

**Harold Washington
Library Center,** 1992
400 South State Street
Chicago, Illinois
Hammond, Beeby & Babka, Inc.

tempelartige Attika
mit einem überkreuz-
ten Tonnengewölbe
auf dem Dach.

Von außen wirkt
die Bibliothek wie
eine Bastion mensch-
lichen Wissens, doch
innen wurde alles
unternommen, um
sie leicht nutzbar
und einladend zu ge-
stalten. Die Regale
auf den sechs Haupt-
niveaus sind offen,
und die Geschosse
sind durch Aufzüge
und Rolltreppen mit-
einander verbunden.

Die neue Bibliothek in Chicago ist mit
ihren 1,6 Millionen Büchern eine der
größten Präsenzbibliotheken der Welt.
Das zehngeschossige Gebäude nimmt
einen ganzen Block ein und wurde in nur
fünfjähriger Bauzeit ab 1987 errichtet.
Doch man könnte denken, die Arbeit an
diesem soliden, robusten Gebäude sei
schon zu Anfang des Jahrhunderts begonnen worden, als überall im Lande
öffentliche Bibliotheken im Beaux-Arts-
Stil entstanden.

Wie diese klassischen Bauten ist die
Harold Washington Library großzügig im
Maßstab und der Materialwahl: Granit,
Kunststein, dunkelroter Backstein, Metall
und Glas. Der schwere Sockel an allen
Straßenfronten ist rustiziert und hat
Bögen für Fenster- und Türöffnungen. An
allen Seiten erheben sich elegante Bogen-
fenster, die mit steinernen Girlanden und
Bändern dekoriert sind, fünf Geschosse
über den Sockel. Das Gebäude hat eine

Die traditionelle Holzvertäfelung klassischer Bibliotheken ist hier in den Ahornpaneelen der Rolltreppen aufgenommen.
Der aufregendste Raum des Hauses ist der
riesige, glasumschlossene Wintergarten im
obersten Geschoß.

Die Bibliothek wurde von Thomas
Beeby von Hammond, Beeby & Babka
entworfen. Er gewann einen Wettbewerb,
der öffentlich im Fernsehen ausgetragen
wurde. Die Jurymitglieder zogen auch
moderne Entwürfe in Betracht, doch
schließlich siegte der traditionellste.

Die Bibliothek ist montags bis donnerstags von 9.00 bis 19.00 Uhr und freitags
und samstags von 9.00 bis 17.00 Uhr
geöffnet. Sonntags und an Feiertagen
geschlossen. Information: Tel. (312) 747-
4300. Die Chicago Architecture Foundation zeigt das Gebäude auf ihrer Loop
Walking Tour.

Information: CAF, Tel. (312) 922-TOUR.

Oriole Park at
Camden Yards, 1992
333 Camden Street
Baltimore, Maryland
Hellmuth, Obata & Kassabaum

Es gibt überdachte Stadien, und es gibt Baseballfelder. Klassische Felder wie Wrigley und Ebbets Fields, die zu Beginn des Jahrhunderts entstanden, kamen in den sechziger Jahren durch den Triumph des überkuppelten Stadions aus der Mode. Dreißig Jahre später ist das offene Stadion wieder da. Der Oriole Park in Camden Yards erinnert an die geliebten Traditionen – offener Himmel, echtes grünes Gras, Stadtnähe – und verbindet sie mit moderner Technik. Sein spektakulärer Erfolg läßt heute die überdachten Stadien wie Dinosaurier erscheinen.

Die 35 ha große Anlage nimmt ein früheres Bahnhofsgelände gleich westlich des Inner Harbor ein, so daß die Architekten das Stadion in die Stadt integrieren konnten. Der Masterplan bezieht auch zwei alte Bauten ein – einen früheren Bahnhof, der zum Kassenhaus wurde, und ein achtgeschossiges Lagerhaus von 1898, das nun Büros, Läden und Restaurants enthält. Die Erhaltung des Lagerhauses erwies sich als besonders glücklich: Der Raum zwischen ihm und dem Stadion wurde zu einer Fußgängerzone mit altmodischem Flair, ein großartiger Eingang für eine neotraditionelle Anlage. Camden Yards ist in den Raster der städtischen Straßen eingefügt und gewährt nachts einen spektakulären Ausblick auf die Stadtsilhouette.

Eli S. Jacobs, der Besitzer von Orioles, wollte ein »modernes, altmodisches« Stadion nur für Baseball. So entwarfen Hellmuth, Obata und Kassabaums Sports Facilities Group in Kansas City eine Anlage mit drei Rängen und 48 000 Plätzen, die die Wärme und Intimität der alten Tage zurückbringt. Die gekurvte Außenwand mit acht vortretenden Treppentürmen ist mit rotem Backstein und Fertigbeton verkleidet. Binder aus Stahl, nicht aus Beton, stützen das obere Deck – eine weitere Anspielung auf traditionelle Anlagen.

Im Vordergrund stand der Komfort der Fans, deshalb gibt es keine schlechten Plätze. Das Feld selbst ist asymmetrisch und läßt die Winkel und Nischen wiederaufleben, die in überdachten Stadien fehlten.

Camden Yards ist freilich alles andere als ein nostalgisches Unternehmen. Es gibt hier auch die neuesten technischen Einrichtungen, wie zum Beispiel eine Video-Anzeigetafel.

Mitglieder von Orioles veranstalten täglich Führungen: montags bis freitags um 14.00 Uhr, samstags um 11.00 und 14.00 Uhr und sonntags um 12.00 Uhr. Reservierung erforderlich.

Information: Tel. (410) 685-9800.

Audubon House, 1993
**National Audubon
Society Headquarters**
700 Broadway, 4th Street
New York
Croxton Collaborative

Architektur und Design setzen sich mit dem Sichtbaren auseinander. Das Unsichtbare wird gewöhnlich übersehen. Doch wir wissen, daß die Atmosphäre eines Gebäudes uns helfen oder schädigen kann. Sein Licht kann uns aufheitern oder deprimieren. Doch wie steht es mit dem Bauprozeß selbst? Können wir die Ressourcen behutsamer verwenden und Bauten errichten, die weniger Energie brauchen?

Mit diesen Fragen war die Audubon Society konfrontiert, als sie ein verlassenes achtgeschossiges Haus aus Sandstein und Gußeisen von 1891 für ihre Hauptverwaltung kaufte. Als Umweltorganisation legte Audubon Wert darauf, daß das neue Gebäude ihre Ziele reflektierte. Randolph Croxton und seine Innenarchitektin Kirsten Childs schufen ein umweltfreundliches, menschliches Ambiente mit Fertig-

produkten und vorhandener Technologie, ohne jedoch ihren hohen Designstandard aufzugeben.

Schon die Wiederverwendung des 8800 m² großen Gebäudes stellte die erste große Einsparung dar. Ein kostspieliger Abriß wurde dadurch überflüssig. Die Architekten erkannten, daß die Hauptsysteme – Heizung, Kühlung, Elektrizität und Lüftung – die besten Verbesserungsmöglichkeiten boten. Sie statteten die Fenster mit Spezialglas aus, das so wärmedämmend ist wie eine 30 cm dicke Backsteinwand. Ein gasgefeuertes Heiz- und Kühlsystem wurde gewählt, weil es sowohl Frischluft als auch gefilterte Luft verwendet, die praktisch frei ist von toxischen Stoffen. Natürliches Tageslicht dringt weit in die Büroräume ein.

Vor allem aber ist hier die Luft deutlich besser, denn alle Materialien sind frei von Schadstoffen wie Formaldehyd oder PVC. Die ungefärbten Wollteppiche sind festgeheftet und nicht geklebt, die Bodenfliesen bestehen aus wiederverwendeten Glühlampen, die Unterböden enthalten 50 Prozent Altpapier. Und – schöne Überraschung – die Fenster lassen sich öffnen!

Audubon und Croxton Collaborative haben einen Prototyp ökologisch sinnvollen Bauens geschaffen und bewiesen, daß auch bei hohem Designstandard die Kosten eines Gebäudes kurz- und langfristig gesenkt werden können. Wenn ein solches Projekt in New York funktioniert, glauben Croxton und Childs, dann kann es überall funktionieren.

Das Audubon House veranstaltet jeden Freitag um 11.00 Uhr Führungen.
Information: Tel. (212) 979-3000.

Princeton University Parking Structure, 1993
Prospect Avenue, zwischen
Olden und Murray
Princeton, New Jersey
Machado und Silvetti

Vor dem Bau dieser Parkgarage stand hier einsam eines der anrührendsten Monumente von Princeton: eine alte Backsteinmauer mit einem schmiedeeisernen Gitter von McKim, Mead und White (1911), Überbleibsel eines früheren Spielfeldes. Viele Architekten hätten sie wahrscheinlich abgerissen, aber Machado und Silvetti bezogen sie in ihren Entwurf für die fünfgeschossige Garage ein. Die rötliche Mauer wurde zum Ausgangspunkt für eine komplizierte Schichtung von Farben, Texturen und Materialien.

»Dieser lyrische Bau macht Poesie aus einem höchst funktionalen Gebäudetyp«, hieß es 1993 in der Jury des AIA. Sicherlich ist dieser Bau die bestdurchdachte, bemerkenswerteste und luxuriöseste Garage des ganzen Landes.

Über McKims Mauer und der neuen Backsteinmauer, die sie fortsetzt, umhüllt ein bronzenes Gitter die drei obersten Parkgeschosse. Das Gitter ist von Stahl-

stützen abgehängt und kulminiert in einem nach außen gekurvten Gesims. An drei Seiten des Gebäudes ist das Gitter dunkelbraun, an der vierten besteht es aus farbig galvanisiertem Stahl. Aufzugsturm und Treppe sind mit dunkelroten Kupferplatten verkleidet.

Die Konstruktion des Parkhauses selbst ist völlig unromantisch: eine Garage von 12 600 m² für 410 Autos mit einem galvanisierten Stahlrahmen und in situ gegossenen Betonplatten. Entlang der Prospect Avenue entsteht zwischen der alten Mauer und dem Parkhaus ein Garten.

Rodolfo Machado und Jorge Silvetti sind bekannte Architekturtheoretiker, und dies ist ihr erstes größeres Bauwerk. Sie setzten bewußt einen sehr hohen Standard für dieses Parkhaus, das sie als »architektonische Infrastruktur« bezeichnen.

Es ist zudem die erste Garage auf dem Campus von Princeton. Deshalb mußte es besondere Rücksicht auf die alten Studentenwohnhäuser auf der anderen Seite der Prospect Avenue und auf die Bauten der benachbarten Wohnstraßen nehmen.

Der Eingang des Parkhauses liegt an einer Zufahrt, die die Prospect Avenue mit dem Engineering Quadrangle im Norden verbindet.

**Davis Museum &
Cultural Center,** 1993
Wellesley College
106 Central Street
Wellesley, Massachusetts
José Rafael Moneo

Vor Jahren sagte Paul Rudolph, es sei charakteristisch für die Architektur des 20. Jahrhunderts, daß kein Gebäude je völlig fertig sei. So wurde auch einer seiner einflußreichsten Bauten verändert, das Jewett Art Center in Wellesley von 1958. Der fünfgeschossige Neubau des Davis Museum & Cultural Center liegt dem Jewett an einer Plaza gegenüber und ist durch eine erhöhte Brücke mit ihm verbunden.

Der aus Madrid stammende Architekt José Rafael Moneo bezeichnete bei seinem ersten amerikanischen Auftrag das Jewett als frühe Inspirationsquelle seiner eigenen Architektur. Dessen offene Plaza, die asymmetrische Gliederung, die prismatischen Oberlichter und der Sonnenschutz waren eindeutig modern. Und doch respektierte das Jewett mit seinen leicht gotischen Formen und den gesprenkelten Backsteinwänden die bestehenden Bauten, in einer Zeit, in der Individualität über alles ging.

Daß Moneo Rudolphs Meisterwerk einbezog, zeigt sich vor allem in der Anordnung des Davis Museum, das Ausblicke auf die Westseite von Jewett rahmt. Zudem

»ergänzte« Moneo das Jewett durch eine neue Betonplaza zwischen den Bauten, die Rudolphs prachtvolle fächerförmige Außentreppe zur Geltung bringt.

Moneo war beim Entwurf mit einem begrenzten Grundstück und einem umfangreichen Programm konfrontiert: Auf einer Fläche von 5 500 m² sollte ein Museum mit Kino, Café, Verwaltung und Werkstätten entstehen. Das rechteckige Gebäude mit seinen glatten roten Backsteinwänden wirkt entsprechend kompakt. Nur die Sägezahndächer mit den Oberlichtern weisen auf die Komplexität im Inneren hin. Von der Eingangshalle führt eine Treppe im Zickzack durch das Museum und erschließt in jedem Geschoß kleine und große Ausstellungsräume. Schmale, dämmrige Treppenhäuser öffnen sich auf helle Podeste mit Blick auf die Galerien. Der Wechsel von Enge und Weite gleicht einer Reise durch den Raum. Die Oberlichter erfüllen das Gebäude mit Tageslicht.

Das Davis Museum beherbergt die Kunstsammlung von Wellesley, die alle Kulturen und Epochen umfaßt. Es ist dienstags, freitags und samstags von 11.00 bis 17.00 Uhr, mittwochs und donnerstags von 11.00 bis 20.00 Uhr und sonntags von 13.00 bis 17.00 Uhr geöffnet. Montags geschlossen.

Gruppenführungen müssen zwei Wochen vorher angemeldet werden. Die Stadt Wellesley liegt 24 km nordwestlich von Boston. Information und Zugauskunft: Tel. (617) 283-2051.

U.S. Holocaust Memorial Museum, 1993

14th Street nahe
Independence Avenue
Washington, D.C.
Pei, Cobb, Freed & Partners

Am Ende des Zweiten Weltkrieges sahen amerikanische Soldaten als erste die Todeslager der Nazis. Doch für die meisten Amerikaner waren die unsäglichen Verbrechen so fern, daß sie geradezu irreal erschienen. Das Holocaust Museum macht sie mit der Realität vertraut. Es zeigt die Tragödie von 6 Millionen Juden und anderen Opfern des NS-Fanatismus im Herzen der Hauptstadt.

Die Architekten standen vor einer schwierigen Aufgabe: ein würdiges Gebäude von symbolischer Bedeutung zu schaffen, in dem die Besucher das Unfaßbare erleben konnten, ohne die Hoffnung zu verlieren. Zur Vorbereitung besuchte James Freed Auschwitz. Er erkannte, daß die Lager aus zwei getrennten Bereichen bestanden: dem Barackenkomplex und dem Krematorium mit einem Feld dazwischen.

Die beiden Bauten des Museums und die Plaza geben diese Organisation wieder. Die gezackten Dachlinien erinnern an die Wachtürme der Nazis und an die Unmöglichkeit der Flucht oder des Überlebens.

Das Hauptgebäude beschwört die Desorientierung der todgeweihten Ankömmlinge herauf. Die Innenwände aus Sichtbeton und die Treppen sind in schrägen Winkeln geführt. Ein Oberlicht in der Längsachse des fünfgeschossigen Gebäudes verursacht unheimliche Licht- und Schatteneffekte. Die Halle der Zeugen, eine dreigeschossige Dauerausstellung, beginnt im vierten Obergeschoß und verläuft nach unten. Sie berichtet mit Fotos, Dokumenten und audiovisuellen Beiträgen von Augenzeugen von der Machtergreifung der Nationalsozialisten, der frühen Verfolgung, der Einrichtung der Ghettos und der »Endlösung«. Sie berichtet auch über Widerstand und Rettung. Von hier gelangen die Besucher zur Halle der Erinnerung. Das hexagonale Gebäude mit Oberlicht erinnert schon mit seinen Dimensionen an die sechs Millionen jüdischen Opfer des Holocaust: sechs Seiten, 60 Fuß Höhe, 6000 Quadratfuß. Es dient der Kontemplation und wirkt wie eine Kapelle und ein Grab zugleich.

Das Museum ist ein internationales Zentrum für Holocaust-Studien und enthält auch eine Bibliothek, Archive, Seminarräume, ein Theater mit 200 Plätzen und ein Register der Überlebenden.

Das Museum ist täglich von 10.00 bis 17.30 Uhr geöffnet. Weihnachten und Yom Kippur geschlossen. Die Ausstellung ist geeignet für Kinder ab 11 Jahre, die von Erwachsenen begleitet sein sollten.

Information: Tel. (202) 488-0400.

Physical Education Facility, 1994
Lehman College
250 Bedford Park Boulevard West
Bronx, New York
Rafael Viñoly Associates

Der Glaube der Modernisten, Architektur könne die menschliche Gesellschaft bessern, existiert immer noch, wenn auch inzwischen in gedämpfter Form. So mag man sich fragen, ob eine architektonisch inspirierte Sporteinrichtung wie das Institut für Leibeserziehung des Lehman College (auch Apex genannt) bessere Athleten hervorbringt. Das Gebäude mit seinen hochmodernen Anlagen für Schwimm-, Basketball- und Racketballwettbewerbe sowie für Aerobic, Gewichtstraining, Tennis und Tanz bietet zumindest die besten Voraussetzungen.

Viñolys Entwurf fängt die Energie der Sportler in der Bewegung ein. Das gerundete Dach aus Edelstahl biegt sich wie ein Schwimmer, der gerade vom Brett springt. Es überdeckt ein Gebäude, das fast einen Block lang ist. Zwar strahlt es eine starke visuelle Präsenz aus, doch die sanfte Dachneigung fügt die neue 14 800 m² große Sportanlage behutsam in den traditionellen Campus ein. Das Apex, am nördlichen Ende des Campus gelegen, schafft einen neuen Zugang und bildet zugleich eine sichtbare Grenze zwischen Universitäts- und Außengelände. Dennoch handelt es sich zum Glück nicht um eine isolierte Welt. Viñoly teilte das Dach in der Mitte und machte aus der Plaza und der Eingangshalle eine »Durchgangsstraße« für Fußgänger.

Besucher gelangen sofort in die Ebene der Zuschauerplätze. Die Unterseite des Daches und die weißgestrichenen Binder sind auf der gesamten Länge von 30 m freigelegt. Von innen wirkt das massive gekurvte Dach praktisch und beschützend. Eine lange Reihe hochliegender Fenster an einer Seite erfüllt die Halle an sonnigen Tagen mit Licht.

Während das silbrige Dach sich auf der Campusseite fast bis zum Boden neigt, zeigt das Apex an der Straßenseite eine gerade, ruhige Fassade. Hier bestehen die Wände aus vorgegossenem Beton, der sich den umliegenden Kalksteinbauten anpaßt.

Rafael Viñoly war schon in Südamerika prominent, bevor er 1979 nach New York kam. Er unterhält auch Büros in Tokio und Buenos Aires. In den USA ist die Sportanlage des Lehman College eine seltene Gelegenheit, das Werk dieses Architekten zu betrachten, der eine wichtige neue internationale Richtung entwickelt.

Die Anlage ist montags bis freitags von 7.00 bis 22.00 Uhr und samstags von 8.00 bis 17.00 Uhr geöffnet. Sonntags und an Feiertagen geschlossen. Besucher sind willkommen, doch für Fotos muß vorher eine Genehmigung eingeholt werden. Bei Gruppen ist Anmeldung erforderlich. Schriftliche Anfragen an Dr. Martin Zwiren, Director of Athletics.

Information: Tel. (718) 960-1117.

Seiji Ozawa Hall, 1994
Tanglewood Music Center
197 West Street
Lenox, Massachusetts
William Rawn Associates

Jeden Sommer bis in den Herbst ziehen Konzertbesucher nach Tanglewood in den Berkshire Mountains, um in ländlicher Umgebung Weltklasse-Aufführungen zu hören. Eliel und Eero Saarinens beliebter »Musikschuppen« wurde zum Vorbild für Innenraum- und Open-air-Konzerte. Die Seiji Ozawa Hall, das neue Sommerhaus des Boston Symphony Orchestra, erfüllt die Aufgabe, zwei Gruppen von Zuhörern – innen und außen – hervorragende Tonqualität zu bieten, auf bemerkenswerte Weise.

William Rawns Entwurf setzt traditionell an, mit langen Seitenwänden und einem gewölbten Dach. Doch die Rückwand ist ingeniös. Ein System 12 cm dicker schallgedämpfter Platten läßt sich auf einer Fläche von 15 m nach außen öffnen. So liefert die Ozawa Hall den 1200 Zuhörern im Inneren und den 2 000 Zuhörern, die auf einem sanften Hügel hinter der Halle sitzen, die akustische Qualität eines Konzertsaales.

Rawn vergleicht seine fünfgeschossige Halle mit einem Versammlungshaus der Shaker. Die Stühle aus Holzlatten und die hölzernen Balkonbrüstungen, die auf drei Seiten die Halle umgeben, sorgen für eine außergewöhnliche Atmosphäre. Doch es entsteht auch ein Gefühl der »Gemeinschaft«: Orchester und Publikum nehmen denselben Raum ein, ohne Proszenium dazwischen.

Die roten Backsteinwände werden durch seitliche Arkaden aus Holz aufgelockert, die sommerliche Brisen einfangen. Das Dach hat eine einfache gekurvte Form und besteht aus bleiverkleidetem Kupfer. Abends wird das erleuchtete Gebäude zu einer strahlenden Laterne.

Tanglewood ist während der Konzertsaison (Mai bis Mitte Oktober) ständig geöffnet. Am Wochenende finden Führungen statt. Außerhalb der Saison ist nur das Gelände zugänglich. Information über Programm und Führungen: Boston Symphony Orchestra, Tel. (617) 638-9235; in der Saison Tanglewood, Tel. (413) 637-1600.

Weisman Art Museum, 1994
University of Minnesota
333 East River Road
Minneapolis, Minnesota
Frank O. Gehry

Abenteuerliche neue Architektur und
scharfe Kritik gehen Hand in Hand. Doch
während die meisten Institutionen Kontro-
versen aus dem Weg gehen, stellten die
Stifter des Weisman Art Museum sich
ihnen. Ein kontroverses Gebäude könnte
ein Vorteil sein, argumentierten sie – eine
Möglichkeit, Studenten und Publikum an
der Kunst im Inneren zu interessieren.
Als Universitätspräsident Nils Hasselmo
Frank Gehry beauftragte, bat er ihn aus-
drücklich, dem Campus keinen weiteren
glatten Backsteinkasten hinzuzufügen.
Diese Gefahr bestand bei Gehry, dem
Pritzker-Preisträger von 1989 und wage-
mutigen Architekten, ohnehin nicht.

Das 3700 m² große Gebäude nimmt
eine bevorzugte Lage auf einer Anhöhe
über dem Mississippi River ein. Gehrys
phantasievoller Entwurf sieht aus wie eine
komprimierte Stadtlandschaft aus rostfreiem Stahl. Man glaubt Kirchen und
Fabriken zu erkennen, Wohnhäuser und
Bürotürme – eine Mini-Stadt, die scheinbar
am Rande des Kollapses ist. Beim ersten
Anblick suchen die Betrachter nach Vergleichen: ein mittelalterliches Schloß, ein
kubistisches Kunstwerk, eine explodie-
rende silberne Artischocke. Das Gebäude
ist dynamisch, nicht statisch, und sieht aus
jedem Winkel und bei jeder Lichtverände-
rung anders aus. Die bescheideneren röt-
lichen Ziegelwände an der Ost- und Westseite beziehen sich auf die dortigen traditionellen Campusbauten. Große Fenster
im Erdgeschoß öffnen das Gebäude zum
Fußweg.

Wer mit Gehrys Werk vertraut ist, erkennt seine maritimen Bilder wieder – ein
segelförmiges Vordach und eine fischartige
»Sonnenschaufel«, die den Haupteingang
markieren. Ohne Computer hätten diese
Formen nicht geschaffen werden können.

Das Weisman ist Gehrys erster kom-
pletter Museumsentwurf, doch er brachte
lebenslange Kunstbetrachtung und eine
intensive Auseinandersetzung mit Aus-
stellungs- und Beleuchtungstechnik mit in
das Projekt ein. Ergebnis sind, wie Herbert
Muschamp in der New York Times schreibt,
»fünf der schönsten Ausstellungsräume auf
der Welt«. Weiße Wände erheben sich zu
einer gekurvten Decke mit Oberlichtern
und weißen Bindern, die die Räume hell
und licht erscheinen lassen. Die Galerien
nehmen das Hauptniveau des viergeschossigen Baus ein. Garage und Depot
sind in den beiden Untergeschossen untergebracht, Büros im obersten.

Das Museum ist dienstags, mittwochs
und freitags von 10.00 bis 17.00 Uhr geöffnet, donnerstags bis 20.00 Uhr, samstags
und sonntags von 11.00 bis 17.00 Uhr.
Montags und an Feiertagen geschlossen.
Führungen finden täglich statt. Gruppen
von 15 oder mehr Personen müssen sich
drei Wochen im voraus anmelden.

Information für Gruppen: Tel. (612) 625-
9656; für Besucher: Tel. (612) 625-9494.

San Francisco Museum of Modern Art, 1995
151 Third Street
San Francisco, Kalifornien
Mario Botta

»Auch ein Museum ist ein spiritueller Ort, eine profane Kathedrale«, sagte Mario Botta. Tatsächlich ist das MOMA von San Francisco ein wundervoller Ort zum Erleben von Kunst und selbst eines seiner schönsten Kunstwerke.

Die Außenansicht ist stark von graphischen Elementen bestimmt. Ein Zylinder aus schwarzweißen Granitstreifen mit einem abgeschrägten Lichtdom erhebt sich über einer rotbraunen Ziegelbasis, einer dreistufigen Festung mit einer Fläche von 19 300 m². Das Innere besitzt dagegen kühle Eleganz und hohes Raffinement.

Bottas Kathedralenkonzept erwies sich als gutes Organisationsprinzip für sein erstes Museum und sein erstes Bauwerk in den USA. Da Botta in Lugano lebt, kennt er die Rolle der Kathedrale als sozialer Mittelpunkt europäischer Städte. So ließ er im Atrium des Museums eine Piazza entstehen. Sie bildet das Herz des Gebäudes und ist erfüllt von den Aktivitäten des Cafés, der Buchhandlung und der anderen umliegenden öffentlichen Räume. Vier Geschosse mit Ausstellungsräumen und anderen Einrichtungen – Theater, Bibliothek, Werkstatt – werden von der Eingangshalle aus über eine große Treppe unter dem Okulus erschlossen.

Botta geht mit dem Licht um wie ein gotischer Kathedralbaumeister. Er verbindet es mit Höhe, um jene spirituelle und mystische Erhebung zu schaffen, die wir heute in der Kunst suchen. Der riesige Okulus wird immer heller, je höher man gelangt (nachts glüht er im Dunkeln). Eine Brücke leitet die Besucher in den obersten und lichtintensivsten Bereich. In den Ausstellungsräumen sorgen Oberlichter, die an Louis Kahns Kimball Museum erinnern, für gedämpfte Beleuchtung.

Gegenüber liegen Fumihiko Makis Center for the Arts und das Yerba Buena Theater von James Stewart Polshek & Partners. Das SFMOMA ist dienstags bis sonntags von 11.00 bis 18.00 Uhr und donnerstags bis 21.00 Uhr geöffnet. Montags geschlossen. Es werden Führungen veranstaltet. Information: Tel. (415) 357-4000.

Neuroscences Institute, 1995
10640 John Jay Hopkins Drive
La Jolla, Kalifornien
Tod Williams und Billie Tsien

Architektur hat immer mit Ideen zu tun, und das Neurosciences Institute vertritt eine besonders komplexe: Es will entdecken, wie das biologische Gehirn den Geist mit all seinen Gedanken, Bildern und Gefühlen entstehen läßt. Diese Frage beschäftigt den Gründer des Instituts, den Nobelpreisträger Gerald Edelman, und 32 dort tätige Hirnforscher. Zu ihnen gesellen sich Gäste aus verwandten Bereichen, die auf einen Durchbruch in der Hirnforschung hoffen.

Tod Williams und Billie Tsien erkannten das Bedürfnis zur Interaktion und zu geplanten oder zufälligen Begegnungen. Sie zerlegten das Programm in drei Hauptbauten, die um eine zentrale Plaza angeordnet sind.

Beim höchsten Gebäude, dem dreigeschossigen Theorie-Zentrum, kragen Büroräume über dem unteren Niveau mit Speisesaal, Bibliothek und Versammlungsräumen aus. Die zwei Geschosse des langen, niedrigen Laborflügels schmiegen sich an eine angeschüttete Böschung. Seine 60 m lange, an zwei Stellen abgeknickte Fassade ist abgeschrägt und besteht zur Hälfte aus Klarglas, zur Hälfte aus sandgestrahlten Glasflächen, die sich über das Dach erheben. Die verschiedenen Ebenen dieser Bauten sind von der Plaza bis zum Dach und bei dem Laborgebäude auf dem Dach miteinander ver-

bunden. Der dritte Bau, ein Auditorium mit hervorragender Akustik, liegt den beiden anderen gegenüber. »Der Entwurf geht vor allem von Bewegung und Verbindung aus«, erklärt Tod Williams. »Es gibt nicht eine Route, sondern viele.« So steigen die Chancen für zufällige Begegnungen, denn jeder geht hier zu Fuß.

Die architektonischen Formen enthüllen sich wie das Gehirn selbst in Schichten. Designelemente tauchen an einer Stelle auf, um an anderer Stelle in anderem Zusammenhang wiederzukehren. Materialien, Farben und Texturen appellieren an die Sinne: der cremefarbene Muschelkalkstein des Theorie-Zentrums, die glatten Glasflächen des Labors, die Redwood-Türen des Auditoriums und die blaßgrüne serpentinenförmige Pflasterung der Plaza.

Dr. Edelman sieht das NSI als »Kloster der Wissenschaft«. Doch trotz seiner geradezu mönchischen Strenge und seiner subtilen Details besitzt es genügend Kraft, um den Wissenschaftlern das Gefühl der Geborgenheit, aber auch der Lebendigkeit zu vermitteln.

Das NSI liegt innerhalb des Scripps Research Institute (auf dem von Edward Durell Stone geplanten Campus) zwischen North Torrey Pines Road und John Jay Hopkins Drive. Es gibt kaum Parkmöglichkeiten.

Information: Tel. (619) 626-6000.

fachwerk ein Zelt. Die Besucher treten in diesen großen offenen Bereich ein. Ein spektakuläres Mobile aus neon- und zebragestreiften Autos von einer Tour der Gruppe U2 hängt von der Decke. Rolltreppen führen nach oben in kleinere Ausstellungsräume. Jedes Geschoß hat einen anderen Grundriß.

Die Hauptzone »Roll Over Beethoven« liegt im Untergeschoß. Hier findet man unter anderem Buddy Hollys Highschool-Diplom, Teile von Otis Reddings abgestürztem Flugzeug und John Lennons Uniform für Sgt. Pepper.

Die Besucher können die Geschichte des Rock mittels Video, Bandaufnahmen, Filmen, einer Computerdatenbank, einer Bibliothek und eines Archivs erforschen. Höhepunkt ist die Spitze des Turms, in der eine schwach beleuchtete Wendeltreppe zur Ruhmeshalle führt. In diesem dunklen Raum tragen schwarze Wände die Signaturen von Sängern wie Jerry Lee Louis, B.B. King, The Supremes, Simon and Garfunkle, Marvin Gaye und mehr als hundert anderen.

Von Memorial Day bis Labor Day ist das Museum montags und dienstags von 10.00 bis 17.30 Uhr, mittwochs bis sonntags von 10.00 bis 21.00 Uhr geöffnet. Von Labor Day bis Memorial Day montags geschlossen. Geöffnet dienstags und donnerstags bis sonntags von 10.00 bis 17.30 Uhr, mittwochs von 10.00 bis 21.00 Uhr. Thanksgiving, Weihnachten und Neujahr geschlossen. Kartenreservierung dringend empfohlen.

Information: Tel. (800) 493-ROLL.

Rock & Roll Museum and Hall of Fame, 1995
North Coast Harbor,
East 9th Street, Erieside
Cleveland, Ohio
Pei, Cobb, Freed & Partners

Die frühen Rocker hatten Recht: Rock and Roll wird weiterleben. In diesem Museum ist er verewigt. Auf 13 500 m² werden Sänger, Songs und Kostüme präsentiert – alles, was den Rock liebens- und hassenwert machte.

Der prominente Architekt I. M. Pei behauptet, er habe nie viel Rock and Roll gehört, doch er hat dessen explosive Energie in architektonische Formen übertragen. Zwei Flügel, mit weißen Metallpaneelen verkleidet, kragen von einem quadratischen sechsgeschossigen, ebenfalls weiß verkleideten Turm aus. Die eine Projektion ist ein trapezförmiger Kasten, einem Lautsprecher ähnlich, die andere eine Kreisform auf einer schlanken Stütze, die sich aus dem Lake Erie erhebt, einem Plattenspieler ähnlich. Diese ausgestreckten Arme werden durch die Glaspyramide vereint, die sich von der Plaza fünf Geschosse hoch bis fast zur Spitze des Turms erhebt. Pei nennt die Pyramide aus Stahl-

Phoenix Central Library, 1995
1221 North Central Avenue
Phoenix, Arizona
Bruder DWL Architects

Die Zentralbibliothek von Phoenix ist ein faszinierendes architektonisches Monument für eine aufstrebende, schnell wachsende Stadt. Da Phoenix in der Wüste liegt, nahmen Will Bruder und Wendell Burnette deren Licht und Landschaft als Ausgangspunkt ihres Entwurfs. Auch das Monument Valley inspirierte sie: Sie formten das fünfgeschossige, 25 000 m² große Gebäude als Hochgebirge aus Kupferwänden – gekurvt, gewellt und mit kleinen Löchern perforiert –, das von einer Art Canyon aus rostfreiem Stahl gespalten wird. Bruder, eigentlich als Bildhauer ausgebildet, sieht in der Bibliothek auch eine kraftvolle Ruine, deren Kupferverkleidung im Laufe der Zeit eine purpur- und bronzefarbene Patina annimmt.

Die auffallende, nahezu magische Qua-

lität der Materialien verbirgt die Einfachheit des Gesamtkonzepts: gekurvte Kupferschirme, die einen Lagerhausgrundriß umschließen. Da sich die gesamte technische Ausstattung hinter diesen Schirmen verbirgt, haben die Bibliotheksgeschosse einen völlig offenen Grundriß. Die Glaswände an der Nord- und Südseite versorgen das Gebäude über computergesteuerte Lamellen mit blendungsfreiem Licht.

Ein auskragendes Gerüst aus Stahlträgern markiert den Eingang. Es führt zu einem »Eingangstunnel« aus kühler Luft und einer blauen Lichtwand. Der Tunnel entläßt die Besucher nach oben in ein futuristisches fünfgeschossiges Atrium, den »Kristallcanyon«. Im Herzen dieses Lichthofs liegt ein dunkles Wasserbecken, aus dem drei verglaste Aufzüge und eine breite skulpturale Treppe aufsteigen. Das Atrium wird durch neun computergesteuerte Oberlichter erhellt, die vom Morgengrauen bis zur Dämmerung für »Lichtkunst« in der Bibliothek sorgen.

Besonders eindrucksvoll ist der große Lesesaal im obersten Geschoß, in dem das »tensigrity«-System aus zug- und druckbeanspruchten Elementen offen gezeigt wird. Das Dach ist an Kabeln abgehängt, die an gebäudehohen Stützen befestigt sind. Diese Stützen berühren beinahe die Oberlichter im Dach und schaffen einen kreisrunden offenen Raum. Das Gefühl der Offenheit wird noch verstärkt durch 15 cm breite Oberlichter entlang zweier Wände des ingeniös geschwungenen Dachs.

In der Dämmerung beginnen Kupfer, Stahl und Glas zu leuchten, und die tagsüber unsichtbaren technischen Installationen nehmen ein geisterhaftes nächtliches Licht an.

Die Bibliothek ist außer an Feiertagen täglich geöffnet. Führungen müssen angemeldet werden.

Information: Tel. (602) 262-6372.

Disney Office Complex, 1995
200 & 210 Celebration Place
Celebration, Florida
Aldo Rossi

Aldo Rossis erste amerikanische Bauten sind auch die ersten einer brandneuen Disney-Stadt namens Celebration, die nahe des Themenparks Disney World in Orlando entsteht. Vincent Scully bezeichnete Celebration als das wichtigste Ereignis in der Architektur, weil hier eine Rückkehr zur Gemeinschaft stattfinde.

Tatsächlich hat Celebration mit Rossis farbenfreudigen Bauten in Rot und Ocker, Grün und Weiß und einer grün überdachten »Folly« einen festlichen Start gehabt. Aber es handelt sich hier nicht um Themenbauten, sondern um seriöse urbane Strukturen. Allerdings ist der Rest der Stadt noch nicht vorhanden.

Rossi sah hier ein formales Platzarrangement vor, bei dem drei Bauten an einen grünen Rasenplatz grenzen, der sich 60 cm über das Bodenniveau erhebt. Ein dreigeschossiger Turm und ein Pylon sollen die Strenge des Plans mildern und an die Statuen und Monumente erinnern, die gewöhnlich auf städtischen Plätzen zu finden sind. Baumreihen säumen die Bauten und tragen zur Belebung bei. Disney hat bisher zwei der Bauten errichtet, den neun- und den viergeschossigen. Der mehr als 12 ha große Komplex wird ca. 36 000 m² Bürofläche für Disney und andere Unternehmen bieten.

Rossis Kombination klassischer und indu-strieller Motive – Kathedrale und Fabrik – wird hier deutlich sichtbar. Die drei Türme des höheren Gebäudes wirken an der Front sakral, während die gerasterten Curtain Walls aus grünem Glas an den Seiten an Fabrikbauten erinnern. Die Türme vermitteln auch städtische Dichte. Das niedrigere Gebäude mit seinen weißen Betonplatten und den alternierenden Glasflächen wirkt lockerer.

Die üblichen Rossi-Themen beherrschen auch die öffentlichen Bereiche in beiden Bauten. Eine überkuppelte Rotunde bildet den Mittelpunkt des höheren Baus, den Besucher durch eine Reihe tonnengewölbter Passagen betreten. In diesen luxuriösen Korridoren wechseln rote Sandsteinpaneele mit Kirschbaumplatten, die mit rostfreiem Stahl gerahmt sind. In dem viergeschossigen Bau erfüllt ein Atrium die Innenräume mit Licht.

Da Michael Eisner, der Präsident von Disney, sich stark für Architektur engagiert, werden in Celebration noch Werke von Cooper Robertson, Michael Graves, Graham Gund, Philip Johnson, Moore Andersson, Cesar Pelli, Robert A.M. Stern und Venturi & Scott Brown entstehen. In der Nähe liegen Arata Isozakis Team Disney Headquarters und Michael Graves' Dolphin & Swan Hotel.

Der Disney Office Complex liegt südlich der Highways 192 und I-4 und ist an Wochentagen während der Bürozeiten geöffnet.

Information: Tel. (407) 824-4500.

Yancey Chapel, 1995
Rural Route 17
Greensboro, Alabama
Auburn University's Rural Studio
Samuel Mockbee (Direktor)

Yancey Chapel ist das Werk von Architekturstudenten, die das Bauen so lernen, wie es in der Schule nie möglich wäre: Sie erleben es. Im Rural Studio, einem verfallenen Anwesen etwa drei Stunden vom Campus entfernt, wohnen und arbeiten die Studenten mit ihrem Professor Samuel Mockbee, dem Schöpfer dieses einzigartigen Ortes. Die späteren Architekten stellen sich in die Dienste der Anwohner, von denen viele bedürftig sind und noch nie einen Architekten gesehen haben. Sie treffen sich mit den »Kunden«, entwerfen die Projekte und errichten die Bauten so gut sie können, ohne Geld und mit gefundenen Materialien. Sie benutzen Abfall und machen daraus mit eigenen Händen faszinierende Architektur.

Bei der Yancey Chapel wurden über 1000 Autoreifen – gespendet von einem Mann, der zur Säuberung seines Grundstücks verurteilt worden war – zu Baumaterial für die kleine Freiluftkapelle. Die Reifen wurden mit Erde vom Gelände gefüllt, wie Ziegel gestapelt und mit hellem Zementputz verkleidet. Die gestuften Wände mit ihren Rundformen wirken zwar merkwürdig, sind aber bemerkenswert solide. Auch die rohe Form der Kapelle ist überraschend spirituell.

Das Talent der Studenten, gebrauchtes Material zu finden und wiederzuverwerten, zeigt sich überall in der Kapelle, in der etwa sechzig verschiedene Materialien verarbeitet wurden. Hundert Jahre alte Kiefernbalken rahmen die Dachkonstruktion, die an Thorncrown erinnert. Wiederverwendeter Zinn, in Schindeln geschnitten, deckt das Dach mit Ausnahme der offenen Firstlinie. Das Lesepult und das Weihwasserbecken wurden aus einem großen I-Träger hergestellt. »Wir benutzten alles, was wir fanden«, sagte einer der Studenten. »Wir hatten ein Konzept im Kopf, aber es ging alles seinen Gang.«

»Mich wundert nur, wie etwas, das aus so primitivem Altmaterial entstanden ist, so elegant wirken kann«, bemerkte Mockbee.

Auch die Magie des hügeligen Geländes wird als »vorgefunden« behandelt. Besucher gehen erst einen leichten Abhang hinunter, bevor sie nach oben zur Kapelle und auf ein auskragendes erhöhtes Deck gelangen.

Die Yancey Chapel liegt an der Rural Route 17 westlich von Greensboro in Hale County. Die Kapelle ist von der Straße nicht sichtbar.

Information: Samuel Mockbee, Tel. (334) 844-4516.

Museum of Contemporary Art,
1996
220 East Chicago Avenue
Chicago, Illinois
Josef Paul Kleihues

In einem Gebäude mit klassischen Proportionen führt der deutsche Architekt Josef Paul Kleihues ein prämodernes Ideal wieder ein: Er setzt die Kunst wieder auf ein Podest. »Entthront« worden war sie 1939 in New York mit den bahnbrechenden Eingangstüren des MOMA, die sich direkt zur Straße öffnen – die Kunst wurde ein Teil des täglichen Lebens, gleich von der Straße aus zu erreichen. K..leihues' grandiose Treppe geht dagegen zurück zum Zeremoniell der Beaux-Arts. Sie spielt eine zentrale Rolle und führt die Besucher in das erste Obergeschoß, wo die Ausstellungsräume beginnen. Kleihues' klassische Lösung ist eine sensible Antwort auf ein prachtvolles Grundstück. Das rechteckige Gelände am Lake Michigan war eine ideale Plattform für das »Podest« und legte auch eine geometrische Organisation des Gebäudes nahe: Es entstand ein quadratischer, viergeschossiger Bau mit einem verglasten Atrium in der Mitte. Dieses helle, offene Atrium stellt die »fehlende Verbindung« (Kleihues) zwischen Stadt und See her. Die breite Außentreppe ist auf die

Front des Atriums zentriert und betont die Hauptachse. Symmetrisch sind auch zwei Flügel, die die Treppe einfassen und deren niedrigere Bauteile Sockel für Skulpturen bilden. Dem klassischen Thema entsprechend, verkleidete Kleihues die Basen mit Kalkstein. Als Zugeständnis an die Moderne umhüllte er die Fassade mit modularen Platten aus Gußaluminium, die mit polierten Stahlbolzen befestigt sind. Das formale und rigorose Äußere verbirgt ein Inneres von geradezu transzendenter Räumlichkeit. In den Ausstellungsräumen ehrt der Architekt die Kunst, indem er den Betrachtern das Privileg der Konzentration gewährt. Verkehrs- und Servicebereiche sind seitlich angeordnet, so daß sie die Ausstellungsräume nicht beeinträchtigen. Überall sind offene Bereiche wie das Atrium neben geschlossene Ausstellungsräume gesetzt, so daß ein abwechslungsreiches Raumerlebnis entsteht.

Kleihues hat den modernistischen Geist Chicagos ebenso klar erfaßt wie vor ihm Mies van der Rohe.

Das Museum ist dienstags, donnerstags und freitags von 11.00 bis 18.00 Uhr geöffnet; mittwochs 11.00 bis 20.00, samstags und sonntags von 10.00 bis 18.00 Uhr; montags, Thanksgiving, Weihnachten und Neujahr geschlossen.

Information: Tel. (312) 280-2660.

222 Chapel of St. Ignatius, 1997

Seattle University, nahe 12th Avenue und
Marion Street
Seattle, Washington
Steven Holl

Als Spiritualität noch als rein geistige Erfahrung galt, war Ignatius ein religiöser Pionier, der Gott auch durch seine Sinne und durch das göttliche Licht von oben erlebte. Steven Holl ist dagegen ein Pionier der Architektur, der die drei Säulen von Ignatius' Philosophie – Intellekt, Sinne und Licht – als Bauelemente für einen neuartigen sakralen Raum verwendet. Diese Kapelle ist dynamisch, aber ehrfurchtsvoll; farbig, aber feierlich; sensibel, aber kühn; sakral, aber auch weltlich; ganz und gar modern, aber auch geprägt von Holls »archaischen Echos« alter Religionen, die allgemeingültig sind.

Besucher werden zunächst durch eine Prozessionszone geführt: Rasenflächen, ein schlanker, hoher Glockenturm und ein Wasserbecken. Die asymmetrischen Eingangstüren mit eingesetzten Ovalen aus Klarglas vermitteln ein Gefühl der Erwartung.

Das ruhige Äußere mit den ockerfarbenen Wänden und dem vorbehandelten Zinkdach läßt kaum ahnen, welche Farbexplosion im Inneren stattfindet. Farbfelder erfüllen die Kapelle und definieren ihre Räume. Das Licht fällt von sieben grün, rot und blau verglasten Dachtürmen ein, Lichtstrahlen leiten den Besucher zu den jeweiligen Farbbereichen. Dieses prächtige Kaleidoskop wird von strahlendem Weiß unterbrochen, das den Altar illuminiert und die Silhouette des Kruzifixes an der Seitenwand betont. Holl benutzte das Licht seiner Türme, um mystische, ständig wechselnde Effekte zu schaffen, die noch dadurch verstärkt werden, daß er die Innenseiten in den Komplementärfarben der Glasflächen streichen ließ. Nachts breitet sich im Inneren eine samtige Wärme aus, während die Türme farbige Leuchtfeuer in die Dunkelheit senden.

Der 550 m² große Innenraum der Kapelle reflektiert die Reformen des Zweiten Vatikanischen Konzils. Es gibt verschiedene Bereiche für Altar, Tabernakel und Ambo. Holl selbst entwarf die meisten künstlerischen Objekte, die von lokalen Künstlern ausgeführt wurden.

Überraschenderweise ist Holls komplizierter Entwurf eine Konstruktion aus abgeschrägten Wänden. Die massiven Mauern bestehen aus 21 Betonplatten, deren Fenster in die ineinander übergreifenden Platten geschnitten sind. Das Dach und die Lichttürme bestehen aus gekurvten Stahlrohrträgern.

Die Kapelle ist von 7.30 bis 22.00 Uhr geöffnet. Messen finden wochentags um 12.05, an Sonntagen um 11.00 und 21.00 Uhr statt. Samstags beschränkter Zugang. Führungen nach Vereinbarung. Information: Dr. Elaine Taylor, Tel. (425) 827-6371.

Getty Center, 1997
1200 Getty Center Drive
Los Angeles, Kalifornien
Richard Meier

In der amerikanischen Architektur und Kunst war 1997 das Getty-Jahr. Richard Meiers »Akropolis der Kunst« wurde im Dezember eröffnet, nach einem vielpublizierten Planungs- und Bauprozeß, der dreizehn Jahre dauerte und fast eine Milliarde Dollar kostete. Der Komplex liegt auf einem Berg hoch über Los Angeles und schimmert im goldenen Licht wie eine Stadt auf dem Hügel.

Das Center und die Gärten erstrecken sich über 45 ha, die Bauten nehmen fast 90 000 m² ein. Meier breitete bei diesem Großprojekt einen visuellen Katalog seiner früheren Arbeiten aus: strenge Geometrie, collageartige Schichten und meisterhafte Raum- und Lichtführung. Er entwarf einen kolossalen Komplex, den er in Komponenten mit menschlichem Maßstab unterteilte: sechs Bauten, die als eine Folge von Pavillons angelegt sind, um eine zentrale Plaza angeordnet und von Gartenhöfen unterbrochen. Für Kontinuität sorgt der roh gespaltene Travertin, der die meisten Fassaden verkleidet. An einigen Wänden sind Meiers charakteristische emaillierte Aluminiumplatten zu sehen. Besucher kommen mit einer Elektrobahn auf der zentralen Plaza an und werden dort sogleich mit atemberaubenden Ausblicken auf Los Angeles und den Pazifik konfrontiert. Links liegt ein Saal mit 450 Plätzen, rechts ein Restaurant, und dahinter stehen drei Institutsgebäude, die speziellen Getty-Programmen für Forschung, Bildung und Restaurierung dienen. In der Mitte erhebt sich das J.Paul Getty Museum, dessen Sammlungen Meier in einigen der schönsten Räume der letzten Jahre zur Schau stellt. Etliche Ausstellungsräume wurden von dem französischen Architekten Thierry Despont im Stil des 18. Jahrhunderts »dekoriert« – ein starker Kontrast zu Meiers strenger Klarheit, doch, wie Despont behauptet, der Kunst eher angemessen.

Der Raumluxus und die erhöhte Lage des Getty Center schaffen einen Eindruck der Distanz, zu dem auch der schwierige Zugang beiträgt: Die Besucher müssen am Fuß eines steilen Hangs parken und mit der Elektrobahn nach oben fahren oder einen parallelen Weg hinaufsteigen. Meier zog jedoch alle Register, um den Weg lohnend zu machen. Die kunstvoll angelegten Gärten von Robert Irwin sind ein zusätzliches Erlebnis.

Das Center ist dienstags und mittwochs von 11.00 bis 19.00 Uhr geöffnet; donnerstags und freitags von 11.00 Uhr bis 21.00 Uhr; samstags und sonntags von 10.00 bis 18.00 Uhr. Montags und an höheren Feiertagen geschlossen. Parkplätze müssen im voraus reserviert werden.

Information: Tel. (310) 440-7300.

Wenn Sie eine Architekturreise planen, mag es hilfreich sein, eine der nachfolgenden Karten als Organisationshilfe heranzuziehen. Das Gebiet der Vereinigten Staaten wurde hier der Übersichtlichkeit halber in neun Kartenausschnitte unterteilt, die alle im Buch beschriebenen Bauten verzeichnen. Die Gebäude werden unter ihrer Seitennummer aufgeführt; Ortsnamen, Interstate highways und U.S./state highways sind gekennzeichnet. Die Karten dienen der Übersicht; für Ihre Reise sollten Sie jedoch genaueres Kartenmaterial benutzen.

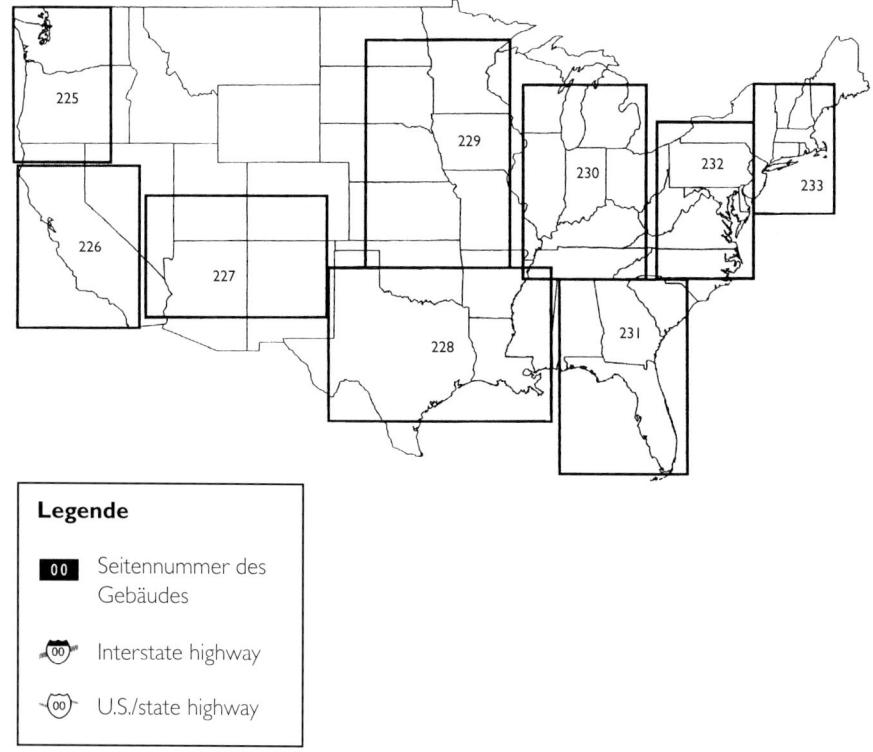

Legende

00	Seitennummer des Gebäudes
(00)	Interstate highway
(00)	U.S./state highway

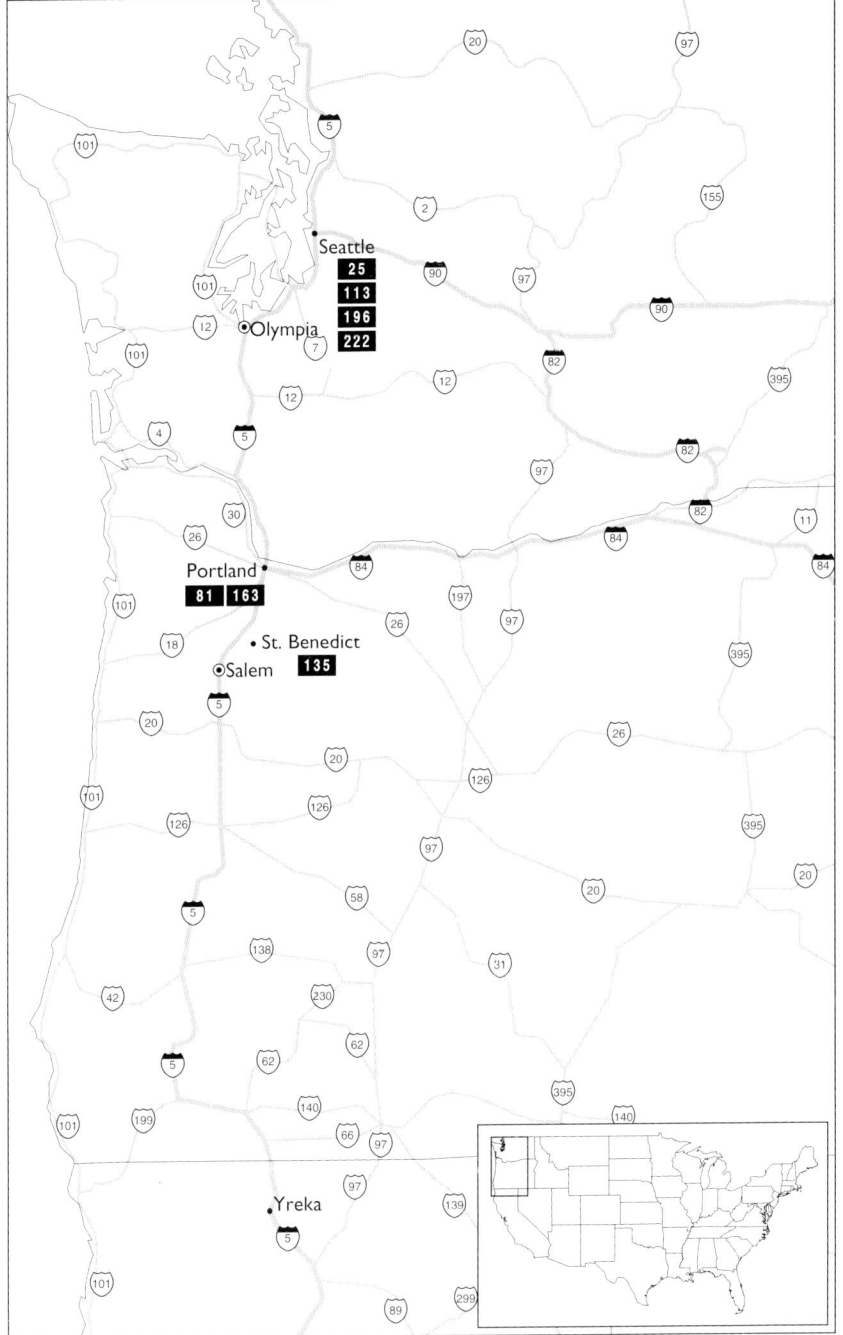

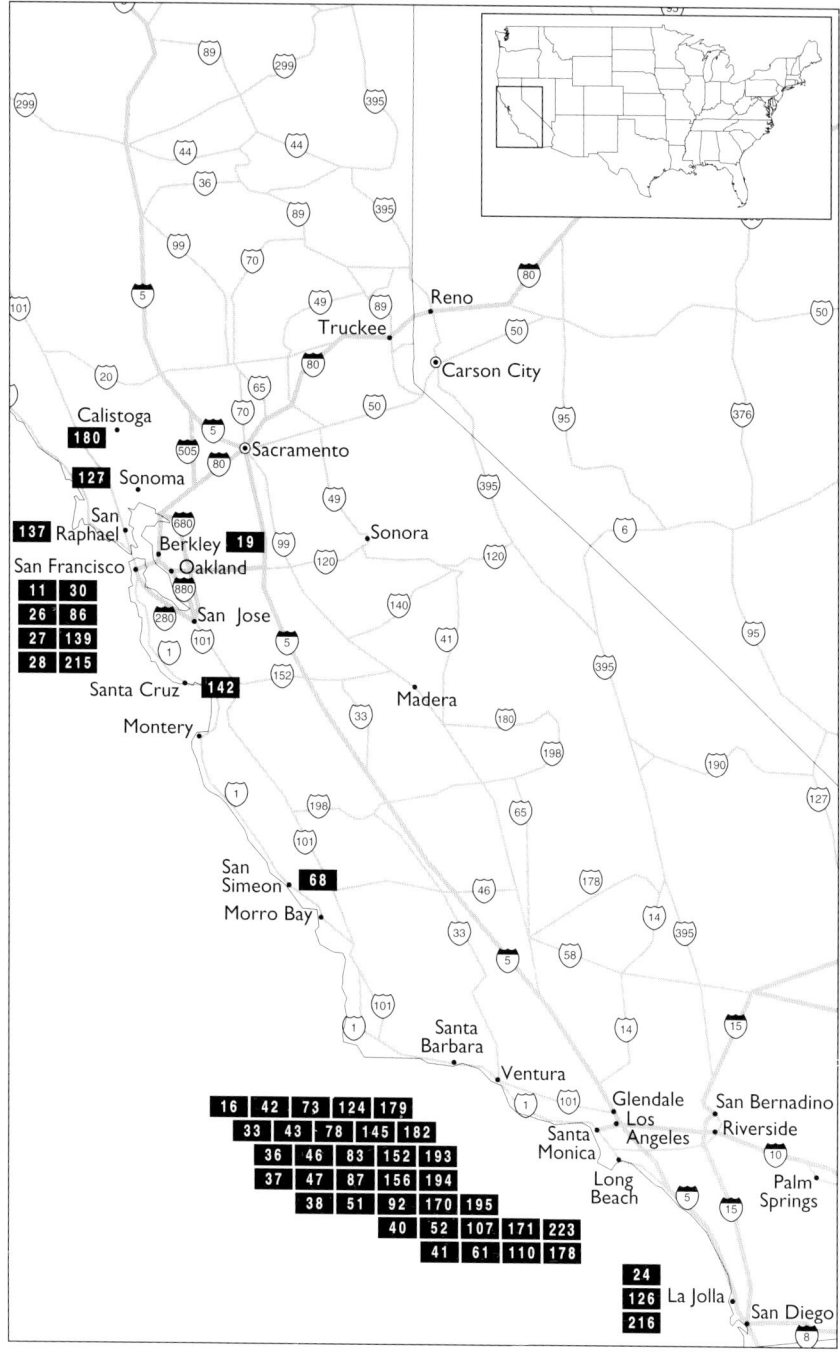

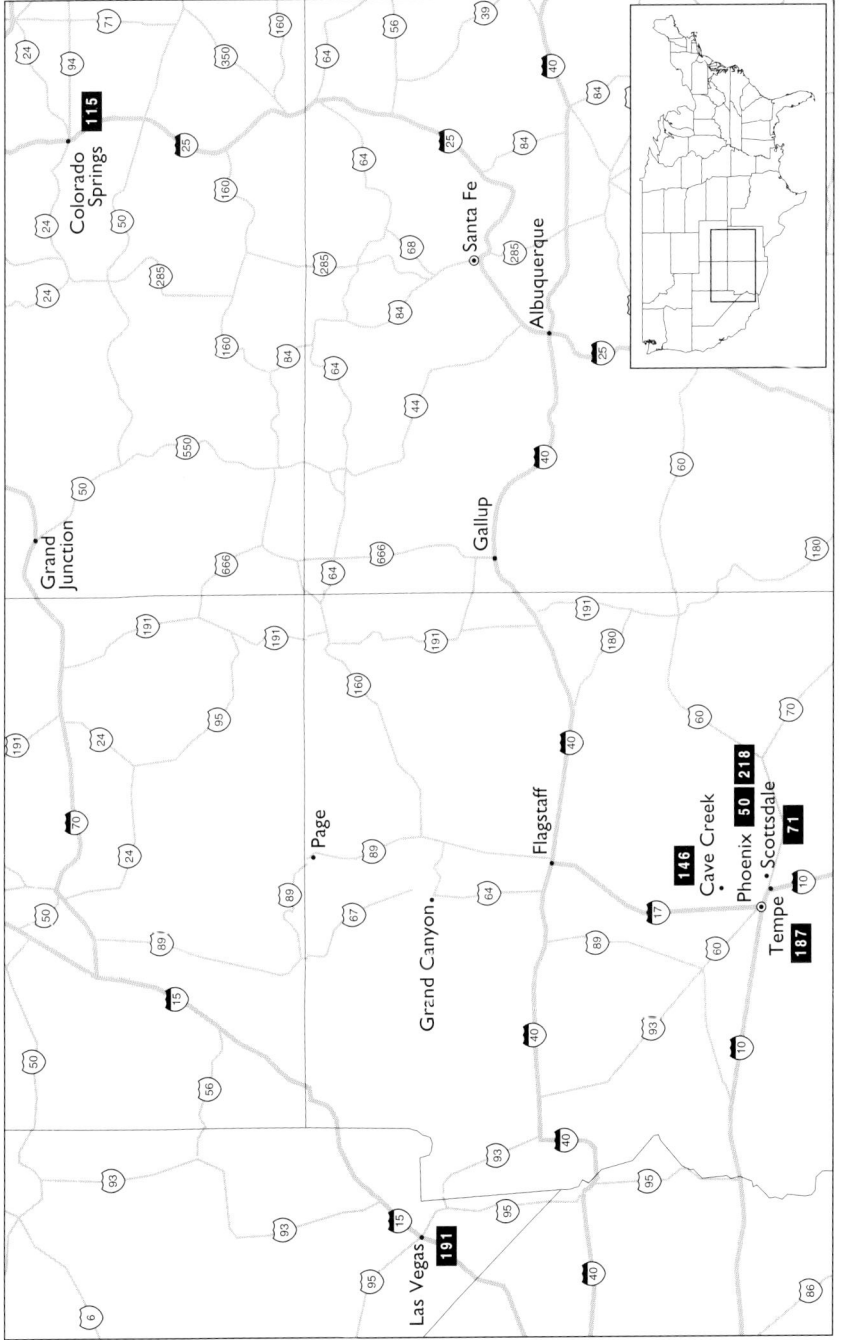

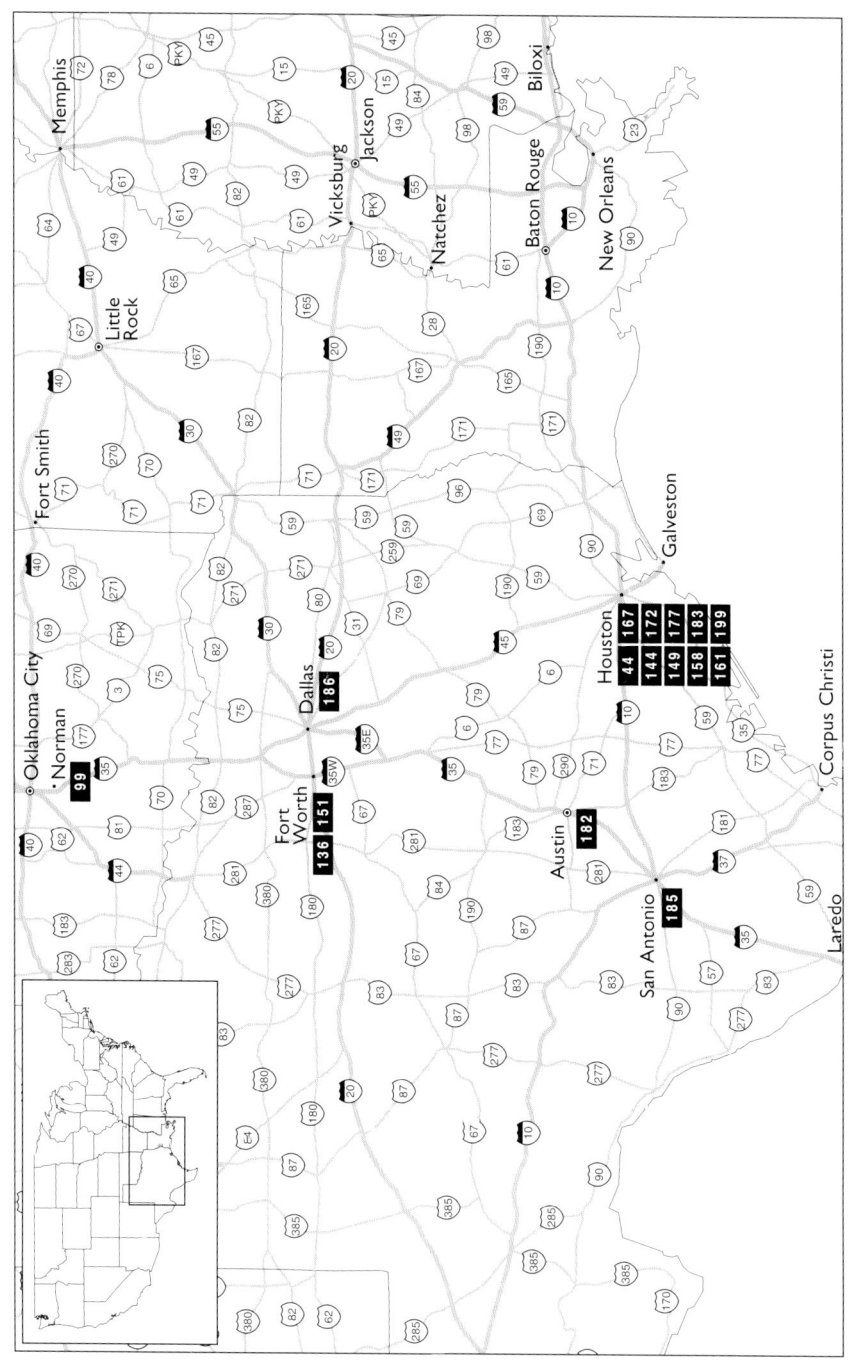

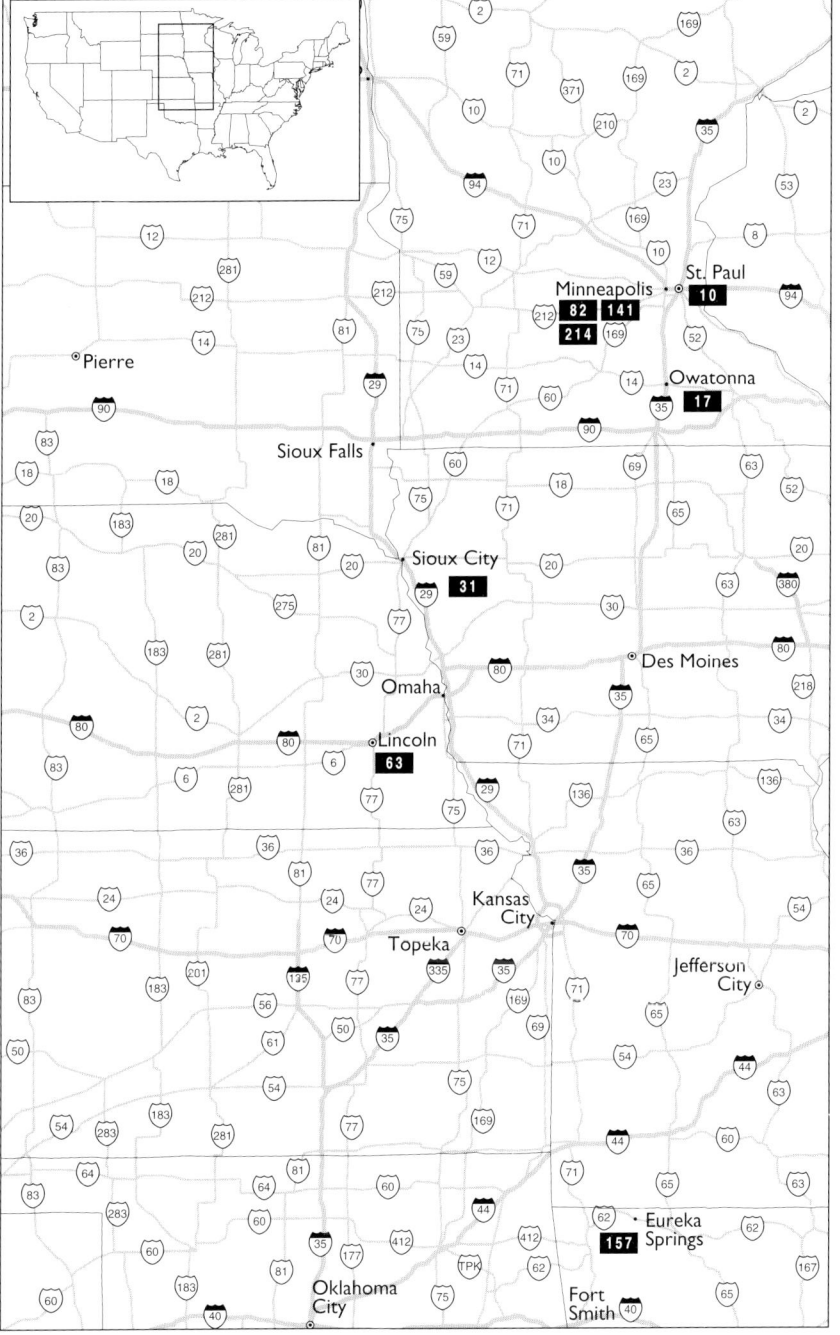

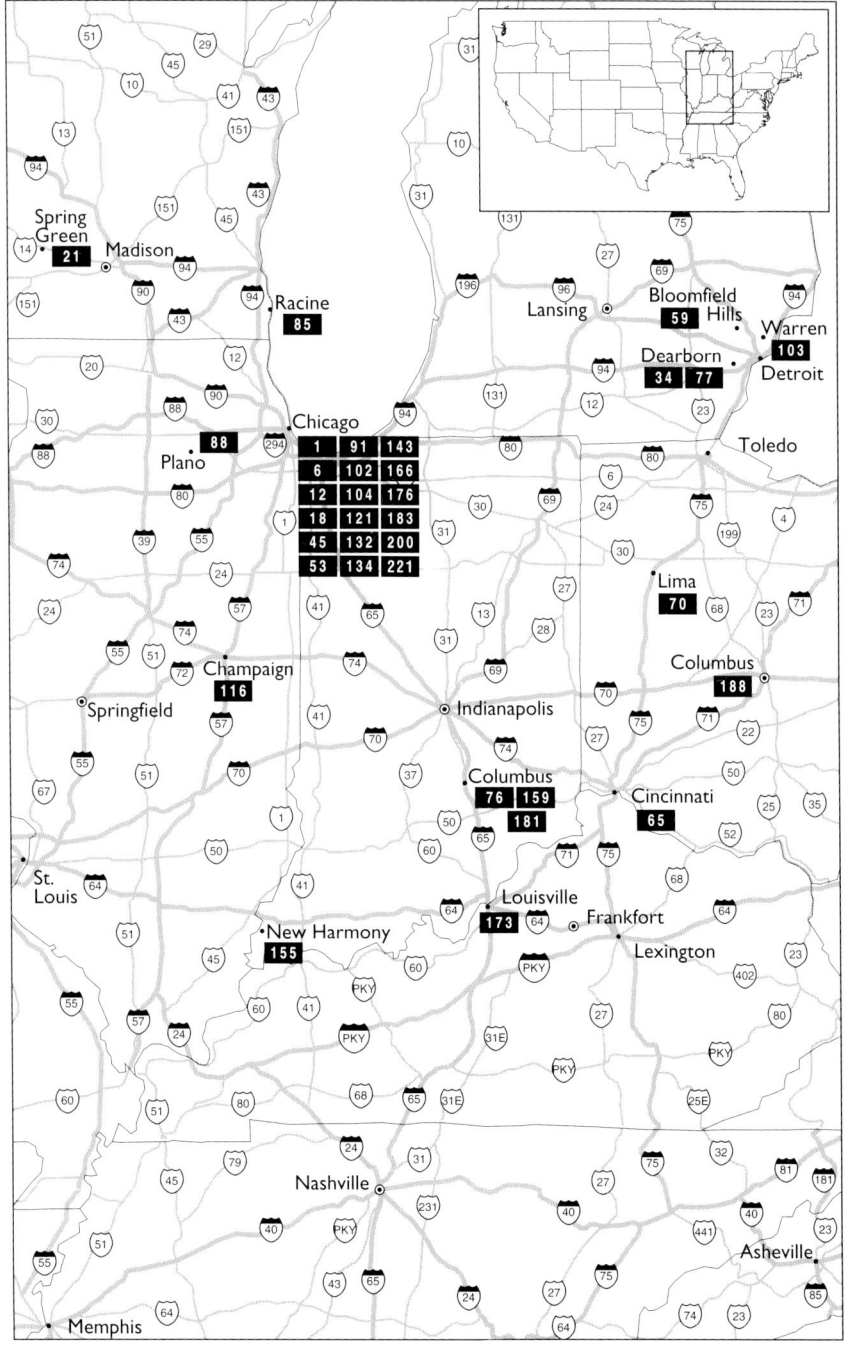

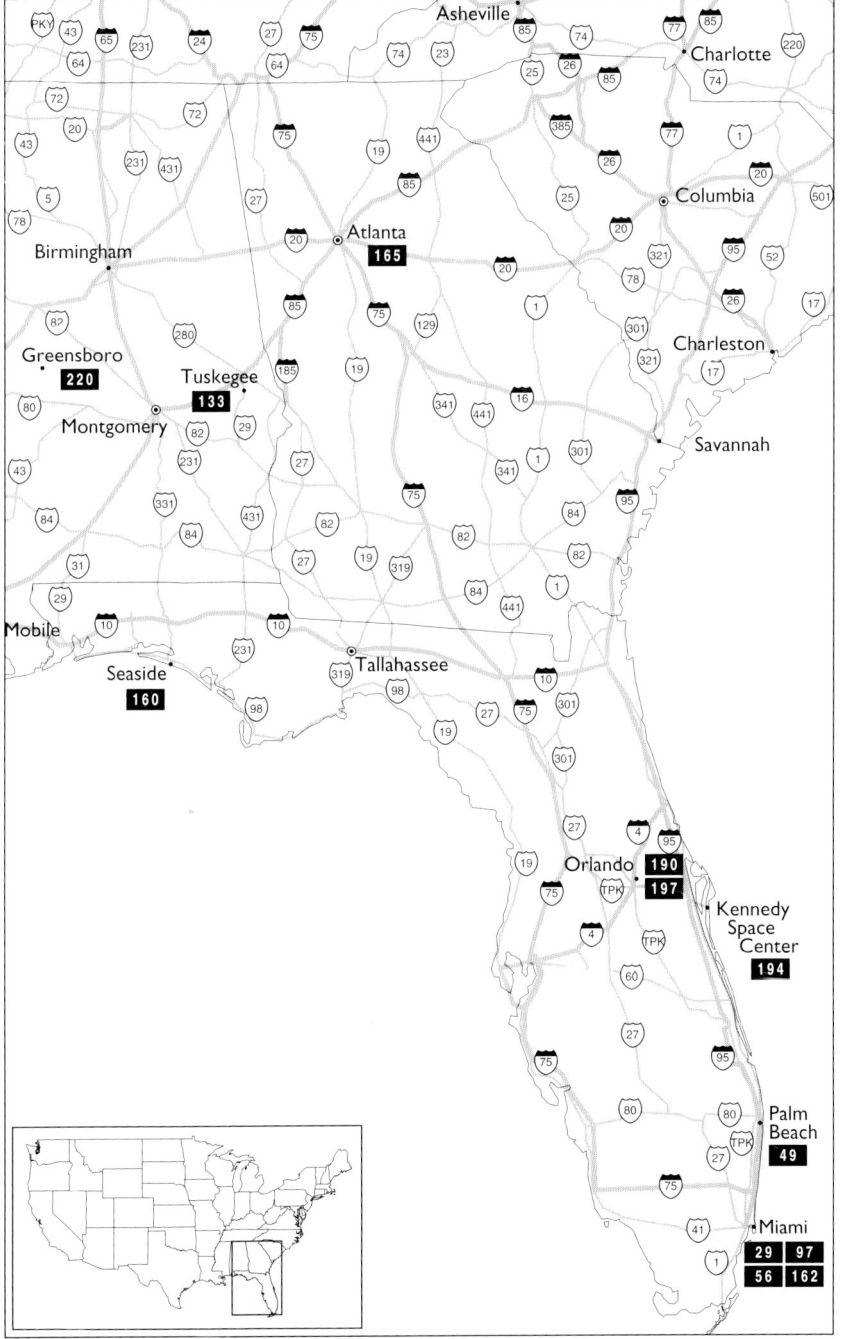

232

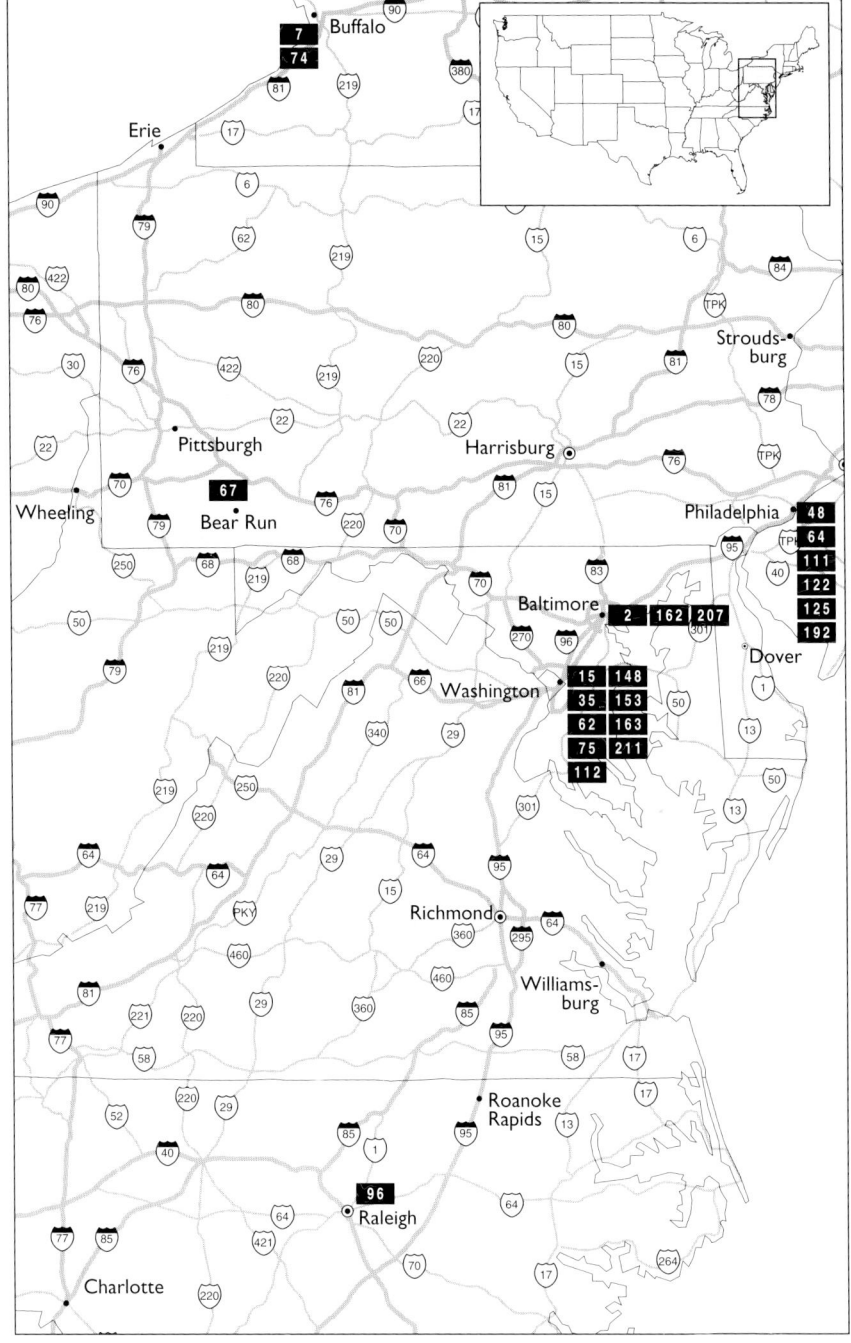

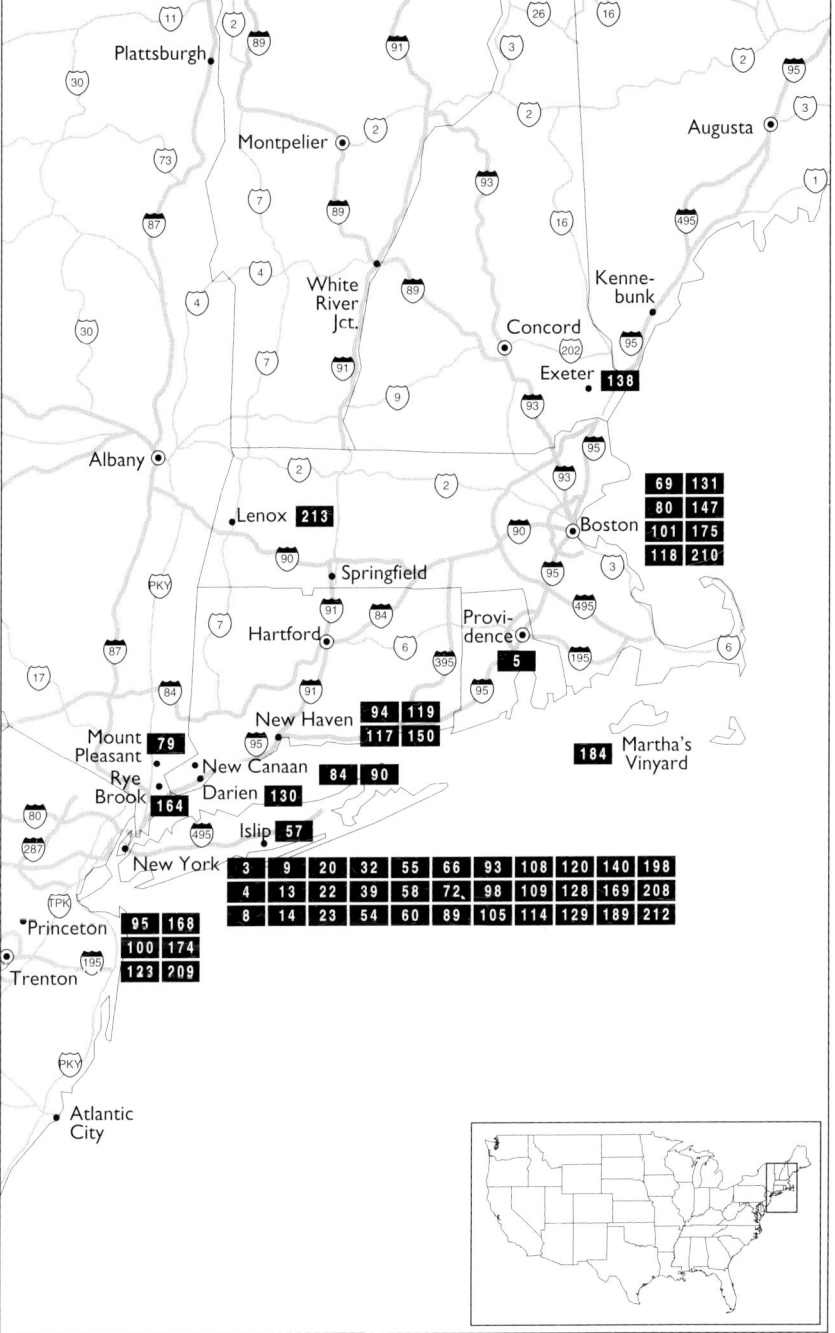

Abbildungsnachweis

Die nachfolgend aufgeführten Abbildungen wurden uns freundlicherweise von den genannten Fotografen, Institutionen und Organisationen zur Verfügung gestellt:

I   Foto von Don Kalec, mit freundlicher Genehmigung Frank Lloyd Wright Home and Studio Foundation

3   Metropolitan Museum of Art

5   Foto von Alec Tavares

6   Library of Congress, Prints and Photographs Division, HABS Collection

7   Buffalo and Erie County Historical Society

8   Library of Congress, Prints and Photographs Division

10   Library of Congress, Prints and Photographs Division

11   Fairmont Hotel

12   Frank Lloyd Wright Home and Studio Foundation

15   LaSalle Partners

16   Foto von Tavo Olmos, mit freundlicher Genehmigung Gamble House

17   © Edward S. Cunningham Photography, Owatonna, Minnesota. Mit freundlicher Genehmigung Norwest Bank

18   Library of Congress, Prints and Photographs Division, HABS Collection

19   Foto von Julius Shulman

20   Casey Cronin © 1990

21   © 1988 Frank Lloyd Wright Foundation

22   Grand Central Partnership

23   Woolworth Corporation

24   La Jolla Historical Society

25   Museum of History and Industry, Seattle, Washington

29   Vizcaya Museum & Gardens

31   Foto mit freundlicher Genehmigung Woodbury County, Zeichnung mit freundlicher Genehmigung Wetherell-Ericsson Architects (Nachzeichnung des Originals von 1916)

34   Albert Kahn Associates

35   Library of Congress, Prints and Photographs Division

36   Foto von Julius Shulman

40   Foto von Julius Shulman

41   Foto von Julius Shulman

42   Fotos von Foaad Farah, mit freundlicher Genehmigung Hardy Holzman Pfeiffer Associates

43   Foto von Julius Shulman

44   Foto von Rick Gardner, mit freundlicher Genehmigung Museum of Fine Arts, Houston

45   The Chicago Tribune

46   Mann Theaters

47   Library of Congress, Prints and Photographs Division

48   Philadelphia Museum of Art

49   K.U.K.Y.

50   Arizona Biltmore Hotel

51   Foto von Julius Shulman

52   Foto von Julius Shulman

53   Chicago Board of Trade

54   Cooke Properties Inc. und William A. Bassett, jun.

55   New Jersey Institute of Technology

56   Oben: Miami Design Preservation League, unten: K.U.K.Y.

57   Foto von Michael Schwarting, New York Institute of Technology

58   Howard J. Rubenstein Associates, Inc.

59   Cranbrook Academy of Art

62   Foto von Julie Ainsworth, mit freundlicher Genehmigung Folger Shakespeare Library

63   Foto von Jim Holm, mit freundlicher Genehmigung State of Nebraska

64   Philadelphia Savings Fund Society

65   Cincinnati Historical Society

66   Chicago Board of Trade

67   Foto von Harold Corsini, mit freundlicher Genehmigung Western Pennsylvania Conservancy

68   Foto von Ken Raveill, mit freundlicher Genehmigung Hearst San Simeon State Historical Monument

69   Foto von J. David Bohl, mit freundlicher Genehmigung Society for the Preservation of New England Antiquities

70   Foto von Hedrich-Blessing, mit freundlicher Genehmigung Albert Kahn Associates, Architects & Engineers, Detroit, Michigan

71   Frank Lloyd Wright Foundation

72   Edward Durell Stone Associates PC

74   Kleinhans Music Hall

75   Library of Congress, Prints and Photographs Division

76   Balthazar Korab Limited, mit freundlicher Genehmigung Columbus Visitors' Center

77   © 1960 The Estate of Buckminster Fuller, mit freundlicher Genehmigung Buckminster Fuller Institute, Los Angeles

246

160 © Steven Brooke, mit freundlicher Genehmigung Seaside
161 Taft Architects
162 George Grall
163 Peter Aaron/Esto
164 © 1982 Norman McGrath
165 Foto von Paschall/Taylor, mit freundlicher Genehmigung Michael Graves
166 Philip Morris
167 Foto von Ezra Stoller/Esto, mit freundlicher Genehmigung Richard Meier & Partners
168 Foto von Barbara Karant, mit freundlicher Genehmigung Kohn Perdersen Fox
169 Foto © Richard Payne, mit freundlicher Genehmigung Philip Johnson und John Burgee
171 Foto © Richard Payne, mit freundlicher Genehmigung Philip Johnson und John Burgee
172 California Museum of Science and Industry
173 Loyola Law School
175 Foto von Taschall/Taylor, mit freundlicher Genehmigung Michael Graves
176 PA consulting group
177 Andrés Batista
178 Murphy/Jahn
181 Oben: Foto von Kurt Gunther, mit freundlicher Genehmigung Paladino & Associates, unten: Foto von Tom Marble
183 Foto von Timothy Hursley, mit freundlicher Genehmigung Murphy/Jahn
184 Foto von Paschall/Taylor, mit freundlicher Genehmigung Michael Graves
185 Foto von Timothy Hursley, mit freundlicher Genehmigung Susanna Torre
186 Koning Eizenberg Architecture
187 Hickey & Robertson, Houston, mit freundlicher Genehmigung Menil Collection
188 Foto von Paul Warchol, mit freundlicher Genehmigung Steven Holl
189 San Antonio Botanical Center
190 Foto © Richard Payne, mit freundlicher Genehmigung Pei, Cobb, Freed & Partners
191 Foto von Lin Waldron, mit freundlicher Genehmigung Nelson Fine Arts Center
192 Kevin Fitzsimons / Wexner Center for the Arts
193 Foto von Wolfgang Hoyt, mit freundlicher Genehmigung Olympia & York Companies (U.S.A.)

194 Foto mit freundlicher Genehmigung The Astronauts Memorial Foundation
195 Timothy Hursley
196 Mit freundlicher Genehmigung Tishman Realty & Construction Co., Inc.
197 Antoine Predock Architect FAIA
198 Foto von Peter Olson, mit freundlicher Genehmigung Mandell Futures Center
199 Foto © M. Robert Markovich
200 Foto von Donatella Brun, mit freundlicher Genehmigung Chiat/Day
201 Zeichnung mit freundlicher Genehmigung Eric Owen Moss Architects, Foto von Todd Conversano © 1990, mit freundlicher Genehmigung Eric Owen Moss Architects
202 Foto von Matt Wargo, mit freundlicher Genehmigung Venturi, Scott Brown & Associates Inc.
203 © The Walt Disney Company, Foto von Susan E. Mitchell
204 Zeichnung von Gregory Ihnatowicz
206 Foto mit freundlicher Genehmigung Hammond Beeby and Babka, Inc.
207 Jeff Goldberg /Esto
208 Foto von J. Goltz, mit freundlicher Genehmigung The National Audubon Society
209 Chuck Choi
210 Scott Frances /Esto
212 Jeff Goldberg/Esto
213 Fotos von Steve Rosenthal, mit freundlicher Genehmigung William Rawn Associates
214 Chris Faust
215 © SFMOMA / Richard Barnes
216 Bill Timmerman
217 Bill Schuemann Architectural Photography
218 Timothy Hursley
219 Foto von Susan Mitchell, © Walt Disney Co.
220 Timothy Hursley
221 Foto von Steve Hall © Hedrich-Blessing
223 Foto von Tom Bonner © J. Paul Getty Trust

Die Fotografien auf den folgenden Seiten stammen von Sydney LeBlanc:
2, 4, 9, 13, 14, 19, 26, 27, 28, 30, 32, 33, 36, 37, 38, 39, 60, 61, 73, 86, 87, 93, 100, 108, 111, 123, 124, 125, 129, 139, 142, 154, 158, 170, 174, 179, 180, 205, 222